HAMBURGER
AUTORENVEREINIGUNG

Nebahat S. Ercan

Die Jugend im Land der Hoffnungen

Die in Deutschland aufgewachsene zweite und dritte Generation türkischer Jugendlicher

Edition HAV

Bibliografische Information der Deutschen Nationalbibliothek:
Die Deutsche Nationalbibliothek verzeichnet diese Publikation in der Deutschen Nationalbibliografie; detaillierte bibliografische Daten sind im Internet über http://dnb.dnb.de abrufbar.

Die Jugend im Land der Hoffnungen
Aus dem Türkischen übersetzt von Melek Korkmaz

Herstellung und Verlag:
BoD –Books on Demand, Norderstedt

ISBN: 978-3-741291-40-1

Die in den Interviews gestellten Fragen

1. Wann und wo wurdest du geboren?
2. Welches Deiner Familienmitglieder kam als erstes nach Deutschland? Mit welchem Ziel und was macht er/sie heute?
3. Wie alt sind Deine Eltern? Was machen sie beruflich?
4. Unterstützt Dein Vater Deine Mutter im Haushalt? Hilfst Du ihr?
5. Hast Du einen Kindergarten besucht?
6. Welche Schulen hast Du besucht/besuchst Du?
7. Hast Du an den Klassenfahrten teilgenommen?
8. Hast Du aufgrund Deiner ausländischen oder türkischen Abstammung in der Schule negative Erfahrungen mit Lehrern/Lehrerinnen gemacht?
9. Haben Deine Eltern während Deiner Schulzeit an den Elternversammlungen teilgenommen? Haben sie in der Schule Aufgaben übernommen?
10. Hast Du deutsche Freunde oder Freunde anderer Nationalitäten? Kommt es vor, dass Du Dich hinsichtlich deiner Geldausgaben oder in anderen Zusammenhängen mit ihnen vergleichst? Mit welchem Ergebnis?
11. Kam es in der Vergangenheit vor bzw. kommt es heute vor, dass Du Deine Familie mit den Familien Deiner deutschen Freunde vergleichst?
12. Gibt es positive oder negative Erlebnisse in Deutschland bzw. mit den Deutschen, welche Du nicht vergessen kannst?
13. Kommt es vor, dass Du Dich bezüglich Deiner schulischen Laufbahn oder bezüglich anderer Themen selbst kritisierst?
14. Was möchtest Du werden? Was möchtest Du beruflich machen?
15. Wohin fühlst Du Dich zugehörig? Als was siehst Du Dich?

16. Hast Du bisher die Erfahrung gemacht, dass Du speziell auf Grund Deines Geschlechts von Seiten Deiner Eltern oder der Gesellschaft anders behandelt wirst/ wurdest?
17. Welche Nationalität sollte nach Möglichkeit Dein zukünftiger Ehepartner haben?
18. Wie steht es um Dein Türkisch und Dein Deutsch? Welche weiteren Sprachen sprichst Du?
19. Wie siehst Du Deine Zukunft? Wie siehst Du die Zukunft im Allgemeinen?
20. Welche Erwartungen stellst Du an Deine Eltern, die Lehrer oder die Verantwortlichen?
21. Was fällt Dir auf, wenn Du die Türkei und Deutschland vergleichst? Wie bewertest Du mögliche Unterschiede?
22. Wie sind Deine Ansichten über die Entwicklungen in der Welt?
23. Was denkst Du über Zigaretten, Alkohol oder Drogen? Gibt es in Deinem Bekanntenkreis jemanden, der Drogen nimmt?
24. Besuchst Du die Moschee? Warst Du früher in der Moschee?
25. Wurdest Du schon einmal gezwungen, etwas zu stehlen?
26. Liest Du Zeitungen oder Bücher? Habt Ihr eine Büchersammlung zu Hause?
27. Welches sind Deine Lieblingsfernsehsender?
28. Gibt es jemanden, der eine Vorbildfunktion für Dich hat?
29. Welche Musik hörst Du?
30. Welches sind Deine Hobbies?
31. Bereitet es Dir Probleme mit bzw. zwischen zwei Kulturen zu leben?
32. Wo würdest Du gerne Leben, wenn Du die Wahl hättest? Warum?
33. Wann und wo wurdest du geboren?
34. Welches Deiner Familienmitglieder kam als erstes nach Deutschland? Mit welchem Ziel und was macht er/sie heute?

35. Wie alt sind Deine Eltern? Was machen sie beruflich?
36. Unterstützt Dein Vater Deine Mutter im Haushalt? Hilfst Du ihr?
37. Hast Du einen Kindergarten besucht?
38. Welche Schulen hast Du besucht/besuchst Du?
39. Hast Du an den Klassenfahrten teilgenommen?
40. Hast Du aufgrund Deiner ausländischen oder türkischen Abstammung in der Schule negative Erfahrungen mit Lehrern/Lehrerinnen gemacht?
41. Haben Deine Eltern während Deiner Schulzeit an den Elternversammlungen teilgenommen? Haben sie in der Schule Aufgaben übernommen?
42. Hast Du deutsche Freunde oder Freunde anderer Nationalitäten? Kommt es vor, dass Du Dich hinsichtlich deiner Geldausgaben oder in anderen Zusammenhängen mit ihnen vergleichst? Mit welchem Ergebnis?
43. Kam es in der Vergangenheit vor bzw. kommt es heute vor, dass Du Deine Familie mit den Familien Deiner deutschen Freunde vergleichst?
44. Gibt es positive oder negative Erlebnisse in Deutschland bzw. mit den Deutschen, welche Du nicht vergessen kannst?
45. Kommt es vor, dass Du Dich bezüglich Deiner schulischen Laufbahn oder bezüglich anderer Themen selbst kritisierst?
46. Was möchtest Du werden? Was möchtest Du beruflich machen?
47. Wohin fühlst Du Dich zugehörig? Als was siehst Du Dich?
48. Hast Du bisher die Erfahrung gemacht, dass Du speziell auf Grund Deines Geschlechts von Seiten Deiner Eltern oder der Gesellschaft anders behandelt wirst/wurdest?
49. Welche Nationalität sollte nach Möglichkeit Dein zukünftiger Ehepartner haben?

50. Wie steht es um Dein Türkisch und Dein Deutsch? Welche weiteren Sprachen sprichst Du?
51. Wie siehst Du Deine Zukunft? Wie siehst Du die Zukunft im Allgemeinen?
52. Welche Erwartungen stellst Du an Deine Eltern, die Lehrer oder die Verantwortlichen?
53. Was fällt Dir auf, wenn Du die Türkei und Deutschland vergleichst? Wie bewertest Du mögliche Unterschiede?
54. Wie sind Deine Ansichten über die Entwicklungen in der Welt?
55. Was denkst Du über Zigaretten, Alkohol oder Drogen? Gibt es in Deinem Bekanntenkreis jemanden, der Drogen nimmt?
56. Besuchst Du die Moschee? Warst Du früher in der Moschee?
57. Wurdest Du schon einmal gezwungen, etwas zu stehlen?
58. Liest Du Zeitungen oder Bücher? Habt Ihr eine Büchersammlung zu Hause?
59. Welches sind Deine Lieblingsfernsehsender?

Am Ende der Interviews fragte ich jeweils nach, welche Fragen die Interviewpartner selbst gestellt hätten. Als Antwort wurden mir mehrmals die nachstehenden Fragen genannt, die ich daher auch meinem Katalog hinzugefügt habe.

60. Gibt es jemanden, der eine Vorbildfunktion für Dich hat?
61. Welche Musik hörst Du?
62. Welches sind Deine Hobbies?
63. Bereitet es Dir Probleme mit bzw. zwischen zwei Kulturen zu leben?
64. Wo würdest Du gerne Leben, wenn Du die Wahl hättest? Warum?

Vorwort

Seit den 1960er Jahren, in denen der Zustrom von Arbeitsmigration aus der Türkei nach Europa und vorwiegend nach Deutschland begann ist nahezu ein halbes Jahrhundert vergangen und – wie man bei uns sagt – "viel Wasser unter den Brücken hinweggeflossen". Einige Angehörige der ersten Generation, die lediglich gekommen waren, um hier einige Jahre zu arbeiten und Geld zu verdienen, sind zwischenzeitlich tatsächlich wieder zurückgekehrt. Der überwiegende Großteil dieser Menschen aber ist geblieben und hat hier seine Kinder und Kindeskinder aufwachsen sehen, die mittlerweile hier verwurzelt sind.

Die Ersten, die einst als junge Menschen gekommen waren, haben mittlerweile das Rentenalter erreicht – sind aber immer noch nicht für immer zurückgekehrt, was natürlich seine ganz spezifischen Gründe hat ...

Einige dieser Gründe möchte ich hier nennen: Viele der Freunde und Angehörigen von einst, sind im Laufe der Zeit in der Heimat verstorben. Einige haben sich der Heimat, die man in der Blüte seiner Jugend verlassen hatte und der man so lange Jahre fern geblieben war, langsam entfremdet. Hinzu kommt die Fülle der gesundheitlicher Beschwerden, die sich mit der Zeit summiert haben. Einer der wichtigsten Gründe aber, der letztlich dazu geführt hat, dass der als vorübergehend eingestufte Zustand zum Dauerzustand wurde, war, dass die eigenen Kinder und Enkelkinder hier ihre schulische und berufliche Ausbildung begonnen hatten und ins Berufsleben traten. Zu schwer wäre es unter diesen Umständen gefallen, sich für eine erneute Trennung von der Familie zu entscheiden.

Auch die in der Türkei zurückgelassenen verwandtschaftlichen und freundschaftlichen Beziehungen hatten sich gewandelt. Außerdem ist ein Teil der Liebsten und der Älteren nicht mehr am Leben. Auch das einstige Dorf in der Heimat hatte sich in den vergangenen 20 oder gar 30 Jahren verändert und war diesen Menschen fremd geworden. Im Allgemeinen hatten sich die

Türkei sowie die Menschen in der Türkei verändert und weiterentwickelt. Besonders die erste Generation der im Ausland lebenden und arbeitenden Migranten hat weder den Anschluss an "die neue Heimat", hinbekommen, so dass sie hier hätten glücklich werden können. Noch haben sie an den Entwicklungen teilhaben können, die sich im Laufe der Zeit in der Türkei vollzogen hatten. Die Sehnsucht nach einem erfüllten Leben ist in beiden Ländern unerfüllt geblieben. Nach einem arbeitsreichen Leben "in innerer Zerrissenheit" haben die heutigen Rentner ihre eigene Lösung geschaffen, indem sie zu Pendlern wurden, die den Sommer in der Türkei und die Wintermonate bei ihren Kindern und Enkeln in Deutschland verbringen.

Wenn ich mich zurückentsinne, wie ich einst nach Deutschland kam, gehöre ich genau genommen auch zur zweiten Generation, denn vor mir war bereits mein Schwiegervater eingereist. Andererseits habe ich alle Eigenschaften des Lebens der ersten Generation geteilt, so dass ich mich selbst zur ersten Generation zugehörig fühle. Alle diese Erlebnisse positiver und auch negativer Art habe ich- so gut es ging- in meinem ersten Buch mit dem Titel "Eine türkische Lehrerin in Deutschland" zu schildern versucht. In meinem vorliegenden Buch aber ging es mir darum, die Gedanken und Einstellungen der dritten Generation aufzuzeigen. Kaum ein Thema blieb bei diesen Gesprächen ausgespart. Wir redeten über ihr Familienleben, die Schule, das soziale Umfeld, ihre Erwartungen und Einstellungen. Ich konnte mir anhand dieser Gespräche ein Bild von ihrem Leben machen.

Als damals die Migration ins Ausland begann, wurde über die erste Generation viel diskutiert, geschrieben und sie wurden analysiert. Meiner Ansicht nach fehlte aber nach wie vor Vieles, was noch aufzuarbeiten ist. Wenn es um die öffentliche Aufmerksamkeit und die durchgeführten Untersuchungen geht, haben aber die zweite und die heranwachsende dritte Generation der ersten, den Rang abgelaufen. Wenngleich bereits Jahrzehnte vergangen sind, tendieren gewisse Kreise noch immer dazu, von der dritten Generation zu reden, als trügen sie die gleichen

Merkmale wie die erste Generation. Gleichzeitig werden die Erfolgreichen unter ihnen herausgenommen und finden zumeist in anderer Form Erwähnung. Nun habe ich mit diesen Kindern der Gastarbeiter selbst über vielfältige Themen wie Familie, Erziehung, Integration bis zur Berufswahl gesprochen und ihre Meinungen zu Fragen eingeholt, welche sie selbst teilweise mit ausgesucht hatten. Wie ist diese Jugend, über die so viel geredet wird, tatsächlich? Durch diese Arbeit fand ich Gelegenheit, sie näher kennenzulernen, indem ich sie durch ihre eigenen Augen betrachtete.
Unter ihnen befanden sich problematische Jugendliche wie auch sehr erfolgreiche. Doch unabhängig von ihrem Werdegang sind sie alle unsere Kinder, ebenso wie sie die Kinder des Landes sind, in dem sie geboren wurden und aufwuchsen. Mit all ihren Stärken und Schwächen sind sie die Kinder der beiden Gesellschaften, denen sie entsprungen sind. Ihren Anliegen gilt es, Gehör zu schenken. Sie werden feststellen, dass so manche Jugendliche, Eltern und auch Entscheidungsträger in diesem Land einiges von manchen dieser jungen Menschen lernen können.
Im Rahmen meiner vorliegenden Gespräche habe ich versucht, meinen auf den kommenden Seiten aufgeführten Fragenkatalog mit Jugendlichen und jungen Menschen der zweiten und dritten Generation aus den Altersgruppen 15 bis 30 Jahren durchzunehmen. Es waren ganz unterschiedliche Jugendliche, die die verschiedensten Bildungs- und Berufswege eingeschlagen hatten. Ebenso wie Sonderschüler, waren auch arbeitslose, berufstätige Jugendliche oder Studenten vertreten. Darüber hinaus habe ich mich mit den gleichen Fragen auch an einige wenige Studenten aus der Türkei gewandt, die hier sind, um zu promovieren oder ihre Masterabschlüsse zu erlangen. Auch deren Einstellungen habe ich versucht einzufangen. Meiner Ansicht nach habe ich äußerst aufschlussreiche Antworten erhalten. Die Fragen und Antworten stelle ich Ihnen hiermit vor und bin davon überzeugt, dass auch Sie überrascht sein werden. Gleichzeitig habe ich die Hoffnung, dass das Ergebnis einen Beitrag zur Information einerseits für die Zuständigen und

andererseits für die kommende Generationd leisten wird und diese mit dieser Information noch besser heranwachsen können.

Mein ganz besonderer Dank gilt den jungen Menschen, die sich bereit erklärt haben, mir ihre Zeit zu schenken und damit Einblicke in die positiven und negativen Aspekte ihres Lebens zu gewähren. Gleichzeitig bedanke ich mich bei meinen Berufskolleginnen Nihal Haytaoğlu und Abide Dallı, die es mir ermöglichten, die Gespräche teilweise in ihren Schulen durchzuführen. Auch die Unterstützung aus den Moscheeverbänden und Vereinen war wichtig für das Zustandekommen meines Projektes. Auch ihnen gilt mein Dank. Für alle erdenkliche Unterstützung bedanke ich mich außerdem bei Nihat Ercan, meinem Ehemann, sowie meinen Kindern Erinç und Bilinç und meiner Schwiegertochter Tuba. Außerdem gilt mein besonderer Dank der Übersetzerin dieses Buches, der Dolmetscherin Melek Korkmaz.

Durch die vorliegende Untersuchung habe ich gedanklich reife und gut entwickelte Jugendliche kennengelernt, die lernoffen sind und denen Vertrauen geschenkt werden muss. Man muss sie offen und direkt spüren lassen, dass man ihnen Vertrauen und Liebe entgegenbringt. Sie verdienen es gefördert zu werden und Toleranz sowie Akzeptanz zu erfahren. Ich bin mir sicher, dass mit einer verständnisvolleren Haltung die Zahl der heute bereits erfolgreichen Jugendlichen sich um ein tausendfaches erhöhen wird.

Sie werden in diesem Buch von ihren Gedanken, ihren Erwartungen an die türkische und deutsche Gesellschaft, ihren Problemen und ihren Weltanschauungen erfahren. Es sind interessante und wichtige Ansichten, die die jungen Menschen geäußert haben und für mich sind es sehr wertvolle Erkenntnisse. Gleichwohl muss aber auch betont werden, dass alle jungen Menschen ihre eigenen Schlüsse ziehen und sich durch ihr Leben, ihre Umstände und Erfahrungen ihre eigenen Meinungen bilden, welche lediglich die ganz persönlichen Einstellungen der einzelnen Jugendlichen darstellen.

Ich hoffe, Sie haben mit dieser Arbeit eine interessante Lektüre gefunden.
Lassen Sie uns nun gemeinsam versuchen, diese jungen Menschen durch ihre eigenen Schilderungen, quasi aus erster Quelle, kennenzulernen. Diese unsere Jugendlichen, die – von den beiden Ländern, denen sie sich zugehörig fühlen - als "unsere" tituliert werden, solange sie erfolgreich sind und keine Probleme machen, die aber beim Auftreten kleinster Schwierigkeiten als "die anderen" ausgestoßen werden ...

Anmerkung: Die Namen der Jugendlichen, mit denen ich die Gespräche geführt habe, wurden in veränderter Form aufgeführt.

ÖZEN N.K. ist der Meinung, „Wie gut, dass unsere Familien uns nicht so frei aufwachsen lassen, wie die deutschen Familien“

Özen wurde 1987 in Hamburg geboren. Man merkt, dass sie ihrem Alter voraus ist. Während unseres Gesprächs hinterlässt sie den Eindruck, als würden wir mit einer jungen Frau in den Zwanzigern reden.
Wie ihr älterer Bruder auch hat sie ab ihrem dritten Lebensjahr bis zur Einschulung fünf bis sechs Stunden täglich den Kindergarten besucht.
Anschließend hat sie durchgehend an der gleichen Schule ein Jahr lang die Vorschule und danach vier Jahre lang die Grundschule besucht. Nach der fünften und sechsten Klasse an der Realschule erhält sie in der siebten Klasse von ihren Lehrern eine Weiterempfehlung für den Gymnasialbesuch. Allerdings fühlt sie sich hier mit dem Lehrstoff überfordert, so dass sie in der achten Klasse auf eigenen Wunsch an ihre frühere Schule zurückkehrt.
Während unseres Gespräches kommt von Zeit zu Zeit Özens Mutter zu uns und berichtet von einer Begebenheit aus Özens

Grundschulzeit. Es müsse in der ersten oder zweiten Klasse gewesen sein und Özen habe Mathematik nicht so gern gehabt. Also habe die Mutter versucht, ihr bei den Hausaufgaben zu helfen, so gut es ging.
Die Mutter, „Deine Freundin kauft fünf Äpfel, drei Orangen und vier Birnen vom Markt. Wie viel Stück Obst hat sie insgesamt gekauft?" Özen muss es wohl zu anstrengend gewesen sein, das alles zu addieren, also antwortete sie, „Was will sie denn mit so viel Obst? Dann sollen sie halt etwas weniger kaufen und weniger essen!"
Als die Rede einmal auf Geldknappheit gekommen sei habe sie gesagt, „Aber die Bank spuckt es doch aus." Über diese Erzählung der Mutter haben wir eine Weile herzlich gelacht. Nun sitzt sie uns in der Erscheinung einer jungen Dame gegenüber, auch wenn sie noch ein liebenswürdiges Kind mit einem Sinn fürs Praktische ist. Zurzeit besucht sie die zehnte Klasse der Realschule, wird aber nach dem Abschluss auf den Gymnasialteil der Gesamtschule zurückkehren.
Auf meine Frage, ob sie denn manchmal ihre Familie mit den Familien ihrer Freundinnen vergleiche, antwortet sie:
„Ich kümmere mich detailliert um die Belange meiner Familie bin. Als ich noch jünger war kam es schon vor, dass ich meine Familie mit den Familien meiner deutschen Freunde verglich. Heute tue ich das aber nicht mehr. Damals konnte ich nicht verstehen, dass sie sich so sehr in mein Leben einmischten und war unzufrieden."
Den Begriff des Vergleichs nimmt sie als ausschließliche Feststellung der positiven Seiten bei ihren deutschen Freunden und der Betrachtung und Aufzählung der negativen Seiten ihrer eigenen Familie wahr. Daher führen wir die Frage weiter aus. Ich erkläre, dass es bei einem Vergleich um die Bewertung der positiven und negativen Eigenschaften beider Parteien geht.
Daraufhin Özen:
„Bei uns sind die Familienbande stärker. Sehr wichtig sind die Beziehungen und der Respekt innerhalb der Familie. Mir kam es so vor, als wären die Deutschen freier. Wie gut aber, dass die Unseren mir nicht so viel Freiheit gelassen haben. Meine Mutter

gab zum Beispiel immer eine Uhrzeit vor, zu der ich zu Hause sein musste. Das fand ich damals nicht richtig, aber heute kann ich es verstehen, denn die Menschen da draußen sind nicht wie wir. Es gibt Menschen, die Böses im Sinn haben. Ich dachte damals, meine Familie vertraut mir nicht. Heute aber sehe ich ein, dass sie großes Vertrauen zu mir haben, dass aber die Menschen draußen schlecht sind."

„Kommt es vor, dass Du selbstkritisch bist?", frage ich.

„In Bezug auf die Schule habe ich Fehler gemacht. Wäre ich damals so schlau wie heute, hätte ich intensiver gelernt und mich mehr auf den Unterricht konzentriert, so dass ich nicht vom Gymnasium abgegangen wäre. Ich kritisiere mich selbst, weil ich mich nicht mehr konzentriert und es nicht geschafft habe. Andrerseits denke ich aber auch, dass diese Ereignisse auch ihr positives haben, denn meine Einstellung zum Leben hat sich geändert und ich habe mehr über mich selbst gelernt."

So werde ich Zeugin dessen, wie unerbittlich sie mit sich selbst ins Gericht geht.

Auch beim Thema Geldausgeben ist sie sehr gewissenhaft, so dass es mir beim Zuhören schwer fällt, meine Verwunderung zu verbergen.

„Ich gebe nicht so viel Geld aus. Ohne zu knausern oder zu übertreiben kann ich mir trotzdem alles kaufen, was ich möchte. Meine Familie engt mich finanziell auch nicht ein. Sie überweisen mir regelmäßig einen bestimmten Betrag auf mein Konto. Von diesem Geld spare ich einen Teil und kaufe ansonsten, was ich möchte."

Ich frage nach, „Würdest Du mir sagen, welchen Betrag sie Dir überweisen? Darf ich das aufschreiben?".

Als sie bereitwillig Auskunft gibt und sagt, sie bekomme 25,- Euro monatlich, staune ich nicht schlecht und frage nach, wie sie es schaffe, von diesem Geld Ihre Wünsche zu erfüllen und auch noch zu sparen.

„Es ist ja nicht nur dieses Geld! An besonderen Tagen bekomme ich etwas zusätzlich. Insgesamt ist es sogar recht viel für mich. Die Kosten für Klassenfahrten oder Fahrkarten übernehmen meine Eltern. Meine Kleidung bezahle ich selbst", sagt sie.

Unser Gespräch führt weiter zum Thema Berufswahl. Sie hat es sich in den Kopf gesetzt, einen Beruf zu ergreifen, in dem Zweisprachigkeit gefragt ist.
„Ich kann mir vorstellen, in der Türkei als Deutschlehrerin, oder in Deutschland als Deutsch- und Türkischlehrerin tätig zu sein."
Früher als Kind hat wollte sie Dolmetscherin für Türkisch und Deutsch zu werden. „Ich spreche aber keine weiteren Sprachen", fügt sie hinzu. Aber da sie erst 16 Jahre alt ist, könnte sie noch weitere Sprachen lernen.
Ich komme nun auf das Thema Identität zu sprechen.
„Ich bin Türkin. Die Türkei fühlt sich immer wärmer an", sagt sie.
Zuerst verstehe ich nicht, wie sie damit aussagen möchte, doch im weiteren Verlauf unseres Gesprächs wird mir klar, dass sie damit die Menschen meint.
„Vielleicht kommt es mir deshalb so vor, weil ich nur im Urlaub dort bin. Die Menschen sind warmherzig. Ich habe meine Freunde dort sehr gern. Noch vor meinen dort ansässigen Verwandten muss ich an meine Freunde denken. Ich hätte nie gedacht, dass ich dort so gute Freundschaften schließen könnte."
Mit diesen Worten bringt sie selbst ihre Verwunderung über ihre guten Beziehungen in der Türkei zum Ausdruck.
Nachdem wir nun beim Thema Türkei angekommen sind, geht das Gespräch auch in andere Richtungen. Ich gewann hierbei den Eindruck, als würde sie neben ihren eigenen Gedanken und Meinungen auch die ihrer dortigen Freunde wiedergeben.
Sie ist der Meinung, „Das Schulsystem in der Türkei muss sich ändern. Ich kenne mich zwar nicht so gut aus, aber es wird schon differenziert zwischen den privaten und den staatlichen Schulen. Die Schulen und Nachhilfeinstitute kosten Geld und die ärmeren Schüler werden benachteiligt. Die mittellosen Schüler müssen dann nebenher arbeiten, um zur Schule gehen zu können. Das ist nicht gut. Hinzu kommt, dass dort viel Wert auf Schule und Bildung gelegt wird. Hier hat die Schule keine so große Bedeutung."
Ich frage sie nach ihrer Einschätzung über die Stellung von Jungen und Mädchen innerhalb der Familie. Sie ist der Ansicht,

dass sie und ihr Bruder unterschiedlich behandelt werden, führt dies aber darauf zurück, dass ihr Bruder älter ist als sie.
Da sie noch recht jung ist, erfrage ich ihre Meinung zum Punkt Heirat indirekt und anspielend. Ich frage sie, ob in ihrem Bekanntenkreis jemand geheiratet hätte und wie sie darüber denkt. Sie antwortet aber, als hätte ich sie direkt angesprochen.
„Wenn ich mal heirate, ist die Nationalität nebensächlich. Wichtig ist, dass man glücklich wird. Ich möchte niemanden heiraten, mit dem ich mich nicht verstehe, denn wenn ich nicht glücklich bin, können meine Kinder es auch nicht sein. Natürlich wäre mir ein Türke am liebsten! Aber was soll ich denn machen, wenn ich keinen Türken finde, mit dem ich mich gut verstehe? Wenn es ein Fremder, also ein Deutscher, wird, würde meine Familie zwar nichts dagegen sagen, aber auch nicht besonders erfreut darüber sein. Es wäre aber auch toll, wenn ich unseren Traditionen und Bräuchen entsprechend heiraten würde.
Was Alkoholkonsum und ähnliche Dinge betriff, ist Özen intoleranter, als mancher Erwachsener.
„Nikotin und Alkohol sind Dinge, die nicht sein müssen. Die sind schädlich für die Gesundheit und auch fürs Portemonnaie. Besser, man genießt schöne Dinge stattdessen. Noch viel schlimmer sind ohnehin Drogen. Das ist eine Krankheit und ich finde, sie sollten nicht verkauft werden. Die Erwachsenen sollten sie verbieten."
Im Volksmund sagt man, „Der Verstand sitzt nicht in den Jahren, sondern im Kopf." Dieses Sprichwortes entsann ich mich, während ich Özen zuhörte. Stimmen Sie mir zu?

„Auf einem Elternabend meines älteren Bruders hatte dessen Klassenlehrer meinem Vater erzählt, der Orhan sei der Clown der Klasse. Mein Vater aber hatte ′klauen′ verstanden, was zu Hause dann ein regelrechtes Donnerwetter zur Folge hatte“, erzählt Akif Ş.

Akif ist 1982 in Hamburg geboren und der Jüngste unter drei Geschwistern.
Der Vater war schon 1968 als Seemann nach Deutschland gekommen. Im Rahmen des Familiennachzugs war die Mutter als Hausfrau 1974 nachgekommen. Heute ist die Mutter 49 und der Vater 54 Jahre alt.
Während Akif von der Ankunft seines Vaters erzählt, entsinnt er sich eines unangenehmen Vorfalls, der sich auf See ereignet habe.
„Als mein Vater noch als Seemann arbeitete, waren sie natürlich häufig auf offener See, wo sie eines Tages in einen heftigen Sturm gerieten. Bei meinem Vater hatte das einen so großen Schrecken hinterlassen, dass er den Beruf des Seemanns aufgab und eine Arbeit in einer Fabrik annahm. Auch heute noch betritt er ein Schiff nur dann, wenn es sich nicht vermeiden lässt. Zurzeit arbeitet er als Waggonreinigungskraft bei der Bahn“, erzählt er.
Die Familie Şahin, die noch heute hier lebt und ihre Kinder in diesem Land großgezogen hat, war einst aus ihrem Dorf bei Çorum nach Deutschland gekommen um hier, wie viele der anderen Familien auch, kurze Zeit zu arbeiten, etwas Geld zu sparen und dann wieder zurückzukehren. Die ältere Tochter ist verheiratet und Hausfrau. Der ältere Sohn der Familie ist als Elektriker berufstätig und ebenfalls verheiratet. Sie haben heute selbst Kinder, die auch in Hamburg leben.

Als Akif erzählt, sein Vater würde seine Mutter im Haushalt unterstützen, frage ich spontan nach, ob er auch beim Saubermachen helfe. Auch das bejaht Akif, also lausche ich etwas überrascht seinen Erzählungen.

„Mir kam es komisch vor, aber so ist mein Vater eben. Was auch immer wo zu erledigen ist: sie machen es gemeinsam.“ Er fügt hinzu, „Ich selbst helfe dann mit, wenn es notwendig und erforderlich ist.“

Da seine Mutter Hausfrau war, ging Akif nie in den Kindergarten. Mit fünf Jahren kam er aber in die Vorschule. Nachdem er die Grundschule und die Orientierungsstufe an der gleichen Schule besuchte, ging er ab der siebten Klasse weiter auf das Gymnasium.

Er erzählt weiter, „Das Gymnasium habe ich wegen verschiedener Gründe nicht abgeschlossen. Dafür habe ich aber die Höhere Handelsschule abgeschlossen. Momentan studiere ich im zweiten Semester am Fachbereich Wirtschaft der Universität Hamburg“.

Zur Teilnahme an den schulischen Klassenfahrten:

„Ich denke, es müssten etwa fünf Klassenfahrten gewesen sein. Ich war immer dabei. An die Grundschule kann ich mich nicht mehr so gut erinnern, aber später auf dem Gymnasium habe ich mich auf Klassenfahrten mit Mitschülern, mit denen ich ansonsten überhaupt nicht auskam, plötzlich sehr gut verstanden und mich mit ihnen angefreundet. Teilweise pflege ich heute noch Freundschaften, die ich in dieser Zeit geschlossen habe. Ich habe viele schöne Erinnerungen an die Klassenfahrten.“ Somit gibt uns Akif ein schönes Beispiel für die positiven Seiten der Klassenfahrten, an denen viele unserer türkischen Familien besonders ihre Töchter nur ungern mitfahren lassen.

„Hast Du in der Schule aufgrund Deiner ausländischen, bzw. türkischen Herkunft, je Schwierigkeiten erlebt?“ frage ich.

„In der Phase gegen Ende der sechsten Klasse hatte ich ganz gute Noten. Dennoch bekam ich damals mit, wie einige Lehrer versuchten zu verhindern, dass ich aufs Gymnasium kam. Fast hätte mein Vater auf diese Lehrer vertraut und mich nicht auf das Gymnasium geschickt. Doch der Klassenlehrer meines älteren Bruders kannte mich auch ganz gut und redete mit meinem Vater. Auf seine Empfehlung hin schickte mein Vater mich dann doch auf das Gymnasium. Er hatte nämlich zu

meinem Vater gesagt, ´Sie begehen einen großen Fehler, wenn Sie den Jungen nicht aufs Gymnasium schicken´. Das hatte meinen Vater dann letztlich überzeugt.
Außerdem war ich auf dem Gymnasium eine Zeit lang Schülersprecher. Bei einer Diskussion war ich einmal sehr verärgert und diskutierte mit dem Schuldirektor, der plötzlich zu mir sagte, ´Du trägst auch diese typisch türkische aufbrausende Mentalität in Dir´. Dieser Lehrer versuchte später auch, mich beim Abitur zu behindern, doch mit der Unterstützung anderer Lehrer habe ich es trotzdem geschafft. Das sind die zwei Erlebnisse, die ich wohl kaum vergessen werde." So schilderte er seine negativen Erfahrungen.

Hier wird gleichzeitig ein Beispiel dessen vor Augen geführt, wie schwer sich die aus der Türkei kommenden Familien damit tun, sich hier von Angewohnheiten aus ihrer Heimat zu trennen: Dem Urteil der Lehrer wird blind vertraut und wenn den Kindern Unrecht getan wird, schweigt man sich aus. Dann wiederum gibt es Familien, die unangebrachte und überzogene Reaktionen gegenüber den Lehrern an den Tag legen und dadurch den schulischen Erfolg ihrer Kinder beeinträchtigen. Tatsächlich gilt es aber, Positives zu unterstützen und bei negativen Entwicklungen die Lehrer konstruktiv zu helfen, um eine Verbesserung herbeizuführen. Im Falle von Schülern, die im Unrecht sind, im Unterricht Unruhe stiften, dem Unterricht nicht folgen und auch andere davon abhalten, hatten wir es nur zu oft mit Eltern zu tun, die der Ansicht waren, „Mein Kind tut so etwas nicht". Selbstverständlich tut man dem Kind mit dieser Abwehrhaltung nichts Gutes. Diesen Irrtum bemerken die Eltern leider erst dann, wenn sie selber mit den Problemen nicht mehr fertig werden.
Das vorliegende Buch enthält zahlreiche Beispiele für die Schwierigkeiten erfolgreicher, junger Leute, denen– wie im Falle des jungen Akif – eine ungerechte Behandlung zu teil wird. Die Jugendlichen kann man letztlich nur dadurch unterstützen, indem man einen engen Kontakt zur Schule pflegt, regelmäßig die Elternabende besucht und sich informiert. Anderenfalls wird

man aufgrund eines Mangels an Wissen und Verantwortungsbewusstsein in die Situation geraten, indirekt Entscheidungen zum Nachteil des eigenen Kindes unterstützt und mitgetragen zu haben.

Ich fragte Akif, ob seine Eltern denn an den Elternversammlungen in der Schule teilnahmen.
„Nein, da sie kein Deutsch sprachen, sie gingen nicht selbst, sondern schickten entweder meine ältere Schwester, bzw. meinen älteren Bruder. Dazu kann ich Ihnen von einem Vorfall berichten. Als mein großer Bruder noch in der Grundschule war, hatte mein Vater einmal den Elternabend besucht. Der Klassenlehrer hatte dort gesagt, ´Osman ist wie ein Clown´ - also wie der Klassenkasper. Mein Vater aber hatte akustisch das Wort ´klauen´ verstanden. Beim Thema Diebstahl kennt mein Vater kein Pardon, also gab es zu Hause ein großes Donnerwetter. Später nahm mein Bruder dann meinen Vater mit in die Schule und es stellte sich heraus, dass mein Vater einem Missverständnis erlegen war. Ab diesem Zeitpunkt hat mein Bruder dann aber immer unsere ältere Schwester zu den Elternversammlungen mitgenommen." Dieses ist ein gutes Beispiel zum Thema ´Missverständnisse´. Wie gut, dass man im vorliegenden Fall die Angelegenheit frühzeitig geklärt wurde. Eine bekannte Tatsache ist, dass Missverständnisse häufig unangenehme Konsequenzen nach sich ziehen, wobei sich aber selten jemand die Mühe macht, den wahren Umständen auf den Grund zu gehen. „Wer sich im Zorn erhebt, setzt sich mit Enbußen nieder" sagt auch der Volksmund zu Recht. Dabei könnte der Anlass zahlreicher Ärgernisse vielfach minimiert werden, würde man nur versuchen die störenden oder Skepsis erregenden Elemente einfach genauer unter die Lupe zu nehmen und zu verstehen.

Während ich mir diesen Erfahrungsbericht anhörte, erinnerte ich mich an die bittere Geschichte einer anderen Mutter. Die Frau war die Alleinversorgerin ihrer Familie, die aus drei Kindern und dem arbeitslosen, aus der Türkei zugezogenen Ehemann bestand. Um ihre Familie durchzubringen ging neben ihrem Vollzeitjob einer Beschäftigung als Raumpflegerin nach. Eines Tages möchte die Lehrerin der mittleren Tochter, dass alle Schüler Badezeug und weitere Utensilien für den Schwimmunterricht mitbringen. Das Kind kommt nach Hause und teilt es mit, woraufhin die Mutter sagt, sie werde die Sachen in ein paar Wochen kaufen. Dies berichtet die Tochter der Lehrerin in der Schule. Diese wiederum gibt dem Mädchen ersatzweise einen anderen Badeanzug zum Anziehen, den das Mädchen mit nach Hause nehmen darf. Zu Hause angekommen berichtet die Tochter der Mutter von der Geschichte mit dem Badeanzug. Die Mutter aber hat ihren Stolz und will es nicht verwinden, dass ihre Tochter den Badeanzug von jemand anderem annimmt und trägt. „Wie konntest Du nur anderer Leute Sachen annehmen und anziehen!" Derart aufgebracht schlägt sie ihre Tochter. Die Lehrerin erfährt davon und bringt das Kind ohne Umschweife in einer Institution für Kinder aus Problemfamilien unter. Unter dem Schock, ihre Tochter verloren zu haben, unternimmt die Mutter einen Selbstmordversuch. Auch hier versäumten die Parteien es, das gemeinsame Gespräch zu suchen und ließen sich - unter dem Eindruck von Missverständnissen – zu Fehlhandlungen verleiten, die bitter endeten. Dieser Verlauf wäre vermeidbar gewesen, hätte man sich zusammengesetzt und geredet.

Zum Thema internationale Freundschaften und Taschengeld sagt Akif:
„In meinem Freundeskreis sind alle möglichen Nationalitäten vertreten. Als ich 2000 in Mekka war, habe ich sogar einen Australier kennen gelernt. Eigentlich habe ich ziemlich viele Freunde von überall her. Was das Geld angeht kann ich sagen, dass ich mehr ausgebe und mehr verdiene, als meine Freunde. Meine Freunde können vielleicht mal auf eine Party gehen, aber ich habe die Möglichkeit, mich mit dem erforderlichen modernsten technischen Zubehör auszustatten. Ich beschäftige mich mit Computern und verdiene Geld durch das Programmieren."

Ich frage ihn, ob er seine eigene Familie je mit der von anderen verglichen hat. Er antwortet:
„Das habe ich eigentlich kaum getan, denn meine Familie ist so ganz anders. In finanzieller Sicht habe ich sie nie verglichen. Es ist aber wohl vorgekommen, dass ich sie im Hinblick auf Religion und Traditionen mit anderen gegenübergestellt habe. Unsere deutschen Nachbarn, die über uns wohnen, haben sechs Kinder, die aber nie zu Besuch kommen. Wir dagegen kümmern uns ständig um unsere Familie und halten fest zusammen."
Dann kommt die Frage danach, ob es positive oder negative Erlebnisse in Deutschland bzw. mit den Deutschen gibt, er nicht vergessen kann.

„Eigentlich verbinde ich sehr schöne Erinnerungen an Erlebnisse mit Deutschen, von denen ich auch ein Beispiel nennen möchte, aber ich überlege noch, welches. Die Freundin eines Freundes beging Selbstmord und ich stand ihm bei. Meine Unterstützung bestand darin, dass ich mit ihm redete. Nach diesem Vorfall war er von hier weggegangen und hatte wegen Geldnot auch seine Wohnung aufgegeben. Jahre später kehrte er zurück. In der Zwischenzeit war er zum Islam konvertiert. Unsere Freundschaft hält nach wie vor an. Er hat den Islam für sich erforscht. Seine Freundin war katholische Christin und da sie Selbstmord begangen hatte, hatte man sie nicht auf dem katholischen Friedhof, sondern auf dem städtischen beigesetzt. Außerdem hatte er die Abbildung eines Engels auf ihrem Grabstein anbringen lassen wollen, aber auch das hatte man nicht gestattet. Hinzu waren noch viele andere Sachen gekommen, die ihn sehr mitgenommen hatten. Als ich ihm vorgeschlagen hatte, ein islamisches Gebet in der Moschee für sie zu beten, hatte ihn das sehr beeindruckt."
Unser Gespräch mit Akif führen wir im Büro der Milli Görüş Moschee. Neben der Schule ist er auch für einige Aktivitäten der Moschee verantwortlich und verbringt hier einen Großteil seiner Freizeit. Unter anderem ist er hier zuständig für die PC-Technik und Jugendarbeit.
„Kommt es vor, dass Du selbstkritisch bist?" frage ich.

„Das kommt sogar recht häufig vor. Ich rede sehr viel, obwohl man ja sagt, dass nicht jede Wahrheit überall ausgesprochen werden sollte. Ich aber sage meine Meinung immer und überall und gerate daher oft in Diskussionen. Außerdem bin ich aufbrausend, wogegen ich aber die Lösung im Gebet und im Koranstudium gefunden habe. Außerdem unterhalte ich mich oft mit Freunden. Ich praktiziere den Lösungsweg der Liebe“ erläutert er.
Ob es wohl eine Tür gibt, die sich nicht durch die Liebe öffnen, oder ein Problem, das sich nicht durch die Liebe lösen ließe, frage ich mich.
Ich frage ihn weiter, was er beruflich machen oder lernen möchte.
„Dass ich die Wirtschaftswissenschaften studiere hatte ich ja bereits gesagt. Der Grund für mein Studium ist, dass ich einen guten Beruf ergreifen und eventuell als Manager oder Geschäftsführer in einem großen Unternehmen tätig sein möchte. Es kommt aber auch vor, dass ich mich frage, ob ich nicht vielleicht besser Recht oder Psychologie studieren sollte.“
Die Frage hinsichtlich seines Zugehörigkeitsgefühls beantwortet er auch.
„Ich stamme aus Çorum, bin aber Hamburger“ sagt er.
Konnte er innerhalb seiner Familie ein differenziertes Verhalten gegenüber Mädchen oder Jungen feststellen?
„Nein. Meine Schwester hat genauso an allen Klassenfahrten teilgenommen. Wir unterlagen alle den gleichen Einschränkungen. Meine älteren Geschwister hatten eigentlich das größere Glück, aber heute sagen sie, dass sie erfolgreicher gewesen wären, wenn sie mehr Förderung aus dem Umfeld erhalten hätten.“
Ich frage ihn, welche Nationalität seine zukünftige Ehepartnerin haben sollte.
„Mal sehen… Es sollte zwar eine Türkin sein, die aber unbedingt hier aufgewachsen sein muss, denn es gibt da einen importierten Schwiegersohn, mit dem die Familie große Schwierigkeiten hatte. Wenn ich in der Türkei bin gehe ich deshalb auf Distanz zu den Damen. Meine ältere Schwester hatte

selbst entschieden, ihn zu heirateten und war mit ihm in die Türkei gegangen. Als mein Schwager dann aber Bankrott ging, kamen beide hierher, wo meine Schwester dann mit vielen – vor allem finanziellen - Problemen zu kämpfen hatte", argumentiert er.

In der Tat ist es so, dass die Schwierigkeiten in den Ehen zwischen hier aufgewachsenen und aus der Türkei kommenden Ehepartnern nun allmählich ins Licht der Aufmerksamkeit rücken. Früher hörte man über dieses Thema nicht viel, aber heute sind es genau diese jungen Leute, die zunehmend die entsprechend ausgerichteten sozialen Beratungsstellen als Anlaufpunkt aufsuchen. Zu beobachten lässt sich hier ein erheblicher Anstieg in der Zahl der Ratsuchenden, die beispielsweise nach einer Scheidung hier bleiben möchten, die mit Problemen der aus den Ehen hervorgegangenen Kindern, unterschiedlichen Wertvorstellungen oder gar kulturellen Differenzen zu kämpfen haben.

Akif spricht sehr gut Türkisch und Deutsch und beherrscht daneben auch Englisch und Französisch.
„Wie denkst Du über Deine eigene Zukunft?" frage ich ihn.
„Diese Frage, die Sie mir gerade gestellt haben, hat mich früher sehr beschäftigt. Ich hinterfragte alles und grübelte, aber das tue ich jetzt nicht mehr. Alles was ich tue ist, mich in erforderlicher Weise für alles anstehende vorzubereiten. Aus diesem Grund mache ich mir keine Gedanken mehr über die Zukunft, denn ich glaube daran, dass sich alles zum Guten bewenden wird. Ich bin kein Pessimist. Außerdem gibt es doch dieses Sprichwort: (Er nennt es auf Arabisch. Da ich nichts verstehe, übersetzt er.) ´Ebenso, wie aus dem Glück ein Unglück hervorgehen kann, kann auch ein Unglück das Glück hervorbringen.` Deswegen ist es müßig, sich all zu viele Gedanken zu machen" sagt er.
Während ich in seiner Einstellung einen gewissen Hang zur Schicksalsergebenheit feststelle, kommt mir die Erzählung eines Bekannten über eine Zufallsbegebenheit in den Sinn. Eines Abends saßen wir nach einer Versammlung noch bei einem

Gespräch zusammen, als plötzlich die Frage aufkam, ob man an Zufälle glaube oder nicht. Dies zog eine Unterhaltung nach sich, in deren Verlauf mein Bekannter zwei Begebenheiten wiedergab, von denen er selbst aus erster Quelle erfahren hatte. Eine dieser Begebenheiten möchte ich Ihnen, meinen Lesern, nicht vorenthalten.

Einer unserer Landsleute hatte sich 1984, aufgrund der Prämie, die Rückkehrern ausgezahlt werden sollte, vorgenommen, für immer in die Türkei zurückzukehren. Er hatte auch einen Mercedes erworben, den er mit in die Heimat nehmen wollte. Seine Frau und die Kinder hatte er bereits vorausgeschickt und machte sich selbst auf die Reise. Er hatte geplant, auf dem Weg einen Bekannten zu besuchen. Wenig später bemerkte er in seiner Fahrtrichtung einen jungen Anhalter, der anscheinend nach einer kostenlosen Mitfahrgelegenheit Ausschau hielt. Da er selbst ohnehin in der gleichen Richtung unterwegs war und ungern allein fuhr, hielt er an und nahm den Anhalter mit. Als man dann einige Kilometer später in einer verlassenen Gegend angekommen war, zog der Anhalter eine Waffe, brachte den Mann unter Drohungen zum Aussteigen und schlug ihn dann zusammen. Bevor der Anhalter mit dem Auto davonfuhr, überrollte er noch den am Boden liegenden Mann mit dessen eigenem Auto. Später verständigten Passanten, die den am Boden liegenden Verletzten bemerkt hatten, die Polizei und mit schwersten Verletzungen wurde er in ein Krankenhaus verlegt. Bei der eingeleiteten Untersuchung wurde im Krankenhaus festgestellt, dass der Mann an Lungenkrebs im Anfangsstadium erkrankt war. Parallel zur Versorgung seiner weiteren Verletzungen wurde auch gleich die entsprechende Operation eingeleitet und der Patient wurde geheilt. Die Ärzte hatten gesagt, dass dies ein Wunder sei, denn hätte sich dieser Überfall nicht ereignet, wäre der Lungenkrebs nicht festgestellt und die Behandlung nicht durchgeführt worden. Durch einen Zufall hatte der Mann Glück im Unglück, denn bei dieser Art der Krebserkrankung gibt es im Anfangsstadium keinerlei symptomatische Beschwerden, die der Erkrankte hätte bemerken können. Eine Frühdiagnose ist daher äußerst selten. Nachdem

der Patient vollständig genesen und auch sein Auto wieder gefunden war, kehrte er schließlich in die Türkei zurück. Ob Sie diesen Vorfall nun als reinen Zufall, als schicksalhaft, oder sonst wie bezeichnen: solche Dinge passieren einfach.
Nun frage ich Akif nach seinen Erwartungen, die er an die Erwachsenen stellt.
„Das Einzige was ich erwarte, ist Toleranz. Sonst nichts" antwortet er.
Seinen Vergleich zwischen der Türkei und Deutschland fasst er kurz mit dem Statement zusammen, „Wir sind gastfreundlich".
Auch erkundige ich mich über seine Meinung zu den Entwicklungen in der Welt.
„Nein zum Krieg. Außerdem soll John Kerry als neuer Präsident der USA bei den Wahlen hervorgehen."
Ich frage ihn, welche Veränderungen er sich davon erhofft.
„Ich glaube, dass er der Bessere wäre. Zumindest ist er kein ´Cowboy`" antwortet er.
Ich leite das Gespräch weiter zum Thema Nikotin und Alkohol.
„Obwohl ich eigentlich dagegen bin, rauche ich. Manchmal rauche ich vier Monate nicht, dann wiederum – wenn es mir schlecht geht - eine ganze Schachtel am Tag. Das Rauchen habe ich schon unzählige Male aufgegeben, aber genauso oft habe ich wieder angefangen. Ich bin gegen jeglichen Konsum dieser Art und sehe und weiß auch, wie es denen geht, die etwas nehmen. Außerdem versuche ich auch, ihnen behilflich zu sein. Es kam schon vor, dass ich jemanden angezeigt oder die Polizei informiert habe. Einen anderen habe ich ins Krankenhaus gefahren. Wer Drogen, Alkohol oder ähnliches nimmt, gerät in geistige und körperliche Abhängigkeit. Manche bilden sich auch nur etwas ein, aber manche sind tatsächlich süchtig geworden. Denen muss man helfen."
Ich will ihn eigentlich nicht fragen, ob er in die Moschee geht, sage ich. Doch da antwortet er schon. „Ich sage es Ihnen auch, ohne dass Sie mich fragen: das hier ist unser Treffpunkt."
Ich möchte wissen, wie er über diejenigen denkt, die keine Moscheegänger sind.

„Diejenigen, die in die Moschee gehen, denken anders und diejenigen, die nicht hingehen, denken wiederum anders. Auf beiden Seiten gibt es positive und negative Meinungen und Verhaltensweisen. Letztlich ist jeder für sich selbst verantwortlich“ sagt er.
Zum Thema Stehlen erklärt er:
„Bis zum heutigen Tage habe ich noch nie etwas gestohlen. In diesem Punkt wurden wir am strengsten erzogen.“
Akif liest regelmäßig Zeitungen und Bücher. Außerdem sieht er manchmal türkisches Fernsehen.
Ich frage ihn, ob er sich jemanden als Vorbild gewählt hat.
„Den Propheten Mohammed und meinen Vater. Auf meinen Vater und meine Familie bin ich stolz“ antwortet er und fragt mich, ob ich die Biographie des Propheten Mohammed gelesen hätte. Als ich verneine empfiehlt er mir, diese zu lesen.
Abschließend frage ich ihn, ob er es als problematisch empfindet, zwischen zwei Kulturen zu leben.
Er verneint dies, sagt aber, dass er andere kenne und sehe, die hiermit Probleme hätten.
Dem äußerst selbstbewussten Akif wünsche ich weiterhin viel Erfolg und bedanke mich für seine mir gewidmete Zeit.

„Ich entscheide mich bei allem für die einfachere Alternative“, erzählt Özden K.

Özden K. ist 1984 in Hamburg geboren. Er berichtet, dass es sein Vater war, der einst als erster der Familie nach Deutschland kam. Somit gehört Özden der zweiten Generation an. Nachdem sein Vater in der Türkei die Handwerksschule abgeschlossen hatte, war er, seinerzeit noch ledig, in den 70er Jahren in die Stadt Hamburg gekommen. Damals war er als Arbeiter in einem Flugzeugbauunternehmen eingestellt worden, wo er bis heute ohne Unterbrechung arbeitet. Während der ersten Jahre war der Vater in einem Männerwohnheim untergekommen. Später mietete er eine kleine Wohnung an. Gegen Ende der 70er Jahre heiratete er eine Abiturientin aus seinem Heimatort, die auch die Zustimmung seiner Familie gefunden hatte, und holte sie zu sich nach Deutschland nach.
Nach ihrer Ankunft war die Mutter eine Zeit lang mit dem Besuch von Deutschkursen oder einfachen auswärtigen Reinigungsarbeiten beschäftigt, was aber auf Dauer unbefriedigend für sie gewesen sein muss. Also schrieb sie sich an der Schule für Sozialpädagogik ein, die sie nach vier Jahren abschloss. Neben ihrer theoretischen Ausbildung erwarb sie praktische Kenntnisse in einem Kindergarten. Nachdem sie ihr Diplom erworben hatte, begann sie, im Vorschulbereich einer Grundschule zu arbeiten, wo sie noch heute beschäftigt ist. Kurze Zeit später kam der heute 20jährige Özden zur Welt, der noch eine 16jährige Schwester hat. Da die Mutter berufstätig war, besuchte er täglich für vier Stunden den Kindergarten. Später hat er ganztags den Hort besucht, an dem auch seine Mutter arbeitete. Nach der vierten Klasse besuchte er aufgrund der Empfehlung seiner Lehrer das Gymnasium. Ohne eine Klasse wiederholt zu haben schloss er dieses 2003 mit dem Abitur ab.

Besonders hebt Özden hervor, dass sowohl seine Mutter, als auch sein Vater stets an den Elternabenden der Schule

teilnahmen. Darüber hinaus hatten sie auch Aufgaben in den entsprechenden Elternvertretungen übernommen.
Er fährt fort und erzählt, dass er bis heute keine nennenswerten Schwierigkeiten mit seinen Eltern erlebt habe, dass es aber durchaus vorgekommen sei, dass er seine Eltern mit denen seiner deutschen Freunde verglichen habe. Er habe schon von klein auf erkannt, dass seine Eltern strenger als die Eltern deutscher Freunde gewesen seien.
Seine Schilderung führt er mit einem Beispiel und dem Statement zu verschiedenen Fragen und Themen fort.
„Natürlich war ich mir der Liebe meiner Eltern auch in jüngeren Jahren sicher. Was mir aber noch mehr gefiel war, dass die Familie von Alex ihm mehr Freiheiten einräumte. Während ich beispielsweise um 18:00 Uhr zu Hause zu sein hatte, durfte Alex später nach Hause kommen. Auf der anderen Seite hatte ich nie Geldprobleme und konnte mir immer ein Eis leisten, wenn ich darauf Lust hatte. Bei Alex war das wiederum anders. Selbst als ich noch klein war, hat meine Familie nie Billigware für mich gekauft. Das waren Dinge, die ich natürlich ganz schön fand, wobei sich heute Einiges geändert hat. Zum Beispiel muss ich mir heute anhören, ich solle für mich selbst sorgen. Ein bisschen ist es nun doch so geworden, wie bei den Deutschen."
Ich erinnere ihn daran, dass er einen BMW fährt.
„Das Auto gehört mir aber nicht allein, sondern meiner Familie – auch wenn ich es die meiste Zeit zur Verfügung habe. Neulich verursachte ich einen Unfall, weil ich zu schnell gefahren war. Nun muss ich allein für die Reparaturkosten aufkommen. Das war schon einfacher, als ich noch klein war."
„Ich wohne noch bei meinen Eltern. Meine deutschen Altersgenossen ziehen in diesem Alter meistens aus und suchen sich eine eigene Wohnung. Mit meiner Familie verstehe ich mich ganz gut und bin gleichzeitig im Einklang mit mir selbst. Ich muss mich aber unter Druck setzen, um erfolgreicher zu werden. Ich neige dazu, bei allem die einfachere Alternative zu wählen. Obwohl ich weiß, dass ich imstande wäre, auch schwierigere Ziele zu erreichen, strebe ich nicht danach. Meist bin ich eher genügsam. Beispielsweise ist das Berufsziel Lehrer einfacher zu

erreichen, als das des Mediziners. Daher habe ich mich für den Lehrerberuf entschieden. Auch bei meinen Nebenjobs versuche ich immer, den Leichtesten zu finden. Natürlich kann ich mich zur Not immer auf meine Familie verlassen, aber meine Haltung, mich stets mit dem Einfachen zu begnügen, hat damit nichts zu tun. Das ist einfach meine Art. Wenn ich zum Beispiel die Auswahl zwischen fünf oder sechs Alternativen habe, achte ich meistens nicht auf das Geld, sondern entscheide mich letztendlich für das, was mir am leichtesten fällt."

"Was Geldangelegenheiten oder Ausgaben anbelangt kann ich zwischen mir und meinen deutschen Altersgenossen keine größeren Unterschiede feststellen. İm Endeffekt gehen die ja schließlich auch zu ihren Eltern, wenn es mal finanzielle Engpässe gibt."

„Momentan leiste ich meinen Zivildienst ab, der auch bald zu Ende sein wird. Wenn ich Ende dieses Monats fertig bin, werde ich mich gleich um einen Studienplatz bewerben. Studieren will ich mit Sicherheit. Es könnte etwas sein, das mit Sport, Geschichte oder Türkisch zu tun hat. Auf jeden Fall will ich einen Studiengang wählen, der nicht zu mühsam ist. Ich spiele schon seit vielen Jahren in einem Fußballverein mit. Momentan spiele ich im HEBS (Hamburg Eimsbüttel Ballspiel) Verein in der Verbandsliga."

„Die Türken, die studieren haben natürlich bessere Zukunftschancen. Aber auch diejenigen, die nicht studieren, haben gute Möglichkeiten, etwas zu erreichen, wenn sie eine Berufsausbildung machen und einen guten Job finden. So kann man auch gut leben."

Als ich ihn frage, wohin er sich eher zugehörig fühlt, antwortet Özden ohne Umschweife.

„Ich sehe mich als Türke, denn ich wachse mit den türkischen Traditionen und Sitten auf. Zum Beispiel esse ich Türkisch und mit meiner Familie rede ich Türkisch. Von Zeit zu Zeit gehe ich ganz freiwillig in die Moschee. Außerdem liebe ich es, mich mit meinen türkischen Freunden zum Essen zu treffen. Türkische Filme oder Theatervorführungen besuche ich überhaupt nicht. Ansonsten gehe ich aber schon ins Kino. Ins Theater gehe ich

aber nie. Ich finde es auch sehr schön, meine Verwandten in der Türkei zu besuchen." Gleichzeitig fügt er aber hinzu, dass er sich mit den Türken in der Türkei aber nicht identifizieren kann.
„Mit den Deutschen habe ich nicht besonders viel zu tun. Am besten komme ich eigentlich mit den türkischen Jugendlichen aus, die in Deutschland leben."
Weiter erzählt er mit glänzenden Augen, dass er bei Fußballspielen zwischen deutschen und türkischen Mannschaften immer für die Türken ist.

Wenn er die Türkei und Deutschland in wirtschaftlicher Hinsicht vergleicht, kommt er aufgrund schlechterer Verdienstmöglichkeiten in der Türkei zu dem Entschluss, dass es nichts für ihn wäre, für immer in die Türkei zurückzugehen, um dort zu leben.
„Die Türkei liebe ich sehr, aber unter diesen Bedingungen könnte ich dort nicht leben. Wenn sich eine Gelegenheit böte, dass ich mit einem hohen Einkommen dort ein komfortables Leben führen könnte, würde ich vielleicht gehen. Das hängt ganz von den Bedingungen ab."
Ein wenig vertiefen wir uns in Details. Özden findet, dass in der Türkei zwar das Wetter wesentlich angenehmer ist, dass Deutschland aber über das bessere Bildungssystem verfügt. Er betont, dass andererseits die Freundschaften in der Türkei beständiger seien.
„Natürlich wäre es toll, wenn die Wirtschaft in der Türkei sich stärker entwickeln würde. Jedes Jahr, wenn ich dort bin, stelle ich fest, dass es kaum eine Mittelschicht gibt. Dabei müsste es doch eine Unterschicht und eine Mittelschicht geben. Außerdem gibt es in der Türkei eine – wenn auch verschwindend geringe - Anzahl von Superreichen. Auf der ganzen Welt gibt es Terror und Krieg. Das ist auch kein Wunder bei dieser Armut. Das alles muss verbessert werden. Die Menschen sollten gut miteinander auskommen und toleranter werden. Das Niveau der Bevölkerung kann durch ein Bildungssystem gesteigert werden, dass nicht auf sturem Auswendiglernen, sondern auf echter Bildung basiert. Der Unterricht sollte auch diskussions- und

praxisorientierter werden. Ich finde zum Beispiel, dass man doch Klassen aufteilen und in diesen Gruppen dann differenzierte Diskussionen führen könnte."
Was seine Erwartungen an die Erwachsenen anbelangt:
„Ich weiß nicht so recht, welche Erwartungen ich an die Erwachsenen stellen sollte. Ich bin aber der Meinung, dass sie ihren Status nicht zu ihrem eigenen Vorteil ausnutzen, sondern an die Jugendlichen denken sollten. Einen Studienplatz zu bekommen, wird immer schwieriger. Die Lage verschlechtert sich, statt dass sie sich verbessern würde."
Er ist der Ansicht, dass Fehler korrigiert werden müssen. Auch er selbst als Individuum mache mal Fehler. Beispielsweise bereue er, dass er nach seinem Autounfall nicht die Polizei zum Unfallort bestellt hatte. Wir erfahren, dass der Grund für seinen Unfall der zu geringe Abstand zum vor ihm fahrenden Fahrzeug gewesen war. Hätte er aber die Polizei verständigt und wäre er dann aufgeklärt worden, dass er als nachfolgender Fahrer dafür verantwortlich sei, einen ausreichenden Abstand zu wahren, dann hätte er seiner Meinung nach eine wirksamere Lehre aus diesem Unfall gezogen.
Weiter berichtet er, dass er seit zwei Jahren eine iranische Freundin hat. Aus Respekt vor seinen Eltern hat er dies zunächst geheim gehalten. Nachdem sie aber insistiert hätten, habe er ihnen verschämt davon erzählt. Seine Familie hat nichts dagegen, dass er eine Freundin hat, aber:
„Sie sagen mir, dass ich mich nicht vorschnell zu einer Heirat entschließen soll. Zwischen Iranern und Türken gibt es ja nicht so große Unterschiede, aber ich bin mir sicher, dass es Probleme gäbe, wenn es eine Deutsche wäre."

„Du hast das Talent, um Erfolg zu haben. Aber gib dich nicht immer mit dem einfacheren Weg zufrieden und versuche auch mal, den schwierigeren zu gehen" sage ich. Wir beenden das Gespräch.

Ahmet Ç. ist der Ansicht, „Es ist nicht einfach damit getan zu sagen, man gehört hierher. Die Menschen in diesem Land müssen einen auch akzeptieren“

Ahmet wurde 1984 in Niedersachsen geboren. Sein Vater war der Erste, der nach Deutschland kam. Der heute 63jährige Vater ist Absolvent des Schneiderinstitutes in Istanbul und wurde seinerzeit als Meister in einen Betrieb des Textilgewerbes geholt. Er ist heute Rentner.
Die Mutter war in der Türkei als Lehrerin berufstätig und kam nach ihrer Heirat nach Deutschland. Nachdem sie sich viele Jahre als Hausfrau und Mutter ihren Kindern gewidmet hatte, eröffnete sie später ein Atelier, in dem sie selbständig tätig wurde und es noch heute ist.
„Hilft Dein Vater im Haushalt? Hilfst Du selbst im Haushalt?“ frage ich.
„Mensch, was für eine Frage! Wie kann man nur so eine Frage stellen? Du weißt doch: bei uns Türken ist die Rollenverteilung doch wohl klar“ macht er halb im Scherz, halb ernst seine Anspielung auf die alten Sitten. Dann fährt er fort: „Meine Mutter war immer zu Hause, deswegen war die Arbeitsteilung klar. Mein Vater kam immer erschöpft von der Arbeit und half im Haushalt kaum mit. Später aber, als er in Rente ging, begann er, meiner Mutter im Haushalt öfter zu helfen. Was mich selbst angeht: ich lebe allein in einer anderen Stadt, als meine Eltern, deswegen muss ich notgedrungen alles selbst erledigen. Heutzutage finde ich es normal, dass Eheleute sich im Haushalt helfen und sich bei allem ergänzen, wenn beide arbeiten. Alles beruht auf Gegenseitigkeit.“

Diejenigen, die der Auffassung sind, türkische Frauen würden alle zu Hause eingeschlossen werden und nur für die Hausarbeit zuständig sein, erliegen einem großen Irrtum und ihren Vorurteilen. Denn betrachtet man die Geschichte der Türken und ihre Kultur, wie sie heute noch in Anatolien gepflegt wird, so wird man feststellen, dass die Frau überall – sei es im Haus, auf dem Feld, oder im Garten – Seite an Seite mit ihrem Mann zusammen arbeitet. Natürlich unterscheidet sich die Situation in den Großstädten. Da dort überwiegend die Männer berufstätig, sind sie eher für die auswärtigen und die Frauen für die internen Arbeiten zuständig. Diese Arbeitsteilung hat sich aus den Lebensumständen heraus so entwickelt. Wie Ahmet bereits sagte, `die Rollenverteilung ist klar´. Wenn dann durch die Kinder noch die Rolle als Mutter hinzukommt, so ist es notgedrungen vorprogrammiert, dass die Frau einen Großteil ihrer Zeit zu Hause verbringt. Man erliegt einfach einem Irrtum, wenn man annimmt, dieser Zustand träfe lediglich auf die Türken zu. Ist es vielmehr nicht überall auf der Welt, wo die Arbeitsmarktlage problematisch ist, so, dass die Frauen auf die häusliche Ebene zurückgedrängt werden?

„Hast Du den Kindergarten besucht?" frage ich.
„Ja, von meinem dritten bis zu meinem sechsten Lebensjahr bin ich im Kindergarten gewesen, da es an unserer Schule keine Vorschule gab.
„Welche Schulen hast Du besucht oder besuchst Du?"
„Nach der vierten Klasse kam ich auf die zweijährige Beobachtungsstufe. Danach war ich ein Jahr lang auf dem Gymnasium. Als nächstes war ich zwei Jahre lang auf dem Mittelschulbereich des Anadolu Gymnasiums Istanbul. Bevor ich 16 wurde, kam ich erneut nach Deutschland und bekam eine Aufenthaltsgenehmigung. Wäre ich erst nach meinem 16. Geburtstag eingereist, hätte ich nämlich keinen Aufenthaltsstatus bekommen. In Deutschland ging ich dann zwei Jahre auf die Gesamtschule, kehrte wieder in die Türkei zurück, wo ich die letzte Klasse des Gymnasiums besuchte und das Abitur machte. Auch auf die Zulassungsprüfung für die Universität bereitete ich mich dort vor. Ich wurde dann zugelassen zum Fachbereich für `Deutsche Sprache und Pädagogik´. An diesem Fachbereich studierte ich zwei Jahre lang, bis ich dann das Studium abbrach. Später erhielt ich eine Ausbildung als Reiseleiter am Ministerium für Tourismus und kehrte nach Deutschland zurück. Als Quereinsteiger begann ich dann ein Studium am Fachbereich für

Pädagogik. Momentan schreibe ich an meiner Diplomarbeit und werde wahrscheinlich in Kürze mein Studium abgeschlossen haben. Später würde ich gerne auf dem Gebiet Internationale Forschung meinen Master machen." Somit habe ich auch einen Einblick in seine Zukunftspläne gewonnen.

Es gab viele unter den im Ausland lebenden türkischen Familien, die nicht in der Lage waren, zu unterscheiden, was richtig und was falsch ist oder bewusst die schulische Ausbildung ihrer Kinder zu verfolgen. Daher wurden viele ihrer Kinder zwischen Deutschland und der Türkei hin und her geschoben, was diese natürlich beeinträchtigt hat. Bei vielen – wie auch bei Ahmet – zog sich somit der Bildungsweg in die Länge. Bei anderen blieb angesichts des ständigen Hin und Her auch der Lernerfolg aus oder das Studium wurde abgebrochen.

„Hast Du während der Schulzeit je Ablehnung von Deinen Lehrern erfahren, weil Du türkischer, bzw. ausländischer Abstammung bist?"
„Nicht direkt nicht, aber indirekt bekam ich es schon oft zu spüren. Manchmal, wenn zum Beispiel der Lehrer eine Frage stellte, die ich richtig beantwortete, drehte er sich zu den anderen Schülern um und sagte `Seht Ihr, die sind gut; das könnten später mal Eure Vorgesetzten werden´. An der Art, wie er das sagte, konnte man leicht erkennen, wie er das meinte" berichtet Ahmet.
An allen Ausflügen und Klassenfahrten hat er stets teilgenommen.
„Sind Deine Eltern regelmäßig zu den Elternabenden in die Schule gegangen?" frage ich.
„Obwohl meine Mutter nicht so gut Deutsch spricht, ist sie zu jedem Elternabend gegangen. Sie hat aber nie irgendwelche Ämter oder Aufgaben übernommen. Mein Vater wiederum hat viel gearbeitet und hatte nur wenig Zeit. Deswegen konnte er nicht immer teilnehmen. Hätten meine Eltern sich nicht um uns Geschwister gekümmert, wären wir heute nicht da, wo wir jetzt sind. Meine Schwester hat ihr Studium erfolgreich

abgeschlossen. Momentan arbeitet sie als Lehrerin und macht nebenbei ihren Master“ erzählt er.

„Sicher hast Du Freunde, die deutscher, oder anderer Nationalität sind. Findest Du, dass sie sich im Konsumverhalten oder anderweitig unterscheiden?“

„Natürlich habe ich viele Freunde. Meine Eltern haben mich immer mit allem versorgt, so dass ich in meiner Kindheit und Jugend immer alles hatte. Wir haben in einer Kleinstadt gelebt, wo die meisten Bewohner einfache Arbeiter waren, die in entsprechenden Verhältnissen lebten. Ich selbst war immer wesentlich besser gestellt und ausgestattet, als die meisten Kinder aus deutschen Familien. Wir haben zwar nicht so viel Wert auf Markenkleidung gelegt, aber dennoch bekam ich von meiner Familie immer alles, was ich wollte, ohne dass ich dabei verwöhnt wurde.“

„Kam es vor, dass Du Deine eigene Familie mit den Familien Deiner Freunde verglichen hast?“ will ich wissen.

„Nein, auf die Idee wäre ich nie gekommen, denn ich war mit meiner Familie immer glücklich und zufrieden. Wir waren sowohl hier, als auch in der Türkei gut situiert.“ An diesem Punkt stelle ich die Zwischenfrage, warum seine Familie denn nach Deutschland gekommen sei, wenn die wirtschaftliche Lage dort denn so gut gewesen sei.

„Damals ist es nicht ums Geldverdienen gegangen. Sie waren einfach jung und wollten das Abenteuer Ausland wagen. Mein Vater war 19, als er nach Deutschland kam und so weit er erzählt, ging es ihm damals darum, andere Länder kennen zu lernen. Meine Familie hat in der Türkei tatsächlich sehr gut gelebt, aber wie Sie auch wissen, kann man nicht so leicht wieder zurückkehren, wenn man erst mal hier ist. Nachdem mein Vater nach Deutschland gekommen war, hatte er sich bei den zuständigen Stellen nach den Möglichkeiten für ein weiterführendes Studium und Ausübungsmöglichkeiten in seinem eigenen Beruf erkundigt. Sobald er die notwendigen Genehmigungen hatte, hat er sich selbstständig gemacht. Zwischenzeitlich hatte er auch die Zulassung zum Studium bekommen, dann aber auf ein Studium verzichtet.“

Ahmet fährt fort und wir kommen erneut auf die Frage nach dem Vergleich zu sprechen.
„Meine eigene Familie hatte ein höheres Bildungsniveau, als die meisten Arbeiterfamilien dort. Was hätte ich also vergleichen sollen?“ sagt er.
„Gibt es ein besonders interessantes Erlebnis, dass Du mit den Deutschen hattest?“ frage ich weiter.
„Ein wichtiges Erlebnis, das Spuren hinterlassen hätte, hatte ich nicht. Ich habe zwar viele deutsche Freunde, aber kein besonderes Erlebnis“ antwortet er.
„Kommt es vor, dass Du in Bezug auf Schule oder andere Dinge Selbstkritik übst?“ will ich von Ahmet wissen.
„Natürlich kommt das vor … Alles wäre wesentlich besser verlaufen, wenn ich disziplinierter gearbeitet hätte und vor allem das Studium, das ich in der Türkei begonnen hatte, abgeschlossen hätte. Ich hätte dann nicht so viel Zeit verloren. Andererseits hätte ich mich dann nicht so entwickelt, wie es jetzt der Fall geworden ist. Ich hätte dann ganz andere Ziele. Alles hat eben seine Vor- und Nachteile. Dennoch glaube ich, dass es besser gewesen wäre, wenn ich mit dem Studium früher fertig geworden wäre.“

Sicherlich hat alles seine positiven Seiten, aber es macht den jungen Leuten ab einem bestimmten Alter doch zu schaffen, finanziell noch immer von der Familie abhängig zu sein und für den eigenen Lebensunterhalt nicht selbst sorgen zu können. Sie versuchen dann, selbst Geld zu verdienen und für ihren Lebensunterhalt zu sorgen. Allerdings ist es nicht so einfach, zu studieren und gleichzeitig zu arbeiten, um über die Runden zu kommen. Das Ganze zieht dann einfach die Studien- bzw. Ausbildungszeit in die Länge. Je länger ein Studien- bzw. Ausbildungsweg wiederum dauert, umso größer ist die Gefahr, dass die Motivation abhanden kommt und das Studienziel erreicht wird. Die Zahl der Studienabbrecher ist nicht zu unterschätzen. Daher vertrete ich die Auffassung, dass die Jugendlichen so schnell wie möglich ihre Ausbildung- bzw. Studienzeit abschließen, ihren Beruf ergreifen. Danach mag es ihnen freigestellt sein, zu tun und zu lassen, was sie möchten. Seit der Einführung der jüngsten Änderungen wird Studierenden in Deutschland die Erreichung des Studienziels nicht gerade vereinfacht. Eine der wichtigsten Neuerungen ist, dass die Gebühr, die von so genannten Bummelstudenten erhoben wurde, auf ein Vielfaches des bisherigen Betrages angehoben wurde. Daher erachte ich es als angebracht und sinnvoll, dass die Studiendauer jeweils so kurz wie möglich gehalten und nicht unnötig verlängert wird.

„Was möchtest Du beruflich machen, wenn Du mit dem Studium fertig bist?“ frage ich.
„Das ist eine schwere Frage, aber so in etwa weiß ich es schon. Mag auch sein, dass es nicht klappt, aber nach Möglichkeit möchte ich in einer Stiftung, bzw. einer öffentlichen Einrichtung im Bereich Entwicklung oder Soziales in meinem Beruf beschäftigt sein. Die Alternativen sind vielfältig, mal sehen, was die Zeit bringt“ antwortet er.
Die Frage ist nicht so schwer, aber so weit ich beobachten kann, tut Ahmet sich mit seiner beruflichen Orientierung schwer. Dieser Eindruck verhärtet sich im weiteren Verlauf des Gesprächs, denn Ahmet hat sich vielseitig entfaltet und nun fällt es ihm schwer, eine Entscheidung für seinen zukünftigen beruflichen Schwerpunkt zu treffen. Der Volksmund sagt, `Während der Kluge noch überlegt, hat der Dumme sich schon auf den Weg gemacht´. Mir scheint, dass dies annähernd auch Ahmets Dilemma beschreibt. Natürlich gilt dies für viele Jugendliche, die sich in der Ausbildung und Studium ihre Optionen nach vielen Seiten hin offen halten. Den ersten Schritt der Entscheidung, in eine bestimmte Richtung zu gehen, treffen sie nur schwer, aber sobald sie sich entschieden haben, werden sie meist erfolgreich. Mein Wunsch ist natürlich, dass auch Ahmet seine Vielseitigkeit effizient einsetzt und erfolgreich wird.

„Wohin fühlst Du Dich zugehörig?“ lautet meine nächste Frage.
„Diese Frage zu beantworten fällt mir nicht so leicht. Da ich hier lebe, bin ich emotional natürlich auch mit diesem Land

verbunden. Meine Familie und Freunde sind hier und ich habe hier studiert. Daher fühle ich auch eine Bindung zu diesem Land. Es ist aber nicht damit getan, zu sagen, dass man sich hierher zugehörig fühlt, denn die Menschen in diesem Land müssen einen auch akzeptieren. Sagen wir, ich gehöre hierher. Da meine Familie aber aus der Türkei kommt und ich dort auch eine Zeit lang zur Schule gegangen bin, fühle ich mich auch der Türkei verbunden. Ich will mal den Modebegriff der letzten Zeit benutzen: ich bin ein Deutschtürke." So beschreibt Ahmet seine Identität.

Er hat damit auch nicht Unrecht. Auch wenn man selbst sich diesem Land zugehörig fühlt, seine gesamte Energie zum Wohl dieses Landes eingesetzt, sein Leben hier verbracht, seine Kinder hier zur Welt gebracht und aufgezogen hat … Es nützt auch nichts, wenn seit der eigenen Ankunft mehr als vierzig Jahre vergangen sind, da man nach wie vor zu hören bekommt, man sei hier `Gast´. So wird einem deutlich gemacht, dass man eben nicht akzeptiert wird. Äußerungen dieser Art sind geeignet, sämtliche positive Einstellungen zunichte zu machen. Obwohl jedem bewusst sein muss, dass es keine einseitige Integration geben kann, verlangt man diese. Unabhängig davon, von welchem Land wir auch reden: wenn Integration gefordert wird, dann ist das fordernde Land auch in der Pflicht, sämtliche hierfür erforderlichen Bedingungen herzustellen und die Migranten mit offenen Armen aufzunehmen und zu akzeptieren.

„Gibt es in Deiner Familie eine Ungleichbehandlung von Mädchen und Jungen?" frage ich weiter.

„So etwas gibt es in meiner Familie nicht" antwortet Ahmet kurz.

„Welche Nationalität sollte Deine zukünftige Ehegattin haben?" will ich wissen.

„Dadurch, dass ich in diesem Land lebe, habe ich natürlich die Möglichkeit, auch Menschen anderer Kulturen kennen zu lernen. Manchmal ist die Liebe stärker als der Verstand und ein junger Mensch, der in diesem Land aufgewachsen ist, könnte – ohne an potenzielle zukünftige Schwierigkeiten und Differenzen zu denken - auch in Erwägung ziehen, jemanden zu heiraten, der einer anderen Kultur entstammt. Ich selbst würde der Gemeinsamkeiten wegen eine Türkin vorziehen, dabei gäbe es natürlich auch keine Garantie dafür, dass man miteinander glücklich wird. Das kann nur Allah wissen, deswegen überlasse ich diese Entscheidung auch Allah."

Ahmet beherrscht Türkisch, Deutsch, Spanisch und Englisch. Wir unterhalten uns auch über seine Zukunftspläne.

„Ich bin darauf gefasst, dass ich auch mit Schwierigkeiten konfrontiert werde, dennoch versuche ich aber, meine Pläne der Reihe nach zu verwirklichen und wenn alles so weiter läuft wie bisher, bin ich auch optimistisch, dass es ganz gut werden wird. Außerdem bin ich eine Kämpfernatur und blicke daher optimistisch in die Zukunft. Es ist alles relativ."

„Welche Erwartungen hast Du an Deine Familie oder die Verantwortlichen?" frage ich.

„Ich habe mir einige Ziele gesetzt und erwarte von ihnen, dass sie mir Unterstützung und Orientierung geben und dafür sorgen, dass ich die bestehenden Möglichkeiten ausschöpfen kann" antwortet er.

„Was fällt Dir zum Vergleich zwischen der Türkei und Deutschland ein?"

„Das ist ganz einfach. Zwei Dinge fallen mir dazu ein: Wärme und Kälte. Diese Begriffe sind für alle Aspekte gültig und jeder kann das auslegen, wie er mag. Es ist wie Sonne und Regen, oder Temperament und Eintönigkeit."

Ich frage nach, wie er das meint, mit der Sonne und dem Regen.

„Das solle jeder selbst interpretieren, wie er mag."

Nun möchte ich seine Einschätzung zu den Entwicklungen in der Welt erfahren.

„Wenn ich ganz offen sein soll, muss ich sagen, dass meine Antwort zu dieser Frage nicht besonders positiv ausfallen wird. Die Frage des Nationalismus gehört der Vergangenheit an und war ein Phänomen des letzten Jahrhunderts. Heute dagegen sehe ich eher den Clash of Civilization im Vordergrund. Ich hoffe, dass sich meine Befürchtung nicht bewahrheitet, aber die Türkei, ist das einzige Land der Welt mit einer laizistisch-islamischen

Prägung. Das könnte diese Gräben weiter vertiefen, da die Türkei nicht teil der westlichen Welt ist. Ich befürchte auch, dass die hier lebenden Türken und deren Integration in Mitleidenschaft gezogen werden könnten. Optimistisch stimmt mich aber, dass meine und die kommende Generation offener eingestellt und bereit sind, Verantwortung zu übernehmen. Das wird den Zusammenprall der Kulturen verhindern."

Wir reden nun über Nikotin-, Alkohol- und Drogengebrauch unter Jugendlichen.

„Ich selbst rauche und trinke auch ab und zu ein Glas, wenn ich mit Freunden essen gehe. Drogen habe ich nie genommen und habe auch nichts mit Leuten zu tun, die Drogen nehmen. Ich will auch gar nichts mit solchen Leuten zu tun haben." Ahmet reagiert mit Ablehnung auf meine Frage.

„Was denkst Du, warum manche Jugendliche Drogen nehmen?" frage ich nach.

„Perspektivlosigkeit, familiäre Probleme, Minderwertigkeitskomplexe, zu wenig Aufmerksamkeit. Es könnte auch einfach Neugier sein" antwortet Ahmet.

„Gehst Du in die Moschee?"

„Ja, ab und zu, wenn mir danach ist, aber eher selten."

„Wie denkst Du über Leute, die häufig in die Mosche gehen?" frage ich nach.

„Ich finde es in Ordnung, solange die Leute Religion als Privatsache, als ein Bedürfnis ansehen, so wie man auch zum Arzt geht, wenn man krank ist. Solange man die Politik außen vor lässt, habe ich nichts dagegen." Ich schließe mich seiner Meinung voll an.

Ahmet liest regelmäßig Tageszeitungen und auch aktuelle Bücher. Beim Fernsehen bevorzugt er den Nachrichtensender Phoenix.

„Wer sind Deine Vorbilder?" will ich erfahren.

„Oh, ich habe viele Idole. Mein politisches Vorbild ist Mustafa Kemal Atatürk. Außerdem bewundere ich die Philosophie von Mevlana und den Strategen Bismarck. Ich habe auch Hochachtung vor Friedrich Ebert, der für Deutschland eine hohe Bedeutung hat. Konrad Adenauer war in meinen Augen ein Visionär, der seinerzeit die Verankerung der Türkei im Westen sehr gefördert hatte – auch wenn die heutige CDU das anders sieht." Erinnert seien diejenigen an diese Namen, die geneigt sind, sie zu vergessen.

„Welche Art von Musik hörst Du?"

„Türkische klassische Musik, Rock, Pop. Außerdem höre ich auch gerne spanische Musik."

„Deine Hobbys?"

„Vereinsarbeit, Karate, Schach, Tischtennis, Tennis. Außerdem lese ich gerne politische Bücher."

Ich frage weiter, ob er es problematisch empfindet, zwischen zwei Kulturen zu leben.

Ahmet verneint dies und ich finde das interessant und sehr berechtigt.

Nun möchte ich wissen, wo Ahmet am liebsten leben würde, wenn er die Wahl hätte.

„Am liebsten würde ich auf Kuba leben, weil ich das Meer, die Berge und die Sonne gleichermaßen liebe. Einfach eine Trauminsel. Das ist aber ein Wunschtraum. Meine nächste, realistischere Wahl wäre die Mittelmeerküste der Türkei. Dort würde ich gerne leben. Mal sehen, vielleicht tue ich das ja, wenn ich in Rente gehe."

„Welche Frage hättest Du zusätzlich zu meinen Fragen gestellt?"

„Welche Partei wird bei der nächsten Wahl Deine Stimme bekommen?" erhalte ich als Antwort und fordere Ahmet auf, seine eigene Frage zu beantworten.

„Als Türke würde ich diejenige Partei wählen, die vorausschauend genug ist, die Türkei nicht zu diskriminieren und die außerdem in der Lage ist, den Dialog zwischen den Kulturen zu fördern, ohne die Religion in den Vordergrund zu stellen."

Ich frage nach, ob es denn eine solche Partei gibt, für jemanden, der nicht die deutsche Staatsangehörigkeit hat.

„Das ist egal. In beiden Ländern gelten die gleichen Kriterien" antwortet Ahmet.

An dieser Stelle beenden wir unser Gespräch. Ahmet wünsche ich viel Erfolg in seinem Leben und ferner, dass eine friedliche Welt ohne Kriege und ohne Zusammenprall der Kulturen geschaffen wird.

Ich denke, mein wichtigstes Vorbild ist meine Mutter. Sie stammt aus einem Dorf und hat es geschafft, hier Ihr Leben aufzubauen. Mein zweites Vorbild ist eine Klassenkameradin, die eine wahnsinnig schnelle Auffassungsgabe im Unterricht hat" erfahren wir von Yeşim K.

Yeşim wurde 1989 als das jüngere von zwei Geschwistern in Hamburg geboren. Einst war ihr Vater als Gastarbeiter nach Deutschland gekommen. Nachdem er lange Jahre als Arbeiter beschäftigt war, ist er nun – mit 57 Jahren – arbeitslos. Die heute 56jährige Mutter, die erst nach dem Vater eingereist war, ist Hausfrau.

Über die Arbeiten im Haushalt sagt Yeşim,

„Mein Vater geht zwar einkaufen, beim Saubermachen hilft er aber nie."

Da Yeşims Mutter nicht gearbeitet hat, besuchte Yeşim nie einen Kindergarten und war bis zur Einschulung zu Hause.

Welche Schulen sie bis heute besucht hat, frage ich sie.

„Direkt nach der vierten Grundschulklasse ging ich auf das Gymnasium, wo ich derzeit die 10. Klasse besuche."

„Gehst Du mit auf Klassenfahrten?"

Sie antwortet, „Bis jetzt war ich auf allen Reisen mit, die von der Schule aus mit unserer Klasse organisiert wurden."

„Hast Du auch mal Freizeit?"

„In meiner Freizeit besuche ich den Taek-Van-Do Kurs, der von der DITIB (Diyanet İşleri Türk İslam Birligi Moschee) angeboten wird. Das nach islamischen Regeln verhüllte Mädchen „mit Kopftuch" nimmt sich neben der Schule Zeit für sportliche Aktivitäten.

Sie berichtet weiter, dass sie in der Schule nie Probleme hatte und dass ihr Land, ihre Religion und ihre Sprache von ihrem Umfeld stets respektiert worden sei.

Ich frage sie nun, ob die Eltern an den Elternabenden in der Schule teilnehmen.

„Mein Vater besucht regelmäßig die Elternabende, übernimmt aber keine Aufgaben oder Ämter."
Zum Punkt, Freundschaften mit Deutschen oder Freunden aus anderen Nationalitäten sagt sie,
„Ich habe auch Freunde anderer Nationalitäten, z. B. Deutsche oder Russen. Was das Geld ausgeben angeht, da gibt es schon Unterschiede. Sie geben unheimlich viel Geld für Klamotten und andere überflüssige Dinge aus. Ich habe mich nie bemüht, so zu sein wie sie und habe auch meine Familie nie mit deren Familien verglichen."
„Hattest du je Probleme in Deutschland/ mit Deutschen?"
„Weder mit meinen Freundinnen, noch mit deren Familien hatte ich je Probleme. Sie waren stets bemüht um mich. Nur wegen meines Kopftuchs hatte ich mit einer meiner Lehrerinnen mal einen Disput. Sie hatte gleich die Rede auf meine Familie, die türkisch Regierung und die Türkei gelenkt und geäußert, in der Türkei sei es doch auch verboten, also müsste es doch hier auch so sein. Sie hatte mich gefragt, warum ich denn dann hier ein Kopftuch tragen würde."
Ich fragte Yeşim, was sie dazu geantwortet hatte.
Sie habe ihr geantwortet, dass hier eben die Gesetze so seien. „Ich wollte es auch nicht weiter thematisieren. Ich könnte aber auch in der Türkei zur Schule gehen oder studieren" antwortet sie.
Ich komme auf das Thema Selbstkritik zu sprechen.
„Ich habe einige Schwierigkeiten, weil ich mich auf das Fach Englisch nicht genug konzentriert habe. Natürlich bereue ich es jetzt, diese Schwierigkeiten am Anfang nicht ernst genug genommen zu haben."
Ob bei der Arbeit oder beim Lernen, ´Was Du heute kannst besorgen, das verschiebe nicht auf morgen´. Diese beliebte Volksweisheit kommt natürlich nicht von Ungefähr. Sobald man seine Aufgaben nicht zeitnah abarbeitet, stauen sie sich zu einem Riesenberg an, den man dann nur noch mit Mühe abbauen kann. Von Yeşim erfahren wir nun, dass ihre Probleme mit Englisch deshalb anstiegen, weil sie nicht von Anfang an regelmäßig gelernt hat. Ich denke, sie möchte die Leser auch davor warnen,

es ihr gleichzutun, sondern zu erledigende Dinge gar nicht erst aufschieben. Erfolg ist abhängig von der rechtzeitigen Erledigung anfallender Arbeiten.
„Was möchtest du später mal machen“ frage ich sie.
„Jura studieren“ lautet die Antwort.
Ich befrage sie nun weiter zum Thema der Identität.
„Ich bin Türkin, auch wenn wir nicht in dem Maße türkisch sein können, wie die in der Türkei Lebenden. Aber unseren Staat, die Türkei, liebe ich genauso, wie sie auch. Ein Unterschied ist natürlich, dass wir elf Monate lang Sehnsucht haben. Was mir missfällt ist nicht die Türkei, sondern die Art der dort lebenden Frauen. Sie tratschen einfach zu viel. Das gibt es auch bei den Frauen hier und daher werden wir auch mehr kontrolliert. Hinzu kommt aber, dass sie auch noch über die in Deutschland Lebenden herziehen. Sie lästern mit solcher Hingabe, als wäre das eine Tugend. Das ist hier nicht so ausgeprägt: man erwähnt kurz, wer was angestellt hat und belässt es dabei. Es gibt hier nicht so viel Gerede, wie in der Türkei.“ Das ist ihre berechtigte Kritik. Tatsächlich ist es so, dass die in Deutschland lebenden Landsleute von ihren Angehörigen in der Türkei – aber insbesondere von Bewohnern kleinerer Ortschaften und Dörfer – mit Argusaugen beäugt werden. Man sucht förmlich nach Fehlern und wenn es nichts auszusetzen gibt, dann wird emsig gesucht, moniert und getuschelt. Solange die Unterstützung und die Geschenke kommen, ist die Welt in Ordnung, aber wehe man vernachlässigt diese Pflicht – dann rutscht sofort in der Gunst ab und gerät ins Gerede. Die hier, in der „Fremde“ Lebenden sind sich hierüber selbst im Klaren und registrieren dieses sehr wohl. Möglicherweise könnte man auch sagen, dass bei den Angehörigen in der Türkei eine Spur von Neid mitspielt. Oder was meinen Sie?

Meine Interviewpartnerin sagt zunächst, dass in der Familie kein Unterschied zwischen Mädchen und Jungen besteht, fährt aber später anders fort und führt aus:
„Die Frage des Ausgehens wird bei uns problematisiert. Mein Bruder darf länger ausbleiben und ich respektiere ihre

Einstellung. Meine Familie vertraut uns, aber nicht der Umgebung draußen. Dort gibt es Ausländerfeindlichkeit und Kriminalität. Deswegen erlauben sie es mir nicht, allzu lange wegzubleiben."

Über die Frage nach der Person ihres zukünftigen Ehegatten sagt sie,

„Ich will einen Türken. Allerdings ist das nicht mein einziges Kriterium, denn es muss gleichzeitig jemand sein, der zu meiner Religion und meiner Art passt. Ich wünsche mir, dass es jemand ist, der die mir wichtigen Traditionen und mich so akzeptiert und respektiert wie ich bin." Somit erfahren wir ihre Erwartungen an ihren zukünftigen Ehegatten.

Ich frage sie, welche Sprachen sie beherrscht.

„Deutsch, Türkisch, Englisch und ein wenig Latein. Außerdem kann ich Arabisch lesen und versuche, auch die Bedeutung des Gelesenen zu erfassen. Wenn ich im Koran lese, meine ich manchmal, das eine oder andere Wort zu verstehen. Sobald ich aber bemerke, dass ich es doch nicht verstanden habe, schlage ich in der Übersetzung nach."

Über ihre Zukunft äußert sie sich wie folgt:

„Bezüglich meiner Zukunft hege ich nicht allzu rosige Erwartungen, denn in Deutschland gibt es zwar viele Unternehmen, aber nicht so viele Arbeitsplätze. Was das angeht, bewerte ich die Türkei positiver. Die EU begrüße ich in gewissem Sinne schon, habe aber die Befürchtung, dass in punkto Beschäftigung eine gewisse Abhängigkeit entstehen könnte. Ich befürworte die EU, da ich aber die Probleme des Staates nicht kenne, kann ich dazu auch nicht allzu viel sagen und habe außerdem die Sorge, dass die Mitgliedschaft mit wirtschaftlichen Nachteilen verbunden sein könnte. Einmal sah ich etwas im Fernsehen, weiß aber nicht, in wie fern das wahr ist: Ich habe gehört, dass die Türkei innerhalb der EU einen enormen Bevölkerungsanteil hätte. Daher teile ich wiederum auch nicht die Sorge, dass andere Länder Druck auf die Türkei ausüben könnten." Mit einigem an Verwirrung teilt sie ihre Meinung zu diesem Thema mit.

Fakt ist aber: die negative Berichterstattung in Bezug auf Arbeitslosigkeit oder die Frage, ob die Türkei nun in die EU aufgenommen werden wird oder nicht, die die jungen Leute im Fernsehen aufnehmen, beeinträchtigt sie in negativer Weise. Wäre es übertrieben, zu sagen, sie macht sie sogar unglücklich und krank?

Nun möchte ich ihre Erwartungen an die Entscheidungsträger erfahren.
„Ich interessiere mich nicht für alle Bereiche der Politik, aber wenn im Fernsehen über Schulpolitik, oder Kriege berichtet wird, dann interessiert es mich schon. Ich erwarte von ihnen, dass sie eine Welt ohne Kriege erschaffen und die Arbeitslosigkeit bekämpfen. Außerdem möchte ich, dass sie sich nicht nur der Gegenwart, sondern auch der Gestaltung der Zukunft widmen" sagt sie.
Zum Vergleich zwischen der Türkei und Deutschland äußert sie ebenfalls ihre Meinung:
„Die aus der Türkei hierher Gekommenen, legen nicht so viel Wert auf ihr Berufsleben. In der Türkei ist das anders, man ist in diesem Punkt sorgfältiger. Unsere Landsleute hier sind fauler, weil es hier nämlich die Sozialhilfe gibt."
Diese Einschätzung kann natürlich nicht generalisiert werden, ist aber auch nicht völlig unbegründet. Genauso wie unter den Deutschen auch, gibt es unter den Türken solche, die mit dem Arbeiten nicht viel am Hut haben und ihr Auskommen lieber außerhalb der Arbeitswelt erzielen – also mit Sozialhilfe. Durch die in Deutschland kürzlich erlassenen Arbeits- und Sozialhilfegesetze jedoch wird nun auch ein Zeichen dafür gesetzt, dass es den parasitär lebenden Mitbürgern nicht mehr so leicht gemacht werden wird, wie in der Vergangenheit. Vielmehr sieht es danach aus, dass das Leben auf dem Rücken der Allgemeinheit erheblich erschwert wird.
Zum Thema Drogenkonsum hat sie keine nennenswerten Erfahrungen mitzuteilen, meint aber beobachtet zu haben, dass diejenigen, die keine Drogen nehmen, in gewissem Sinne den Drogenkonsumenten nacheifern. Auch mutmaßt sie, dass hinter

Drogenkonsum der Wunsch stehen könnte, die eigenen Probleme zu vergessen.
Sie selber besucht die Moschee und äußert sich über diejenigen, die dies nicht tun:
„Das muss jeder selbst wissen. Ich jedenfalls gehe dorthin, um zu lernen. Ich respektiere die Ansicht Anderer."
Sie erwähnt kurz, dass sie selbst noch nie gestohlen habe und auch niemanden kenne, der je einen Diebstahl begangen hätte.
Was das Lesen anbelangt, so zieht sie Zeitungen und Bücher in deutscher Sprache vor und hat eine eigene Büchersammlung. Außerdem verfolgt sie Fernsehsendungen sowohl in deutscher, als auch in türkischer Sprache.
Zur Frage, welche Vorbilder sie habe, antwortet sie, dass sie zwei Vorbilder habe. Eine davon sei ihrer Mutter, die – obwohl sie aus einem Dorf stamme – es geschafft habe, hier zu leben. Ihr zweites Vorbild sei eine Klassenkameradin, die äußerst erfolgreich und über eine ungeheuer schnelle Auffassungsgabe verfüge.

Überall haben wir Beispiele dessen vor Augen, welch wichtige Vorbildfunktion von guten Eltern, aber auch von einem entsprechend guten Umgang im Freundeskreis ausgeht. Nun hat zwar niemand die Möglichkeit, sich seine Eltern auszusuchen, doch bei der Wahl des Freundeskreises, denke ich, ist es von Vorteil, hier möglichst sorgfältig und vorsichtig vorzugehen.
Yeşim – so habe ich den Eindruck – hat den Willen, erfolgreich zu sein und ich wünsche ihr die Erreichung ihrer Ziele.

„Als meine deutsche Freundin mal ein Eis wollte, bekam sie von ihrer Mutter zu hören, `Kauf es dir von deinem eigenen Geld`", berichtet Yeliz U.

Yeliz wurde 1988 in Hamburg geboren. Ihr Großvater war der Erste aus der Familie, der nach Deutschland gekommen war. Er ist heute über 75 Jahre alt und lebt als Rentner in der Türkei.
Der heute 44jährige Vater hat in Deutschland die Schule bis zur Grundschule besucht und ist heute als Arbeiter in einer Reinigungsfirma beschäftigt.
Die 37jährige Mutter kam nach der Eheschließung im Wege der Familienzusammenführung nach Deutschland. Sie war in einem Hotel angestellt, bis sie arbeitslos wurde. In der Türkei hatte die Mutter einst nach dem Gymnasium die Zulassung zur Fakultät für Bildende Künste erhalten. Nachdem sie aber ihren späteren Ehemann kennen gelernt hatte, folgte sie ihm nach Deutschland. „Eigentlich schade", sagt Yeliz.
Die Zahl der Eheschließungen zwischen jungen Menschen, die in Deutschland aufgewachsen sind und niedrigere oder gar keine Schulabschlüsse vorweisen können und solchen, die in der Türkei aufgewachsen sind und eine höhere Schulbildung genossen haben, ist recht hoch. Zwischen jungen Menschen, die in unterschiedlichen Kulturen aufgewachsen sind und über unterschiedliche Bildungsniveaus verfügen, werden somit Ehen geschlossen, die unbestritten nicht alle unglücklich verlaufen. Jedoch ist die Zahl der unglücklich verlaufenden und letztlich scheiternden Ehen recht hoch und wächst seit einigen Jahren stetig.

Als die Sprache darauf kommt, ob ihr Vater sich an der Hausarbeit beteiligt oder nicht, sagt Yeliz:
„Das ist ein besonders schönes Thema. Er räumt den Tisch ab und übernimmt das Staubsaugen, aber von Wäsche oder den anderen Hausarbeiten versteht er nichts. Er wüsste noch nicht einmal, welche Taste er an der Waschmaschine bedienen müsste.

Bei mir hingegen ist es so, dass ich nach Erledigung der Hausaufgaben meiner Mutter im gesamten Haushalt helfe."
Die ersten zwei Jahre der Grundschule hat Yeliz in der Türkei besucht. Die Eltern hatten sich damals zur Rückkehr entschlossen und ein Geschäft in der Türkei eröffnet. Als die Geschäfte aber schlecht verliefen, entschloss sich die Familie, nach acht Jahren, erneut nach Deutschland zurückzukehren.

Viele der Menschen, die aus Deutschland in die Türkei zurückkehren, begeben sich dort auf unbekanntes berufliches oder geschäftliches Terrain. Sobald aber das in Deutschland über Jahre hinweg sauer Verdiente und Ersparte aufgebracht ist, versuchen sie dann, wieder nach Deutschland zurückzukommen. Ich selbst habe Menschen kennen gelernt, die keine Möglichkeit der erneuten Rückkehr mehr hatten und daher ihr Leben unter schwierigsten Bedingungen dort weiter fristeten. Die Eltern von Yeliz machten glücklicherweise nicht den Fehler, ihre Aufenthalts- und Arbeitserlaubnis verfallen zu lassen, so dass sie zurückkehren und hier weiterarbeiten konnten.

Yeliz selbst hat – aus verschiedenen Gründen – alle zwei Jahre die Schule gewechselt. Sie verfolgt das Ziel, in diesem Jahr die Realschule mit der Mittleren Reife abzuschließen und im kommenden Jahr weiter auf das Gymnasium zu gehen.
Sie berichtet, als Ausländerin weder in der Schule, noch in ihrem Umfeld Negatives erlebt zu haben, wohl aber in einem Geschäft, als sie ihrem Bruder zum Geburtstag einen Gameboy kaufen wollte. Das hatte damals nicht geklappt, weil sie keinen deutschen Personalausweis hatte. „Da war ich schon traurig", sagt sie.
Da ich nicht verstand, fragte ich nach: „Wie kann es zu einem Ausweisproblem kommen, wenn man ein Spiel kaufen möchte?"
Ich erhielt jedoch keine befriedigende Antwort.
Da der Vater besser Deutsch spricht, ist er es zumeist, der an den Informationsveranstaltungen in der Schule teilnimmt. Die Mutter besucht diese eher selten.

Sie berichtet, auch deutsche Freunde zu haben. Zum Thema Geld ausgeben sagt sie, „Ich finde nicht, dass es gravierende Unterschiede gibt."
Zum Familienvergleich stellt sie fest, „Bei den Deutschen gibt es Freiheit und Unabhängigkeit. Natürlich unterscheidet sich meine Familie von ihnen. So sehr sie auch versuchen, verständnisvoll zu sein und möglichst viel zu erlauben, bestehen sie doch darauf, dass ich vor Einbruch der Dunkelheit zu Hause bin.
Scherzhaft merke ich an, dass es doch im Sommer erst spät dunkel wird.
„Das hat natürlich auch positive Seiten", fügt sie hinzu. „Eigentlich befürworte ich auch die übermäßige Freiheit nicht, denn alles hat seine Grenzen. Einerseits ist es auch so, dass die Unsrigen ihren Kindern mehr Aufmerksamkeit widmen, als die Deutschen."
Mit ihren deutschen Bekannten und Nachbarn ist sie ganz zufrieden.
Yeliz ist betrübt darüber, dass sie im vergangenen Schuljahr vom Gymnasium abgestuft wurde, weil sie – wie viele unserer Jugendlichen an den allgemein bildenden Schulden – sich nicht genug angestrengt hatte.
Sie fügt hinzu, „Es hat alles auch seine positiven Seiten, denn wäre es anders gekommen, dann hätte ich meine beste Freundin Özlem (die während des Interviews neben Yeliz sitzt und die ich auch interviewen werde) nicht kennen gelernt. Wenn alles gut geht, werde ich mit Özlem aufs Gymnasium gehen. Ich möchte Zahnärztin werden." sagt sie.
Zur Frage nach ihrem Selbstverständnis antwortet sie ohne zu Zögern, „Ich bin Türkin".
Nun frage ich sie, ob sie in ihrem Umfeld, bzw. innerhalb der Familie differenzierte Verhaltensweisen gegenüber Mädchen oder Jungen beobachtet.
„Ja, und zwar ziemlich deutliche. Mein kleiner Bruder zum Beispiel ist erst 12 Jahre alt und darf – im Gegensatz zu mir – bei Freunden übernachten. Außerdem wird es toleriert, wenn er von seinen Freundinnen schwärmt. Mir dagegen wird es noch nicht einmal gestattet, das Poster meines Lieblingsfußballers von

Galatasaray in meinem Zimmer aufzuhängen. Zu Hause würde man mich dafür gleich schief ansehen. Auch im Haushalt erwartet man von mir mehr, als von meinem Bruder."
Trotz ihres jungen Alters möchte ich ihre Meinung zum Thema Heirat erfahren.
„Es wäre gut, wenn es ein Türke wäre, aber das liegt schließlich nicht in meiner Hand. Würde ich mich nämlich in jemanden verlieben und mich von ihm trennen, weil er kein Türke ist, hätte ich kein ruhiges Gewissen. Im Endeffekt ist es doch unwichtig, welcher Nationalität dieser Mensch angehört, in den man sich verliebt hat." So erfahre ich ihre unumwundene Einstellung zum Thema.
Ihrer eigenen Einschätzung nach, hat sie mit dem Türkischen und dem Deutschen keine Probleme. Allerdings ärgert sie sich darüber, in Englisch und Latein hinterher zu sein.
Ihre Zukunftschancen beurteilt sie eindeutig positiv.
Entschlossen betont sie, daran zu arbeiten, um ihre Zukunftsperspektiven zu verbessern.
Die Erwartungen, die sie an die Erwachsenen und ihre Familie hegt, sind wie folgt:
„Zuallererst möchte ich ein eigenes Zimmer haben. Außerdem will ich nicht zu irgendetwas gedrängt werden, denn meine Aufgaben erfülle ich am Besten, wenn man mir selbst die Initiative überlässt. Eine meiner Freundinnen ist zwei Mal sitzen geblieben und macht nun bald ihren Hauptschulabschluss. Hätte ihre Familie sie nicht ständig unter Druck gesetzt, hätte sie die Realschule abgeschlossen. Druck von Seiten der Familie beobachte ich sehr oft und finde, das ist falsch. Die Familie sollte schon den Weg weisen, aber keinen Zwang ausüben."
„Gehst Du in die Moschee?" frage ich sie.
„Ich war schon oft in der Moschee und bin auch gläubig. Ich würde jetzt aber nicht ein Kopftuch anlegen, nur um jemandem etwas zu beweisen. Meiner Religion fühle ich mich verbunden, gehe aber auch zum Schwimmen und trage dabei einen Badeanzug."
Obwohl sie noch relativ jung ist, verfügt sie über gefestigte Meinungen zu vielen Themen. Alles, was sie sagt, hat seine

Berechtigung und ich stimme ihr in allem zu und bekräftige sie in ihrer Meinung, von der sich so mancher Erwachsene eine Scheibe abschneiden könnte.
In Bezug auf die Türkei, bzw. Deutschland sagt sie,
„Das Wetter, das Wasser, die Natur und die Landschaften sind wunderschön und die Disziplin im Schulsystem finde ich gut, aber die Arbeitslosigkeit stellt ein großes Problem dar. Hier (in Deutschland) ist die Lage zwar auch nicht besonders gut, aber immer noch besser, als in der Türkei."
Nun frage ich sie nach ihrer Meinung über die Entwicklungen in der Welt.
„Was Politik anbelangt, hänge ich ein wenig hinterher", meint sie selbstkritisch.
Sie berichtet, dass Drogenkonsum unter den Jugendlichen – insbesondere unter den türkischen – weit verbreitet sei.
„Die nehmen aber eigentlich keine richtigen Drogen, sondern Gras, bzw. Marihuana, wovon einem schummrig im Kopf wird. Unter meinen besten Freunden nimmt es aber keiner. Ich glaube, dass diejenigen, die etwas nehmen, meistens familiäre Probleme haben. Die Familien befassen sich zu wenig mit ihren Kindern und die Kinder haben kein Selbstvertrauen. Der Freundeskreis spielt natürlich auch eine große Rolle dabei. Etwa sieben von zehn Jungs nehmen Drogen. Das ist schon so alltäglich, wie Zigaretten. Besonders die Väter kümmern sich zu wenig um ihre Söhne und schaffen es nicht, ein freundschaftliches Verhältnis zu ihnen aufzubauen. Die Mütter widmen ihren Töchtern da schon mehr Aufmerksamkeit."
Ich möchte von ihr wissen, ob sie an den Klassenreisen und Ausflügen teilnimmt.
„Klassenfahrten und Schwimmen ja, aber nachts auf Partys nein. Wenn man unbedingt erpicht darauf ist, schafft man es auch, heimlich auszugehen. Das kommt auch oft genug vor. Darum wollen ja auch viele von zu Hause abhauen, um frei zu sein. Unter den Jungs kommt das häufiger vor. Ich selber kenne kein Mädchen, dass von zu Hause abgehauen ist."
Über das Taschengeld von türkischen Jugendlichen sagt Yeliz,
„In den deutschen Familien bekommt man ein festes

Taschengeld in bestimmter Höhe, was ich eigentlich auch gut finde, denn so lernt man, mit seinem Geld auszukommen. Gut finde ich zwar auch nicht, wenn man zu viel oder übertrieben viel Taschengeld bekommt, aber als meine deutsche Freundin mal ein Eis wollte, bekam sie von ihrer Mutter zu hören, `Kauf es dir von deinem eigenen Geld`. Das ist auch nicht normal. Ich selbst bekomme keinen festgelegten Betrag als Taschengeld, sondern bekomme immer dann Geld, wenn ich etwas brauche. Bei meinem eigenen Kind würde ich schon ein festes Taschengeld geben, es aber gleichzeitig nicht zu sehr einengen."

Tolga T. spricht vier Sprachen. Er wünscht sich ein glückliches Leben und möchte durch soziale Aktivitäten etwas für die Gesellschaft tun.

Tolga ist 1980 in Antalya geboren. Vor kurzer Zeit kam er durch ein Stipendium nach Deutschland, um hier sein Studium mit dem Master abzuschließen.
Tolgas Familie lebt in der Türkei. Die Mutter ist 58 und der Vater 61 Jahre alt. Beide sind pensionierte Bankdirektoren. Da der Haushalt von täglich beschäftigtem Hauspersonal erledigt wird, kann man davon ausgehen, dass die Familie gut situiert ist. Einiges im Haushalt wird aber dennoch von beiden Elternteilen gemeinschaftlich erledigt. Tolga, der hier fern von der Familie lebt, führt seinen gesamten Haushalt selbst.
Da die Mutter immer berufstätig gewesen ist, wurde Tolga bis zu seinem neunten Lebensjahr zu Hause von einer Tagesmutter betreut und auch nicht in den Kindergarten geschickt. In der Türkei sind Kindertagesstätten nicht weit verbreitet. Teilweise zieht man es auch vor, das Kind nicht in den Kindergarten zu schicken. In diesen Fällen werden die Kinder zu Hause entweder von Angehörigen oder aber von angestellten Tagesmüttern betreut.
Tolga hat zunächst eine fünfjährige staatliche Grundschule besucht. Die anschließende Mittel- und Oberstufe hat er in einem privaten „College“ absolviert. Anhand der Schulbildung, die er genossen hat, lässt sich ableiten, dass er zu den wohlerzogenen Jugendlichen gehört. Weder ist er über die Maßen verwöhnt, noch extrem eingeengt worden. Seine Erziehung kann als optimal bezeichnet werden. Sein Verhalten gegenüber seinen Mitmenschen ist von Offenheit und Respekt geprägt. Er ist sich seiner gesellschaftlichen Verantwortung bewusst, was sich in seiner Arbeit und seinen sozialen Aktivitäten niederschlägt. Selbst in Momenten, in denen er scharfe Kritik übt, ist sein Ton weit davon entfernt, sein Gegenüber zu düpieren. Daher möchte ich all diejenigen beglückwünschen, die Anteil an seiner Erziehung gehabt haben.

Während zu Tolgas Zeit die allgemeine Schulpflicht an den staatlichen Schulen der Türkei noch bei fünf Jahren lag, wurde diese inzwischen auf acht Jahre erhöht. Dabei sind die Schülerstände an staatlichen Grundschulen wesentlich höher, als an Privatschulen. Die Qualität der Bildung hingegen schwankt von Schule zu Schule. An Schulen mit niedrigeren Schülerzahlen, die vielleicht auch in besseren Wohngegenden liegen, erhalten die Schüler eine qualitativ gute Schulbildung, während das Niveau an manchen Schulen dagegen zu wünschen übrig lässt. Wie in anderen Ländern auch, ziehen es wirtschaftlich gut gestellte Familien in der Türkei ebenfalls vor, ihren Nachwuchs auf eine Privatschule, ein so genanntes College, zu schicken. Tatsächlich haben die Lehrer an Privatschulen mehr Freiraum, um sich ihren Schülern intensiver zu widmen, da hier weniger Schüler auf eine Klasse entfallen. Gleichzeitig bestehen hier oftmals aber andere Probleme, denn die häufig verhätschelten Kinder einiger wohlhabender Familien drücken das Lernniveau der gesamten Klasse. Während also die Bildungsqualität an staatlichen Schulen aufgrund bestehender Mittellosigkeit fällt, kommt es an privaten Schulen aufgrund eines Mangels an Disziplin zu gleichen Erscheinung.
In Deutschland, wo wir leben, sind vergleichbare Erscheinungen verschwindend gering. Die verhätschelten Kinder aus gutem Hause verwahrlosen oftmals und die Familien wissen nicht mehr ein noch aus. Eine meiner deutschen Freundinnen hatte mir mal von dem Sohn einer befreundeten Anwältin erzählt, der die Schule abgebrochen hatte und seit dem mit den Hippies seine Zeit totschlug. Die Familie war völlig ratlos und mit ihrem Latein am Ende. Die Situation versuchte man dadurch zu retten, in dem man ihn von Zeit zu Zeit aufspürte, ihm Geld zusteckte, damit er versorgt war. Gleichzeitig wollte man dadurch verhindern, dass der Kontakt vollends abbrach. Die Gründe für ein derartiges Abdriften mancher Jugendlicher sind vielfältig. Einerseits ist es die Orientierungs- und Ziellosigkeit, ein Mangel an familiärer Zuneigung und Aufmerksamkeit, der dann vermeintlich durch den Freundeskreis kompensiert wird,

ständige Unzufriedenheit – und zwar unabhängig vom sozialen Status – sowie die rastlose Suche nach dem eigenen Ich. Deswegen sind Familien so früh wie möglich gefordert, wenn es darum geht, Halt und Orientierung zu geben, indem Verantwortung übertragen wird, klare Ziele vorgegeben werden. Hierbei sollten Eltern, Lehrer und die Gesellschaft den Kindern gegenüber unbedingt ein gesundes Augenmaß verfolgen.

Zahlreiche Faktoren haben dazu geführt, dass die Ergebnisse der PISA Studie dem deutschen Bildungssystem Enttäuschendes beschieden. Als einer der wichtigen Gründe wurde auch die Disziplinlosigkeit festgestellt. Für eine erfolgreiche und ausgeglichene Entwicklung der Kinder ist die „Feinsteuerung" von Liebe, Aufmerksamkeit und Nachsicht Kindern gegenüber unabdingbar.
Untersuchungen zeigen, dass zwischen der Anzahl der Studierenden aus Arbeiterfamilien und solchen, die aus besser gestellten Familien stammen, ein enormes Gefälle besteht. Auch die Ergebnisse der jüngsten PISA Studie offenbarten erneut, dass letztlich durch bezahlte Nachhilfestunden ein erheblich höherer Anteil von Kindern und Jugendlichen aus wirtschaftlich besser gestellten Familien eine bessere Schulbildung erhalten und in bessere berufliche Ausbildungsverhältnisse gelangen.

Tolga hat auch in der Türkei an allen Klassen- und Schulausflügen, sowie sämtlichen Aktivitäten teilgenommen. An seiner Schule waren Schüler mit unterschiedlichem sprachlichem oder religiösem Hintergrund, was aber zu keinerlei Spannungen geführt hat.
„An unserer Schule waren auch jüdische Kinder. Schwierigkeiten gab es deswegen nie, denn gewisse Schwierigkeiten haben nichts mit Religion zu tun. In den Gefängnissen in der Türkei hat doch auch jeder die gleiche Religion. Das hat einfach nichts mit Religion zu tun. Wichtig ist, dass man Mensch bleibt", sagt Tolga.
Zum Kontakt seiner Eltern zu seiner Schule berichtet Tolga:

„Zu Hause sind wir zwei Geschwister und meine Eltern haben an allen Versammlungen, bei denen es um unsere Ausbildung ging, teilgenommen. Oft meinte ich sogar, dass das gar nicht nötig wäre, aber dennoch sind sie immer hingegangen. Die Lehrer beurteilen die Schüler allein nach den Notenheften, die ihnen vorliegen, und teilen die Ergebnisse dann den Eltern mit, ohne aber die Schüler überhaupt richtig zu kennen. In den Augen der Lehrer sind die ruhigeren Schüler meist die besseren Schüler. Ich selbst war an einer Privatschule, die sich von staatlichen Schulen unterscheidet. Im Rahmen schulischer Aktivitäten haben meine Eltern selbst auch Aufgaben übernommen und dem viel Bedeutung beigemessen. Schulische Probleme hatte ich nie."

Die Anzahl der Schüler je Klasse ist in Deutschland nahezu einheitlich und größere Unterschiede gibt es kaum. Größere Unterschiede lassen sich in diesem Punkt auch zwischen privaten und staatlichen Schulen nicht feststellen. An den allgemein bildenden Schulen und Gymnasien werden in einer Klasse meist 25, maximal aber 30 Schüler und Schülerinnen unterrichtet. Die Schülerzahl an Privatschulen in der Türkei ist ähnlich, wohingegen an staatlichen Schulen diese Zahl auf bis 50 oder sogar 60 ansteigen kann. Allein dieser Umstand schließt es bereits aus, dass die Lehrer ihre Schüler kennenlernen, geschweige denn individuell auf diese eingehen und diese adäquat beurteilen. Heute hört man, dass die Tendenz in den letzten Jahren auch in der Türkei in die Richtung geht, die Klassengrößen zu reduzieren. Dass wünschenswerte Klassengrößen noch immer nicht erreicht werden, ist aber nach wie vor bekannt. Die Verhältnisse an den Hochschulen in der Türkei sind annähernd vergleichbar mit denen in Deutschland.

„Hast Du Freunde deutscher oder anderer Nationalitäten? Beobachtest Du Unterschiede in Bezug auf Taschengeld oder Konsumverhalten?"
„Ich habe Freunde aus allen möglichen Ländern – von Ecuador bis Amerika. Wir sind alle in ähnlichen Verhältnissen. Natürlich

ist jede Kultur anders. Probleme der Anpassung habe ich nicht. Weder sehe ich mich selbst höher oder niedriger an als sie. Auf der Welt leben sechs Milliarden Menschen – an welchem von diesen Menschen soll ich mich messen? Das Thema Konsum sehe ich etwas differenzierter. Bei uns ist man eher bereit zu teilen. In dem Studentenwohnheim, in dem wir wohnen, stelle ich fest, dass die Deutschen kaum etwas mit anderen teilen. Sie freuen sich aber und sind verblüfft, wenn man ihnen etwas abgibt."

Meine dahingehende Frage, ob es vorkommt, dass er seine Familie mit deutschen Familien vergleicht, kann Tolga nicht beantworten, da er das Leben in deutschen Familien zu wenig kennt.

„Gibt es positive oder negative Erlebnisse in Deutschland bzw. mit den Deutschen, welche Du nicht vergessen kannst?" frage ich.

„Letztes Jahr haben wir Sylvester zusammen mit meinem deutschen Freund Daniel gefeiert. Das war sehr lustig und wir hatten viel Spaß und haben uns amüsiert", erzählt er.

„Kommt es vor, dass Du in punkto Schule, oder in anderen Dingen Selbstkritik übst?"

„Eigentlich übe ich ständig Selbstkritik. Abends reflektiere ich darüber, was ich den Tag über gemacht habe. Wenn ich etwas falsch gemacht habe, nehme ich mir vor, es nicht zu wiederholen."

„Was willst Du mal werden? Was möchtest Du beruflich machen?"

„Ich wäre gern im Management oder in einem Entscheidungsgremium eines international ausgerichteten Unternehmens. Außerdem möchte ich aktive Vereinsarbeit leisten", sagt Tolga.

„Wohin fühlst Du Dich zugehörig?"

„Ich stamme aus der Türkei und gehöre zu Izmir."

„Wirst Du manchmal innerhalb der Familie oder in Deinem Umfeld damit konfrontiert, dass Jungen und Mädchen unterschiedlich behandelt werden?"

„So etwas gibt es nicht. Ich habe noch einen älteren Bruder, aber keine Schwester. Eigentlich haben meine Eltern auch unterschiedlich Ansichten: Mein Vater war früher eher der Konservative. Heute aber haben wir beide studiert und sind erwachsen. Meine Eltern haben ja uns gegenüber ihre Aufgaben erfüllt."
„Was würdest Du vorziehen? Welche Nationalität sollte Deine zukünftige Ehegattin haben?"
„Solange man sich gut versteht, spielt das überhaupt keine Rolle. Das wichtigste ist, dass man miteinander kommunizieren kann und sich versteht. Mit der Liebe ist das eben so, wer weiß schon, wer seinen Weg kreuzen wird?"
Tolga spricht vier Sprachen, nämlich Türkisch, Englisch, Deutsch und Spanisch.
„Wie siehst Du die Zukunft und im Besonderen Deine eigene Zukunft?"
„Pessimistisch bin ich nicht. Ich sage mir selbst immer, dass sich alles schon zum Guten entwickeln wird, solange ich eine positive Einstellung beibehalte. Außerdem schmiede ich ständig Zukunftspläne. Sobald ich etwas realisiert habe, mache ich dann neue Pläne. Ich erneuere mich selbst."
„Welche Erwartungen hast Du an die Familien, die Lehrer, die Entscheidungsträger?"
„Sie sollten den Jugendlichen Selbstvertrauen geben und ihnen dies ermöglichen, ohne sie einzuengen. Außerdem sollten sie in ständigem Austausch mit ihnen sein und ihnen auch zuhören, wenn sie sich mitteilen. Ich bin der Meinung, dass durch das ständige Androhen von Strafen allenfalls eine gestörte Generation heranwachsen kann. Deswegen sollte man nicht versuchen, Erziehung durch Strafandrohung zu leisten. Das heißt natürlich nicht, dass man nur nach dem Reden der Jugendlichen handeln sollte."

Über die Entwicklungen in der Welt beginnt er mit der Aussage, „Da bin ich pessimistisch" und fährt fort, „In der Welt geht es bergab. Für die Menschen zählt nur das Geld, sie sind gefangen davon. Man könnte jetzt denken, ich sei besonders `links´

eingestellt, was eigentlich nicht der Fall ist. Dadurch, dass für uns nur das Geld einen Wert hat, werden wir zu Maschinen, die isoliert und ohne Hoffnung vor sich hin leben."

„Was denkst Du über Nikotin, Alkohol oder Drogen?" frage ich.

„Ich kenne niemanden der langfristig etwas nimmt, aber einige, die es einmal probiert und dann gelassen haben. Mir fehlt das Verständnis dafür, wie man etwas einnehmen kann, dass einem selbst Schaden zufügt. Ich befürworte keine extremen Dinge oder solche, die einem nur vorübergehend einen vermeintlichen Genuss bereiten."

„Gehst Du in die Moschee? Warst Du schon einmal in der Moschee?" frage ich.

„In Deutschland sind wir einmal zum Abendgebet im Ramadan gegangen. In der Türkei bin ich nie in die Moschee gegangen."

„Hast Du schon mal etwas gestohlen? Bist Du schon mal dazu gezwungen worden?"

„Nein."

„Liest Du Zeitungen, Bücher? Hast Du eine eigene Büchersammlung?" will ich wissen.

„Ja."

„Welches sind Deine Lieblingsfernsehsender?"

„Über Kabel sehe ich meistens MTV."

„Gibt es jemanden, den Du als Vorbild bezeichnen würdest?"

„Nein."

„Welche Musik hörst Du am liebsten?"

„Am liebsten höre ich internationale Musik der Richtungen Pop, Jazz oder Rock."

„Welches sind Deine Hobbys?"

„Aktive Vereinsarbeit und Computer."

„Erlebst Du Probleme im Leben zwischen zwei Kulturen?"

„Nein."

„Wo würdest Du am liebsten leben, wenn Du es Dir aussuchen könntest?"

„In den Fjorden Norwegens."

„Welche Fragen hättest Du zusätzlich gestellt?" will ich wissen.

Er sagt, dass er danach gefragt hätte, was man vom Leben erwartet. Daraufhin fordere ich ihn auf, seine eigene Frage zu beantworten.
„Ich möchte möglichst viele nützliche Dinge tun, sehen und teilhaben, ohne mich vom Strom treiben zu lassen. Anstatt zu rauchen und Drogen zu nehmen, um mich gut zu fühlen, möchte ich Gutes für die Menschen tun, um glücklich zu ….!“
Es widerstrebte mir, das letzte Wort niederzuschreiben, denn es bereitete mir Unbehagen, dieses Wort aus seinem Mund zu hören. Ich konnte es nicht hinnehmen, dass ein junger Mensch auch nur daran denkt. Als Tolga aber darauf bestand, schrieb ich es dennoch nieder.
„Ich möchte Gutes für die Menschen tun, um glücklich zu sterben!“ Er fuhr fort, „Warum willst Du es denn nicht aufschreiben? Sterben etwa keine jungen Menschen? Doch! Also solltest Du auch nicht davor zurückschrecken, die Realität aufzuschreiben. Der Tod achtet nicht darauf ob man jung ist oder alt. Wenn man an der Reihe ist und die Zeit gekommen ist, geht das Leben zu Ende. Aber in welchem Alter auch immer – ich denke, das Wichtigste ist, glücklich zu sterben.“
Er fühlte sich offenbar verpflichtet, seine Meinung weiter auszuführen, damit es mir wieder besser ging.

Ich selbst hätte dieses Gespräch lieber nicht mit diesen Worten beendet, mein lieber Tolga, aber wenn Du es so willst, tue ich es doch. Dennoch wünsche ich Dir und allen jungen Menschen ein gesundes, langes, glückliches und erfolgreiches Leben und eine bessere Welt. Niemand soll das Leid seines Kindes erleben und niemand soll um sein Kind weinen müssen.

Suzan A. ist die Einzige unter drei Geschwistern, die studiert hat. Sie hat die Juristische Fakultät der Universität Hamburg abgeschlossen und wird als `der Freigeist´ der Familie bezeichnet. Von sich selbst sagt sie, „Alles, was ich erreicht habe, habe ich aus eigener Kraft geschafft."

Im Jahre 1977 wurde Suzan in einem Dorf der mittelanatolischen Provinz Yozgat geboren. Nachdem zunächst ihre Tante nach Deutschland gegangen war, holte sie 1970 ihre Schwester, also Suzans Mutter, zu sich nach. Erst später kamen der Ehemann und die Kinder nach. Suzans Eltern sind heute sechzig Jahre alt und als Gärtner in einem Privathaushalt nach wie vor berufstätig.

Der Vater unterstützt die Mutter zeitweise zwar im Haushalt, beteiligt sich aber nicht an Reinigungsarbeiten. „Immer wenn er abgewaschen hatte, habe ich noch mal nach gewaschen. Alles in allem ist er aber ein gutmütiger Mensch. Nach der Arbeit erledigt meine Mutter meist den Haushalt, während mein Vater sich seinem eigenen Garten oder ähnlichen Dingen widmet.

Ich frage Suzan, ob sie eine Kindertagesstätte besucht hat.

„Ich war zwar im Kindergarten, aber keineswegs freiwillig, da es mir nicht gefiel. Die Leiterin des Kindergartens hatte mich deswegen mal scherzhaft gefragt, warum ich, `die Ziege´, den Kindergarten nicht mochte. Einmal bin ich sogar weggelaufen", erzählt sie unter Lachen.

Im Anschluss an die vierjährige Grundschule verbrachte sie zwei Jahre auf der Beobachtungsstufe, ging dann auf die Realschule und wechselte nach der zehnten Klasse auf das Gymnasium.

„Als ich mit der vierten Klasse fertig war, wollten meine Lehrer, dass ich ab der fünften Klasse auf das Gymnasium ging. Das wollte ich damals aber noch nicht, da wir in einer kleineren Ortschaft wohnten und das Gymnasium weiter entfernt war. Die Vorstellung, täglich in die Stadt fahren zu müssen, machte mir damals Angst. Nach der zehnten Klasse habe ich dann erst das Wirtschaftsgymnasium abgeschlossen und dann eine Berufsausbildung als Groß- und Außenhandelskauffrau gemacht.

Danach habe ich etwa sechs Monate in einem größeren Unternehmen, beim Otto Versand, gearbeitet. Ich wollte mich einfach absichern. Später habe ich dann das Jurastudium aufgenommen. Ich war somit die Erste in der Familie, die studierte. Vor einem Monat habe ich das Erste Staatsexamen abgelegt und erwarte nun mit Spannung die Ergebnisse. Ich hoffe sehr, dass ich bestanden habe" berichtet sie.

Dieses junge Mädchen, das aus eigener Kraft und völlig selbständig viel erreicht hat, ist ein sehr gutes Beispiel für alle diejenigen, die die ihnen zur Verfügung stehenden Möglichkeiten einer guten Ausbildung nicht nutzen. Voller Staunen höre ich ihrer Schilderung von ihren Bestrebungen und ihrer Leistung zu. Jedes Mal, wenn ich einen jungen Menschen kennen lerne, der auf seinem Bildungsweg alle Möglichkeiten zu seinen Gunsten ausgeschöpft hat, freue ich mich, als wäre es mein eigenes Kind. Ich beglückwünsche sie.

An allen Schulausflügen hat sie teilgenommen und ist von ihren Eltern, von denen sie als der `Freigeist´ der Familie bezeichnet wird, niemals eingeengt worden.
Nun möchte ich von ihr wissen, ob sie in der Schule aufgrund ihrer ausländischen Abstammung jemals Schwierigkeiten gehabt habe.
„Auf der Realschule hatte eine Lehrerin trotz meiner guten Noten mal geäußert, sie glaube nicht, dass ich das Wirtschaftsgymnasium schaffen würde, wie ich es mir in den Kopf gesetzt hatte. Allerdings hatte ich auch Lehrer, die mich bei meinem Vorhaben unterstützt haben" antwortet sie.
Die Elternabende in der Schule hat stets der Vater - in Begleitung seiner älteren Tochter als Dolmetscherin – besucht. Allerdings hat er nie Ämter oder Aufgaben übernommen. Eine häufig anzutreffende Erscheinung ist, dass die älteren Geschwister als Dolmetscher in schulischen Dingen der jüngeren Geschwister, familiären Angelegenheiten, Schul-, Arzt- oder Behördenbesuchen herangezogen werden.

„Hast Du viele deutsche Freunde oder Freunde anderer Nationalitäten? Beobachtest Du hier Unterschiede in punkto Konsumverhalten?“ frage ich sie.
„Doch schon, was das Geld ausgeben betrifft, da bestehen schon Unterschiede zwischen und den Deutschen. Ich bin eher großzügig und wenn wir zum Beispiel etwas trinken, neige ich oft dazu zu sagen, `Es wird alles zusammen bezahlt´. Deutsche sind da eher anders. Heute habe ich mich dem Verhalten auch angepasst. Allerdings sind nicht alle gleich; es gibt auch welche, die sagen `Nein, ich zahle das´ und wieder andere, die das nie tun. Was ist schon dabei? Heute zahle ich und morgen halt der Andere. Das ist zwar meine Einstellung, die Praxis sieht aber anders aus. Eines habe ich festgestellt: je weniger Geld jemand zur Verfügung hat, umso großzügiger und freigiebiger wird er. Also wer viel Geld hat, neigt eher zum Geiz. Dann frage ich mich natürlich, hat die Person wohl deswegen mehr Geld zur Verfügung, weil sie einfach geiziger oder vorsichtiger mit seinen Ausgaben ist?! Natürlich ist es aber ein großer Unterschied, ob jemand geizig, oder einfach umsichtiger mit seinen Ausgaben ist. Sparsamkeit oder Geiz: das mögen Kriterien sein, die vielleicht im Geschäftsleben oder für völlig unüberlegte Kaufentscheidungen eine Rolle spielen. Ich denke aber, dass man unter Freunden oder nahen Angehörigen nicht so weit gehen sollte, jedes Getränk zu kalkulieren. Davon hat man auch nicht mehr oder weniger Geld zur Verfügung“ führt sie aus.

Auch mich selbst hatte diese typisch deutsche Verhaltensweise des getrennten Bezahlens einst sehr befremdet. Wenngleich man heute manchmal sagt, „Jeder soll für sein Essen und seine Getränke selbst bezahlen – nach deutscher Art“, wird sich das weder in der Türkei, noch unter den Türken in Deutschland durchsetzen. Mit meinen vier deutschen Freundinnen, mit denen wir gemeinsam angefangen hatten, zum Sport zu gehen, waren wir nach dem ersten Mal zusammen Kaffee trinken gegangen. Bevor wir dann aufbrachen, machte jede von ihnen Anstalten, ihren Kaffee getrennt zu bezahlen, doch ich übernahm die Rechnung für alle. Später ging es dann reihum und jedes Mal

bezahlte eine Andere für alle. Also ist es doch so, dass man bei vielen Dingen – wie auch beim Bezahlen – voneinander lernen kann.
Aber auch hier bestätigt die Ausnahme leider die Regel! Das „Zahlen nach deutscher Art“ ist schon fast eine Tradition für sich. Es erscheint ganz normal, dass jeder für sich bezahlt, doch immer wieder trifft man auch welche, die mit dieser `Tradition´ gar nicht so glücklich sind. Deutsche lieben es zum Beispiel, insbesondere an ihren Geburtstagen einzuladen. Auf der anderen Seite hat man aber auch schon gehört, dass man bei privaten Einladungen aufgefordert wird, einen Kostenbeitrag zu leisten. Ähnlich war es einer Bekannten ergangen, die zum ersten Mal von einer deutschen Freundin eingeladen worden war. Was sie gedacht und gefühlt haben musste, als ihr die Rechnung für den Abend vorgesetzt wurde? Sie selbst hatte es so formuliert: „Ich war geschockt und fühlte mich vor den Kopf gestoßen. `Erst lädst Du mich ein und dann forderst Du Geld? Ich weigere mich, zu bezahlen. Ich habe Dir doch auch ein Geschenk gebracht! Dann musst Du mir genauso das Geld für das Geschenk geben!´ Nachdem ich so harsch reagiert hatte, war zunächst allgemeine Verwunderung aufgekommen, als meine Freunde aber später die Türken näher kennen gelernt hatten, konnten sie meine Reaktion nachvollziehen.“

Nun frage ich meine Interviewpartnerin, ob sie ein besonders prägnantes Erlebnis mit Deutschen hatte.
„Meine deutschen Freundinnen Silke, Tanja und deren Familien haben einen großen Beitrag dazu geleistet, dass ich heute da bin, wo ich bin. Sie haben mich unterstützt und mir Orientierung gegeben. Mit ihnen bin ich aufgewachsen. Deswegen bin ich sehr froh, dass ich solche Freundinnen hatte.“ Über ihre Freundinnen und deren Familien äußert sie sich voller Dankbarkeit.

Die Fähigkeit, etwas annehmen zu können, ist aber ebenso wichtig, wie die Fähigkeit des Gebens. So könnten hier unzählige Beispiele dafür genannt werden, wo bestehende Möglichkeiten und Angebote nicht wahrgenommen wurden. Dann wiederum gibt es Andere, die einen nachteiligen Umgang dem besseren schlicht vorziehen. Indem Suzan aber sowohl den richtigen Freundeskreis ausgesucht hat und sich von diesem gleichzeitig in positiver Weise hat beeinflussen lassen, hat sie beides vollbracht. Natürlich wird man von einem guten Umgang positiv und von schlechtem Umgang negativ beeinflusst, doch für die Wahl seines Freundeskreises ist im Endeffekt jeder selbst verantwortlich. Daher muss hier unbedingt hervorgehoben werden, dass Suzan durch ihre eigenverantwortlich und klug getroffenen Entscheidungen selbst eine aktive Rolle übernommen hat.

Obwohl sie ihre Berufswahl bereits bewusst getroffen hat, frage ich sie, wie sie sich beruflich orientieren möchte.

„Ich bin zwar Juristin, habe mich bezüglich meines späteren Schwerpunktes aber noch nicht endgültig entschieden. In der Anfangsphase meines Jurastudiums war mein Ideal, als unabhängige Juristin zu arbeiten. Zwischenzeitlich würde ich es aber vorziehen, innerhalb einer Institution beschäftigt zu sein.

Ich frage sie, wohin sie sich zugehörig fühlt.

„Mein Lebensmittelpunkt ist hier, aber jeder Mensch trägt doch so ein gewisses Gefühl in sich. Sobald im Fernsehen irgendetwas im Zusammenhang mit der Türkei berichtet wird, bin ich sofort hellhörig. Wenn ich etwas mit einem negativen Tenor höre, bin ich verstimmt. Sobald ich in der Türkei bin, ist immer wieder dieses Glücksgefühl da. Natürlich werde ich mein Leben hier fortsetzen, doch die Türkei wird für mich niemals in Vergessenheit geraten.“

Weiter berichtet sie, dass innerhalb der Familie zwischen Jungen und Mädchen nicht differenziert wird und dass sie selbst die mittlere von drei Schwestern ist.

Bezüglich ihrer Vorstellungen über ihren zukünftigen Ehegatten sagt sie,

„Mein jetziger Freund ist Deutscher. Auch wenn ich jetzt mit ihm zusammen bin, kann ich nicht sagen, was die Zukunft bringen wird. Es könnte auch jemand aus einem anderen Land sein. Ob ich mit meinem deutschen Freund mein ganzes Leben

lang zusammen sein werde und ob er mir einen Heiratsantrag machen wird, weiß ich nicht." In diesem Moment schießt mir durch den Kopf, dass ja auch sie den Heiratsantrag machen könnte und befrage sie zu diesem – zugegeben etwas heiklen - Einwurf.
„Aber romantischer wäre es doch, wenn er mir den Heiratsantrag machen würde. Da kommt wiederum sehr vehement meine türkische Ader zum Vorschein" entgegnet sie lachend.
Ich frage sie, welche Sprachen sie beherrscht.
„Wie Sie selbst hören, ist mein Türkisch grauenhaft. Deutsch spreche ich am besten. Außerdem kann ich noch Englisch und Französisch."
Ich muss ergänzen, dass ihr Türkisch gar nicht so schlecht ist, wie sie es selbst einschätzt. Sie spricht einfach mit dem Dialekt der Heimatregion ihrer Eltern. Ein Großteil der hier aufgewachsenen Jugendlichen lernt und spricht Türkisch im Dialekt des Herkunftsortes der eigenen Eltern, da sie an den Schulen meist keinen oder nur in nicht ausreichendem Umfang Türkischunterricht erhalten. Da die hierfür bereitgestellte wöchentliche Stundenzahl zu gering ist, fehlt die Möglichkeit, das Erlernte zu vertiefen.

Durch meine Frage nach ihrer Zukunft rufe ich unwillkürlich wieder die kürzlich abgelegte Prüfung und die Aufregung vor den mit Spannung erwarteten Ergebnissen ins Bewusstsein.
„Ich wünsche mir so sehr, dass ich die Prüfung abgelegt habe. Ich bin davon überzeugt, dass ich als Juristin erfolgreich sein werde." Ich sage ihr, dass der Glaube an sich selbst den Schlüssel zum Erfolg darstellt und wünsche ihr für die Zukunft alles Gute.
Während der Abschlussphase meines vorliegenden Buches erhielt ich die Nachricht, dass Suzan das Erste Staatsexamen ihres Jurastudiums bestanden hat, was mich persönlich sehr gefreut hat. Ich gratuliere ihr hierzu aus ganzem Herzen und wünsche ihr für ihre Zukunft weiterhin viel Erfolg. Auch allen anderen jungen Menschen, die ebenso entschlossen und hart

daran arbeiten, erfolgreich zu werden, wünsche ich alles erdenklich Gute.
Ihre Erwartungen an die Erwachsenen und die Entscheidungsträger formuliert sie wie folgt:
„Ich erwarte, dass die Verantwortlichen in diesem Land ihren vielen Versprechungen auch Taten folgen lassen und der Jugend mehr Aufmerksamkeit widmen und Perspektiven gestalten. Von den Politikern erwarte ich, dass sie den Frieden sowohl in ihrem eigenen Land, als auch in der Welt bewahren und ihr Handeln an einem friedlichen Miteinander ausrichten."
Zum Vergleich Türkei – Deutschland meint sie,
„In Deutschland finde ich positiv, dass die Dinge hier ihren geregelten Lauf haben und dass es ein funktionierendes Sozialsystem gibt. Wichtig ist, dass die Menschen sich durch Arbeitslosen- und Krankenversicherung abgesichert fühlen. Jedem steht die Möglichkeit offen, dass zu erreichen, was er sich vornimmt. Diese Dinge sind in der Türkei nicht gegeben, was nachteilig für die Türkei ist. Positiv an der Türkei finde ich, dass die Menschen dort warmherziger und hilfsbereiter sind." Ich merke an, dass hier die Versicherungen helfen. Doch Suzan entgegnet, dass aber keine Versicherung Wärme vermitteln kann.

Das aufreibende Arbeitsleben verhindert oftmals die Pflege von Freundschaften und sozialen Kontakten. Addiert man zur kühlen deutschen Mentalität noch die Strapazen des Berufs, bleibt das Zwischenmenschliche meist auf der Strecke. Wir erfahren, dass in den letzten Jahren auch in türkischen Großstädten ein negativer Trend in Bezug auf die sozialen Beziehungen beobachtet wird, was mit einem Anstieg der Beschwerden einhergeht. In einer Fernsehsendung hatte ein Psychologe Depressionen als eine typische Großstadtkrankheit bezeichnet. Ein rapider Rückgang der zwischenmenschlichen Beziehungen und die zunehmende Entfremdung der Menschen voneinander bringen bekanntermaßen zahlreiche psychische Krankheitsbilder mit sich.

Nun möchte ich ihre Einstellung über die globalen Entwicklungen erfahren.
„Ich weiß nicht, womit ich anfangen soll: mit Amerika oder besser mit Deutschland?“ beginnt sie und fährt fort: „Gut finde ich in Deutschland die rasanten Entwicklungen; eher nachteilig aber, dass das Leben in einem zu hohen Tempo verläuft und dass die Menschen ständig unter einem großen Leistungsdruck stehen. Die Workaholics in den Großstädten bleiben meist Singles und werden unglücklich. Sehr gefährlich finde ich, dass die USA sich einen alleinigen Machtanspruch in der Welt anmaßen und auch danach handeln. Sie eröffnen den Krieg gegen den Irak, obwohl dies einer legalen Grundlage entbehrt und niemand ist imstande, etwas dagegen zu unternehmen. Sogar Kofi Annan kann letztlich nur sagen, dass es nicht legal war, aber nichts gegen die USA ausrichten. Deswegen finde ich es wichtig, das in der Welt ein ausgeglichenes Kräfteverhältnis zwischen den Staaten besteht – auch wenn es schwer zu sein scheint. Natürlich ist es leichter, große Reden zu schwingen, dennoch gilt es, die schweren Aufgaben zu bewältigen. Auch ein Land wie die USA muss in seine Schranken verwiesen werden.“
Was kann man dieser berechtigten Aussage schon entgegensetzen? Ich schließ mich dem Wunsch an, dass die Verantwortlichen und Politiker der Länder mit größerer Umsicht und Sensibilität ihrer Aufgaben gewahr werden und diesen gefährlichen Entwicklungen in der Welt Einhalt gebieten.

Über Drogen und Alkohol äußert sie sich ebenfalls.
„Persönlich kenne ich niemanden, der Alkohol oder Ähnliches nimmt, habe aber davon gehört. Ich denke, es müsste mehr Aufklärungsarbeit in Richtung der 16-, 17-jährigen geleistet werden. Auch die Familien müssten ihren Kindern mehr Aufmerksamkeit widmen, um sie vor Drogenkonsum zu bewahren. Ich finde, besonders die hier lebenden türkischen Familien sollten mehr Zeit mit ihren Kindern verbringen. Hoffentlich wird die zweite Generation nicht wie die erste. Alles, was ich erreicht habe, habe ich aus eigener Kraft geschafft. Ich wünschte, meine Familie hätte mich auch in sozialen Dingen,

wie Musik zum Beispiel, mehr gefördert. In materiellen Dingen waren sie zwar immer für mich da, wenn ich etwas gebraucht habe, haben mich aber in anderen Dingen zu wenig gefördert, weil sie es einfach nicht besser wussten."
Ich frage sie nun, ob sie je in die Moschee gegangen ist.
„Nein", sagt sie, „nur zu Besuch. In meinem ganzen Leben bin ich in zwei Moscheen gewesen, die ich besichtigt habe, wie ich ein Museum besichtigen würde. Das erste Mal war hier, wo wir mit der Schulklasse eine Moschee besichtigt hatten. Beim zweiten Mal hatte ich die Moschee im Dorf meiner Eltern besichtigt. Die Bewohner des Dorfes waren eigentlich gegen den Bau der Moschee gewesen. Auf Druck der Bewohner der umliegenden Dörfer war sie aber dennoch erbaut worden. Die sunnitischen Bewohner der Nachbardörfer hatten damals von unserem Dorf behauptet, die dort lebenden Aleviten würden an nichts glauben und Druck ausgeübt, damit diese Moschee gebaut wurde. Die habe ich dann besichtigt."

Wie in vielen anderen Lebensbereichen auch, werden Menschen leider nach wie vor Zwänge auferlegt – und dass in selbst so grundlegenden und privaten Dingen wie ihrem eigenen Glauben. Man kommt nicht umhin, immer wieder zu fordern, dass jegliche Repressalien – ausgehend von wem auch immer – ein Ende finden und dass allen Menschen ein freies und friedliches Leben in gegenseitiger Zuneigung und Respekt zu teil wird. Daran müssen wir arbeiten.
Über die Frage zum Thema Stehlen müssen wir beide lachen und ich will die Frage übergehen, doch als Suzan sagt, „Es ist gut möglich, dass ich als Kind mal einen Kaugummi gestohlen habe" trägt dieses Geständnis zu unserer weiteren Erheiterung bei.
Ich fahre fort, „Ich werde Dich nicht fragen, ob Du Zeitungen und Bücher liest, aber welche Fernsehsender ziehst Du vor?"
„Ich sehe deutsche Fernsehsender. TRT-Int sehe ich eher selten."
Nun frage ich sie, ob sie bestimmte Personen als ihre Vorbilder benennen könnte.

„Immer wenn ich von jemand besonders Erfolgreichem höre wünsche ich mir, ich werde eines Tages ebenso erfolgreich. Ich respektiere alle diejenigen, die nach meinen Kriterien erfolgreich sind. Damit meine ich diejenigen, die Erfolg haben und gleichzeitig ein geregeltes Leben führen."
„Welche weiteren Fragen hättest Du an meiner Stelle gestellt?"
„Zum Beispiel die Frage danach, welche Kultur ich eher vorziehen würde" antwortet Suzan.
Ich bitte sie, ihre eigene Frage selbst zu beantworten.
„Ich würde beide wählen, wobei ich die positiven Seiten aus beiden Kulturen auswählen würde. An der deutschen Kultur gefällt mir sehr gut, dass man sehr ordentlich ist und immer pünktlich zum vereinbarten Treffen kommt. Aus der türkischen Kultur sollte man unbedingt die Warmherzigkeit und Hilfsbereitschaft mitnehmen."
Ich selbst finde Suzans Frage äußerst interessant, denn im Gegensatz zu Einigen, die andere Kulturen verpönen, unterstreicht sie, dass jede Kultur ihre Vorzüge und Nachteile hat und dass man durch die Synthese zwischen den positiven Seiten zweier Kulturen etwas Besseres für sich erschaffen kann. Als ich nachfrage, ob ich sie richtig interpretiert habe, antwortet Suzan, „Leider habe ich es nicht so gut ausdrücken können, wie Sie, meinte es aber genauso."
Nun stelle ich ihr die Initiativfrage der anderen Schüler und Studenten und möchte wissen, ob sie Schwierigkeiten im Leben zwischen zwei Kulturen erlebt hat.
„Im Alter von 16 – 17 Jahren war ich häufig im Zwiespalt und wollte sogar in der Türkei leben. Meistens war dieses Gefühl nach der Rückkehr aus dem Türkeiurlaub da. Als ich dann aber einen deutschen Freund hatte, mich weiter entwickelte und mein Ausbildung hier vorantrieb, begann ich mich besser zu fühlen. Heute bin ich integriert, aber nicht assimiliert."

In Suzan habe ich eine selbstbewusste und erfolgreiche junge Frau kennen gelernt, die ich erneut zu ihrem Einsatz beglückwünsche. Ich wünsche mir, dass wir noch viel Positives von ihr hören werden.

Auch ich bin davon überzeugt, dass eine Generation erfolgreicher türkischer Jugendlicher heranwächst, die in den jeweiligen Ländern integriert ist, aber nicht assimiliert. In dieser Einschätzung werde ich jedes Mal bestätigt, wenn ich junge Menschen wie Suzan kennen lerne. Wenngleich gewisse Kreise in Deutschland auf ihren Assimilierungserwartungen bestehen, kann ich nur erneut bekräftigen, dass diese keinen Erfolg haben werden. Mit Bedauern stelle ich fest, dass die Deutschen noch immer nicht die Vorzüge der Multikulturalität erfasst haben. Stattdessen ziehen sie es vor, Menschen in uniformer Gleichförmigkeit zu erziehen oder jeden mit ihrer eigenen Kultur zu versehen, an deren Überlegenheitsanspruch sie festhalten. Allerdings glaube ich daran, dass die zunehmende Anzahl im Ausland – insbesondere in der Türkei - lebender Deutscher helfen wird, gewisse Vorurteile zu überwinden und auch ihnen zu einem harmonischen Zusammenleben mit Menschen aus anderen Kulturen verhelfen wird.

Seyit S. fragt, „Was soll diese Unterscheidung in Sunniten und Aleviten, oder Türken und Kurden?! Ich bin Hamburger. Ich käme doch auch nicht auf die Idee, meinem Sohn zu verbieten, sich mit deutschen Kindern anzufreunden!“

Mit Seyit, der 1973 in Hamburg geboren wurde, beginnen wir das Gespräch:

„Bis etwa zu meinem zehnten Lebensjahr wuchs ich in der Türkei auf. Danach war ich immer mal hier, mal dort. Ich wurde hin und her geschoben, bis ich vor meinem 16. Geburtstag nach Deutschland gebracht wurde, damit ich eine Aufenthaltserlaubnis bekam. Der Grund war, denke ich, dass man nach seinem 16. Lebensjahr kein Anrecht auf eine Aufenthalts- oder Arbeitserlaubnis hatte.“

Er fährt fort: „Nachdem ich nach Deutschland, also hierher kam, lebte ich einige Jahre bei meiner Mutter, bis ich mit 19 Jahren von zu Hause auszog. Ich glaube, dass meine Mutter noch hier lebt, habe aber seit längerem keinen Kontakt mehr zu ihr. Meine Mutter müsste heute schätzungsweise 53 und mein Vater 60 Jahre alt sein. Genau weiß ich es nicht, vermute aber, dass meine Eltern getrennt leben. Außerdem habe ich gehört, dass meine Mutter als Reinigungskraft in einem Krankenhaus arbeitet. Allerdings weiß ich auch das nicht so genau. Mein Vater hatte zuletzt in einer Getränkefirma gearbeitet. Auch über ihn kann ich nichts Konkreteres sagen.“

Als ich ihn frage, wie das Verhältnis der Eltern früher in Bezug auf Haushalt und ähnliche Dinge war, antwortet Seyit, „Ich weiß rein gar nichts über sie, denn – wie ich eingangs bereits sagte – bin ich selbst bei meiner in der Türkei lebenden Großmutter väterlicherseits aufgewachsen. Ich habe auch keinen Kindergarten oder so besucht. Mit fünf Jahren wurde ich in der Türkei eingeschult und bin nach der Mittelstufe auf die Oberstufe gewechselt, ohne diese aber abgeschlossen zu haben. Kurz gesagt, bin ich also in der letzten Klasse von der Schule abgegangen. Zwischenzeitlich war ich aber immer wieder mal hier gewesen und so verging Jahr um Jahr, wo ich jeweils drei bis vier Monate hier und den Rest der Zeit in der Türkei verbrachte. Bevor ich mein 16. Lebensjahr erreichte wurde ich dann für immer hierher gebracht. In der Türkei war ich jedes Jahr Klassenbester und auch hier habe ich die Realschule und das Gymnasium abgeschlossen."

Bei seinen Schilderungen macht er einen äußerst selbstbewussten Eindruck auf mich.

„Hast Du während der Schulzeit je unangenehme Erfahrungen aufgrund Deiner ausländischen Abstammung gemacht?" will ich von Seyit wissen.

„Nein. Auch hier war ich immer Klassenbester und deswegen konnte mir auch niemand etwas anhaben. Da ich gute Noten hatte, organisierte mein Lehrer mir ein Stipendium über eine Stiftung, durch das ich während der letzten drei Klassen am Gymnasium eine Förderung erhielt. Während der Schulzeit wohnte ich noch bei meiner Mutter. Nach der Schule zog ich zu meiner Freundin, die ich damals kennen gelernt hatte."

Wie es typisch für viele türkische Familien ist, sind auch Seyits Eltern nie zu den Elternabenden an der Schule gegangen.

Obwohl er momentan in einem türkischen Restaurant arbeitet, hat er einen großen Freundeskreis, der überwiegend aus Deutschen besteht. Sich selbst bezeichnet er als überaus freigiebig und großzügig.

„Wenn wir mal ausgehen, dann bin immer ich es, der bezahlt. Ich bin es gewohnt, dass meine Freunde von mir ausgehalten werden. Das ist eine Angewohnheit, die mir quasi weitervererbt wurde, denn ich stamme aus einer wohlhabenden Familie. Ich habe nie darauf geschaut, wie andere mit ihrem Geld oder ihren Ausgaben umgehen und tue es auch heute nicht. Im Alter von 22 Jahren habe ich mich ins Berufsleben gestürzt."

Auch meine Frage, ob er je seine eigene Familie mit deutschen Familien vergleicht, ruft eine heftige Reaktion hervor.

„Wie kann ich meine Familie mit anderen vergleichen, wenn ich sie nie kennen gelernt habe?!" erhalte ich als Antwort.

Ich frage ihn nach einem Erlebnis mit Deutschen, das ihn besonders geprägt hat und das er nicht vergessen kann.

„Einmal habe ich mich in ein deutsches Mädchen verliebt. Noch heute kann ich sie nicht vergessen."
Warum sie nicht zusammen sind, frage ich Seyit.
„Es gab viele Gründe, die dagegen sprachen, dass wir zusammenkamen. Als ich begriff, dass es nicht klappen würde, habe ich die Beziehung beendet, obwohl ich sie sehr geliebt habe. Der wichtigste Grund war, dass sie fünf oder sechs Jahre älter war als ich. Mein Angehörigen in der Türkei waren dagegen, dass ich mit einer Deutschen zusammen war. Möglicherweise hat auch das damals eine Rolle gespielt. Meine Familie hat sich bis heute nicht integrieren können! Deswegen haben sie auch keine gute Meinung von den Deutschen" führt er weiter aus.
Ich frage ihn nun, ob es Momente in seinem Leben gibt, in denen er gewisse Seiten an sich selbst kritisiert. Diese Frage verneint er zunächst, fährt dann aber fort:
„Das bedeutet zwar nicht, dass ich mich selbst als völlig frei von Fehlern ansehe, aber ich mäkele auch nicht an mir herum. Ich nehme mir einfach vor, Fehler nicht zu wiederholen."
Obwohl Seyit bereits ein gewisses Alter erreicht hat, stelle ich auch ihm die Frage, die ich den anderen Jugendlichen gestellt habe, „Was möchtest Du in Zukunft machen?"
„Momentan interessiere ich mich fürs Theater, was gleichzeitig mein größtes Hobby ist. Nebenher arbeite ich in diesem Restaurant hier, obwohl ich auch selbst ein Restaurant auf meinen eigenen Namen eröffnet habe. Durch die Unterstützung der Handelskammer habe ich außerdem die Ausbilderberechtigung bekommen und dadurch bisher vier Jugendliche ausgebildet, denen ich diesen Beruf vermittelt habe. Momentan arbeite ich eigentlich, um anderen behilflich sein zu können. Das hier sehe ich eher als einen vorübergehenden Job an, der für mich keine Zukunftsperspektive beinhaltet.
Vorher habe ich 17 Semester am Fachbereich für Bauingenieurwesen studiert, ohne ihn jedoch abgeschlossen zu haben. Ich habe mir gesagt, dass das kein Beruf für mich sein könnte. Nachdem ich das Abitur gemacht hatte, bin ich mit einer Türkin durchgebrannt, die ich quasi ihrem Elternhaus

`weggeraubt´ hatte. Ihr Vater hatte ein großes Theater gemacht und gedroht, er würde mich umbringen."

An dieser Stelle kann ich meine Neugier nicht bändigen und frage, wie es angehen kann, dass er in so kurzer Zeit so vieles erlebt hat.

„Vieles habe ich parallel gemacht", bekomme ich zu hören. Dann fährt er fort.

„Als ich ihrem Vater mitteilte, dass seine Tochter bei mir sei, sagte er `das ist nicht mehr meine Tochter`, bestand aber trotzdem auf der standesamtlichen Trauung. Unsere Ehe hielt zwei Jahre. Neun Monate, nachdem ich mich mit ihrer Familie ausgesöhnt hatte, trennten wir uns. Wieder war ich es, der den Vater informierte. Es war eine richtige türkische Tragödie. Auf dem Papier dauerte unsere Ehe noch lange an, weil die Scheidungsformalitäten sich hingezogen hatten."

Nun dreht er den Spieß und fragt mich, ob es mich nicht interessiere, warum ihr Vater gegen diese Ehe gewesen war. Sogleich beginnt er, seine eigene Frage zu beantworten:

„Denn das ist der eigentlich wichtigste Punkt: Ich selbst bin Kurde alevitischen Glaubens. Sie aber war Türkin und Sunnitin. Deswegen wollte ihre Familie sie mir nicht geben. Die Familie meiner Ex-Frau war gegen mich und meine eigene Familie war gegen unsere Ehe, weil wir einen alevitischen Geistlichen in der Familie haben. Das sind Dinge, an deren Berechtigung ich nicht glaube. Was soll diese Unterscheidung in Sunniten und Aleviten, oder Türken und Kurden?! Ich bin Hamburger! Ich käme doch auch nicht auf die Idee, meinem Sohn zu verbieten, sich mit deutschen Kindern anzufreunden!"

„Und wann hattest Du dich in Deine deutsche Freundin verliebt?" frage ich nach.

„Das war erst später. Ich will aber noch sagen, dass meine Familie nicht das Ende meiner Ehe herbeigeführt hat. Die Haltung meiner Familie hat mich selbst nicht wirklich beeinflusst – meine Ex-Frau aber schon. Ich musste arbeiten, um wirtschaftlich unabhängig zu sein. Ich lebte zwar in einem Haushalt mit meiner Familie, habe aber seit meinem 15. Lebensjahr kein einziges Wort mit ihnen gewechselt. Ich selbst habe nie gewollt, dass sie mich nach Deutschland bringen und war immer getrennt von meiner Familie. Dadurch, dass ich sie nie richtig kennen gelernt habe, habe ich mich auch innerlich von ihr entfremdet. Meiner Familie habe ich oft Vorwürfe gemacht, nie aber mir selbst. Das Ganze hat mich auch nie in meinen Entscheidungen beeinflusst. Das Erste, was mir aufgefallen war, als ich nach Deutschland kam, war der ständige Konflikt zwischen Türken und Kurden hier, was ich in der Form in der Türkei nie erlebt hatte. Unter den Ausländern in Deutschland herrscht eine Abgrenzung, die extrem ist."

Wir kommen auf den Punkt der Identität zu sprechen, die Seyit für sich folgenderweise geklärt hat.

„Ich sehe mich als Hamburger, vermag aber nicht von mir zu sagen, ich wäre Deutscher. Weder sage, ich bin Türke, noch Kurde – das war einmal. Ich scheue davor zurück, mich als Deutscher zu bezeichnen, da ich das nicht verinnerlichen kann. Wenn ich wollte, könnte ich ein richtig guter Deutscher werden und bin es auch, aber ich sträube mich dagegen. Ich habe sehr gut gelernt, sie einzuschätzen und deswegen sage ich, ich bin Hamburger."

Von meinem Gesprächspartner will ich nun wissen, wie er als junger Mann die Situation der Frauen in der türkischen oder deutschen Gesellschaft beurteilt.

„Im Allgemeinen beobachte ich, dass die Frauen unterdrückt werden und habe immer Partei für die Unterdrückten ergriffen. Ich finde es nicht richtig, wenn Männer Frauen unterdrücken. Ich selbst habe jungen Frauen schon oft geholfen, ihnen ein Alibi zu verschaffen, wenn sie sich mal amüsieren wollten. Manchmal kommen sie zu mir, weil man sich auf mich verlassen kann und sie mir ihre Geheimnisse anvertrauen. Sie bitten mich um Hilfe und tue was ich kann. Vor allem aber halte ich dicht und verrate sie nicht."

Ich frage nach, ob er ein Beispiel nennen kann und er fährt fort:

„Einmal war eine Bekannte in Schwierigkeiten und musste abtreiben. Damals habe ich ihr geholfen und alles organisiert. Es gibt so viele ähnlicher Fälle, die ich selbst miterlebe oder von denen ich erfahre. Wenn zum Beispiel eine Bekannte meiner

Freundin oder meiner Angehörigen nicht mit ihren eigenen Angehörigen ausgehen kann oder will, dürfen sie meist in meiner Begleitung ausgehen. Die Familien benutzen den Begriff der Ehre als Vorwand, um den Jugendlichen alles zu verbieten, was in ihrem Alter normal ist. Andererseits üben sie aber Druck aus, damit ihre Kinder innerhalb kürzester Zeit jemanden heiraten, von dem sie behaupten sie würden ihn gut kennen. Dieser Fehler wird so oft begangen. Obwohl die Familien so oft erfahren, dass nichts, was unter Zwang erreicht wird, gut gehen kann, versuchen sie es immer wieder und wiederholen ständig diese althergebrachten Verhaltensweisen."

Im Laufe des Gesprächs beginnen Seyit und ich, uns zu duzen.

„Du bist erst 30 Jahre alt, hast aber fast ebensoviel Lebenserfahrung, wie ein 60jähriger", merke ich an.

„Ich bin ja schließlich unter den Alten aufgewachsen und habe keine richtige Kindheit erlebt. Meine Freundin sagt das gleiche. Noch heute bin ich mit vielen Älteren befreundet, von denen ich viel gelernt habe und immer noch lerne. Es hat mich sehr geprägt, dass ich mehr mit ihnen zusammen war, als mit Altersgenossen" erklärt er hierzu.

„Was würdest Du vorziehen? Welche Nationalität sollte Deine zukünftige Ehegattin haben?"

Er lacht und sagt, „Das ist völlig egal. Wichtig ist, dass ich sie liebe."

Mich interessiert nun, wie viele Sprachen er eigentlich spricht, denn während meiner früheren Besuche im Restaurant und während unseres Interviews hier bekam ich mit, dass er verschiedene Sprachen sprach.

„Mein Türkisch ist gut, aber mein Deutsch ist besser. Englisch und Kurdisch spreche ich auch ganz gut. Außerdem spreche ich noch ein wenig Französisch – auch wenn ich es schon lange nicht mehr angewandt habe. Einmal hatte ich meinen aus der Türkei kommenden Gast in ein von Kurden betriebenes Restaurant ausgeführt und dort auf Kurdisch bestellt. Mein Gast war verblüfft und sagte, er hätte nie gedacht, dass man irgendwo in Deutschland etwas auf Kurdisch bestellen könnte. Möglicherweise hätte er nicht einmal gewusst, dass ich Kurdisch spreche. Meine Großeltern stammen aus dem Kreis Elbistan in der Provinz Kahramanmaraş und lernten nie Türkisch. Ich selbst habe zuerst Deutsch, dann Kurdisch und danach Türkisch gelernt“, führt er aus.

Ab den 1980er Jahren wurde man in Deutschland immer häufiger des Kurdischen als Umgangssprache gewahr. Später häuften sich auch zunehmend Forderungen, Kurdisch auch als Unterrichtsfach anzubieten. Wir beobachten, wie sich in der Türkei eine Entwicklung vorzog, die vom einstigen Verbot des Kurdischen bis zu heute möglichen Fernseh- und Radiosendungen auf staatlichen Kanälen und Zeitungen in kurdischer Sprache reicht. Erst heute hat sich die Situation normalisiert. Wie kann es angehen, dass Menschen ihre Sprache, in der sie reden und sich mitteilen, verboten wird? Die Annahme, man könnte eine Sprache durch Verbote vergessen machen, ist abwegig. Wem hat es je einen Nutzen gebracht, die Existenz von Menschen unter uns zu leugnen, die sich selbst als Kurden bezeichnen und im täglichen Leben ihre eigene Sprache sprechen? Die Vergangenheit in der Türkei ist diesbezüglich von einer Art Vogel Strauß Mentalität geprägt. Wir, die wir in Deutschland leben, beschweren uns doch auch, sobald in Kindergärten versucht wird, das Sprechen der türkischen Sprache zu unterbinden. Wir beharren doch auch darauf, dass man uns mit keinem Recht unsere Sprache verbieten kann?! Wie sollte man also diejenigen bezeichnen, die noch immer nicht begriffen und verstanden haben, dass man allein mit Verboten niemals Erfolg haben wird?

Ich frage Seyit, wie er die Zukunft einschätzt.
„Ich glaube daran, dass meine Zukunft in jeder Hinsicht einen guten Verlauf nehmen wird. Sagt man nicht immer, `Denke positiv, dann wird alles gut´? Ich glaube daran, dass man durch eigene Willenskraft mitgestaltet und auch auf andere einwirken kann.“
Er führt weiter aus, dass er keine Erwartungen an niemanden stellt und dass er überhaupt ein Mensch ohne Erwartungen sei.

Er berichtet, dass er die notwendigen Dinge unternimmt, sobald er sich etwas in den Kopf gesetzt hat und dann an der Realisierung arbeitet.
Ich frage ihn nun, ob er manchmal die Türkei und Deutschland miteinander vergleicht.
„Die beiden Länder vergleiche ich nicht, da sie mir wie zwei grundverschiedene Planeten erscheinen. Erst kürzlich war ich in der Türkei, wo ich mich ausgiebig gesonnt und meine Freunde getroffen habe. Das Leben dort ist einfach ganz anders und dabei geht es nicht nur um die Infrastruktur. Ich denke, es hat mit den Menschen zu tun, die dort leben“ antwortet er, wenngleich ich den Eindruck gewinne, als würde er lieber nicht so gerne über das Thema reden. Daher insistiere ich nicht weiter und wir wollen das Thema wechseln, doch in dem Moment entsinne ich mich der zum Zeitpunkt unseres Interviews hochaktuellen und viel diskutierten Befürchtungen in der deutschen Öffentlichkeit über einen möglichen Zustrom von Arbeitskräften aus der Türkei nach Deutschland im Zusammenhang mit dem EU-Beitritt der Türkei. Wenn ich Seyits vorangegangen Aussagen genauer analysiere wird mir klar, wie unbegründet diese Befürchtungen doch sind, denn keinesfalls glaube ich daran, dass die Zahl derer, die aus der Türkei, einem sich rasant entwickelnden Land, kommen werden, um sich dauerhaft in Deutschland niederzulassen, so hoch sein wird, wie es jetzt befürchtet wird. Gibt es denn etwa aus Ländern wie Italien, Spanien oder Griechenland, in denen sich die Arbeitsbedingungen entscheidend verbessert haben, heute noch einen nennenswerten Zuzug nach Deutschland? Wer würde schon freiwillig sein geliebtes Land, in dem er geboren und aufgewachsen ist, freiwillig verlassen, wenn er nur die Möglichkeit hätte, dort zu arbeiten und seinen Lebensunterhalt zu verdienen? Einer meiner Angehörigen hatte aufgrund seines Studiums die Möglichkeit, langfristig hier zu bleiben. Dennoch ging er zurück und das, nachdem er neun Monate lang Deutsch am Goethe Institut gelernt hatte. Insbesondere die CDU und die CSU sind es, die immer wieder – als gäbe es in Deutschland keine anderen Knackpunkte - die Türkei und die Türken in einer

Art und Weise thematisieren, die ihnen letztlich nur Sympathieverluste bescheren. Dabei ist allgemein bekannt, dass auch innerhalb dieser Parteien sehr geschätzte Meinungsführer existieren, die ganz andere, türkenfreundlichere Ansichten verfechten.

Seyit stelle ich die Frage, wie er über die globalen Entwicklungen denkt.

„Um die heutigen Entwicklungen in der Welt zu beurteilen, werfe ich zunächst einen Blick in die Vergangenheit. Es ist, als würden sich die Geschehnisse von vor zehn, zwanzig oder fünfzig Jahren wiederholen. Ich kann nur hoffen, dass es nicht zu einem erneuten Weltkrieg kommt! Menschen sind auf der rastlosen Suche nach Arbeit und Nahrung. Viele Dinge, wie z.B. Erneuerungsprozesse, Kriege, wissenschaftliche Fortschritte, sind für mich ganz natürlich und selbstverständliche Erscheinungen. Bei einer globalen Betrachtung wird mir wiederum klar, dass wir Menschen auf dieser Welt eigentlich kaum etwas mitgestalten können: wir werden geboren, wachsen auf und sterben. Bei allem was sie tun, gehen die Menschen nämlich von sich selbst aus."

Ich frage nach, wie er das meint.

„Am Anfang von allem steht der Mensch selbst als eine Art Ausgangspunkt. Wie ein Restaurant oder ein Auto funktionieren – auch hier steht der Mensch im Mittelpunkt." Ich gehe davon aus, dass er sich dem Thema philosophisch zu nähern versucht und vermute, dass er wohl einiges an Lektüre hierzu studiert haben muss. Ich frage nicht weiter nach, warum er so denkt.

Ich möchte nun von Seyit wissen, wie er zum Drogenkonsum unter Jugendlichen denkt.

„Ich selbst habe es genommen und kenne auch einige in meinem Umfeld, die Drogen nehmen." sagt er und will fortfahren, „Ich rauche nicht, da ich aber ein ungeduldiger und neugieriger Mensch bin …" An dieser Stelle unterbreche ich ihn mit der Frage, wie es ihm gelungen ist, mit den Drogen aufzuhören.

„Ich war ja nie abhängig! Der eigene Wille und der eigene Verstand sind es, die einen leiten. Ich sage immer, dass man nichts tut, was man nicht wirklich will. Häufig wird gesagt, Kokain macht süchtig, Marihuana aber nicht. Das sei eher wie Zigaretten rauchen. Ich sehe das anders, denn es gibt Leute, die es seit zehn oder 15 Jahren nehmen und dennoch behaupten, sie seien nicht abhängig oder süchtig. Aufhören können sie aber trotzdem nicht damit. Ich bin davon überzeugt, dass das Hauptmotiv, mit solchen Dingen anzufangen, aus Neugier besteht. Danach kommt der Freundeskreis hinzu." Ich frage nach, ob seiner Ansicht nach das familiäre Umfeld eine Rolle spielt.

„Letztendlich kann man wohl sagen, dass man von seiner Familie oder seinem sozialen Umfeld beeinflusst ist, aber letztendlich springt doch auch niemand von einer Brücke, wenn er selbst es nicht für richtig hält. Einer meiner Freunde, der ebenfalls studierte, sagte mal, dass er es gerne ausprobieren würde, aber Angst hätte, abhängig zu werden. Ich bin der Meinung, dass der Intellekt hierbei keine Rolle spielt." Soweit Seyits Meinung zum Thema.

Über Klassenfahrten und -ausflüge äußert er sich kurz und bündig, indem er sagt, er habe schon an einigen solcher Ausflüge teilgenommen. Er findet, dass von solchen Fahrten viele schöne Erinnerungen zurückbleiben.

„Man fährt eben mit und hat – fern der Familie – eine Menge Spaß. Man amüsiert sich einfach mit seinen Freunden und hat sonst nichts zu tun. Bei uns war es immer so, dass die Lehrer die Fahrten organisierten. Wir fuhren mit und haben zwar auch etwas gelernt; hauptsächlich aber ging es darum, Spaß zu haben."

Zum Thema der Religionsausübung sagt er:

„Noch nie bin ich in einer Moschee oder einem Cem Haus – einem alevitischen Gebetshaus – gewesen. Dennoch habe ich mir vorgenommen, eines Tages die Hagia Sophia zu besichtigen. Zu Besichtigungszwecken habe ich schon einige Kirchen besucht."

Ich frage ihn nun, ob er je etwas gestohlen hat.

„Gestohlen habe ich nie, hatte aber Freunde, die Kleinigkeiten, wie z.B. Schokolade vom Kiosk oder ähnliches, geklaut haben. Dadurch, dass ich von klein auf immer abends in Restaurants gearbeitet habe, hatte ich schon immer Geld zur Verfügung. Mit meinen Trinkgeldern verdiente ich schon früh meine 3.000,- Mark im Monat."

Seyit wurde in Deutschland geboren und ist – aus verschiedenen Gründen – getrennt von seinen Eltern bei seinen Großeltern in einer kleinen Ortschaft irgendwo in Anatolien aufgewachsen. Später hat er versucht, sich durchs Leben zu schlagen und hier und da in Anatolien seine Schulausbildung zu vollenden, während er in den Sommermonaten zu seiner ihm völlig fremden Familie nach Deutschland geholt wurde. Er hatte keine Gelegenheit festzustellen, wohin oder zu wem er gehört und litt unter einem Mangel an Liebe und Aufmerksamkeit. Vielmehr war er bemüht, sich mit den Zufällen im Leben zu arrangieren und sich selbst und seiner jeweiligen Umgebung, in der er lebt, von Nutzen zu sein und sich zu integrieren. Dieser junge Mensch hat einen steinigen Weg hinter sich und arbeitet noch immer hart daran, die Hindernisse im Leben zu überwinden. Auch wenn ich es nicht vermag, es detaillierter zu quantifizieren, so macht er doch einen überaus intelligenten Eindruck auf mich. Da er aber nie die Möglichkeit hatte, seine Intelligenz effizient zu entfalten und zu kanalisieren, hat er in jungen Jahren schon vieles erleben und durchmachen müssen. Dennoch hat er das Meiste relativ gut durchstanden und steht stabil auf seinen eigenen Beinen. Ich beglückwünsche ihn und wünsche ihm für sein kämpferisches Leben alles Gute.

„Es gibt einige konservative Deutsche, die Ausländer und besonders uns absolut nicht mögen. Dann wiederum gibt es aber auch die Sozialdemokraten und die Grünen, die eher für die Türken einstehen. Ich selbst kenne auch die positiv Eingestellten, die sagen, wir alle sind Menschen und nicht nur diejenigen, die sagen `Ihr seid Türken und wir sind Deutsche´“ hören wir von Serkan B.

Serkan wurde 1987 in Hamburg geboren. Wir erfahren von ihm, dass seine Familie in der Türkei aus dem Gebiet Thrazien stammt. Sein Vater war einst aus Bulgarien eingewandert. Seine Mutter ist bosnischer Abstammung. Offensichtlich ist die Migrationsgeschichte von Serkans Familie noch nicht abgeschlossen, denn obwohl heute alle in Deutschland leben, haben die Eltern eine Wohnung in Izmir erworben.
Die erste in Deutschland ankommende Gastarbeiterin der Familie ist die Großmutter mütterlicherseits. Es folgt der Großvater.
Nachdem der Großvater 1991 in Deutschland verstorben war, wurde sein Leichnam nach Izmir überführt und dort beigesetzt.
Serkan erzählt über seine Familie:
„In der Türkei ist mein Großvater Friseur gewesen, aber soweit ich weiß, hat er in Deutschland überhaupt nicht gearbeitet. Kurz nach seiner Ankunft in Deutschland ist er erkrankt und starb, als ich erst vier Jahre alt war. Meine Großmutter ist Rentnerin und hat früher in der Küche der Uniklinik Eppendorf gearbeitet.
Über meinen Vater weiß ich weder, wie alt er ist, noch welchen Beruf er hatte oder hat, denn ich hatte nie etwas mit ihm zu tun. Er hat uns verlassen und ist 1990 in die Türkei zurückgegangen, weil er und meine Mutter sich nicht mehr verstanden haben. Einmal, als ich schon 14 Jahre alt war, habe ich ihn gesehen. Irgendwelche Gefühle für meinen Vater habe ich nicht. Meine Mutter hat für mich gleichzeitig die Vaterrolle eingenommen. Früher habe ich mich manchmal gefragt, warum ich keinen Vater habe und mir darüber den Kopf zerbrochen. Heute tue ich das nicht mehr. Soweit ich weiß hat er Kontakt zu meiner

Schwester. 2001 hatten wir zwei Mal Kontakt, aber es war mir seltsam vorgekommen, dass er mich plötzlich anrief. Meine Mutter hat uns alles gegeben, was wir brauchten." Das Gespräch mit Serkan ist an diesem Punkt sehr emotional geladen und wenn genügend Zeit wäre, würde er noch stundenlang weiterreden.

„Meine Schwester und ich sind leibliche Geschwister, ich habe aber noch einen Stiefbruder. Als ich etwa sechs oder sieben Jahre alt war, heiratete meine Mutter erneut und mein Stiefvater war uns ein richtiger Vater. 1991 kam mein Stiefbruder zur Welt. Meine ältere Schwester hat an der Universität Bremen „Europäisches Management" studiert und eine Berufsausbildung im Großhandel abgeschlossen."

Dies ist die Lebensgeschichte von Serkan, die gleichzeitig ein Beispiel dafür abgibt, wie Menschen unter schwierigen Bedingungen darum kämpfen, über die Runden zu kommen. Serkan setzt seine ausführliche Schilderung fort.

„Meine Mutter hatte lange Jahre als Reinigungskraft gearbeitet und war dann an Venenverengung erkrankt. Momentan ist sie sehr damit beschäftigt, ihre Behandlung und ihre Rentenangelegenheiten in die Wege zu leiten. Mein Vater arbeitet als Obst- und Gemüseverkäufer."

Die Arbeitsteilung im Haushalt entspricht dem für türkische Familien typischen Rollenmuster. Nur Serkan selbst wird – wenn auch in geringerem Umfang – in die Haushaltsarbeiten miteinbezogen.

„Mein Vater erledigt die Einkäufe, wann immer er Zeit hat, aber schließlich arbeitet er 11-12 Stunden am Tag. Da meine Mutter momentan nicht arbeitet, erledigt sie den Haushalt. Ich selber übernehme das Staubsaugen und die Treppenhausreinigung. Einmal wollte meine Mutter, dass ich das Bad saubermache. In letzter Zeit wohne ich überwiegend bei meiner Großmutter. Da habe ich es bequemer. Ich bin ohnehin ein eher bequemer Mensch" fügt er hinzu.

Serkan ist vom zweiten bis zum sechsten Lebensjahr im Kindergarten gewesen. Später hat er jeweils im Anschluss an die

Schule den Hort besucht. Nach der vierjährigen Grundschule war Serkan auf einer Schule, die eine Kombination aus Haupt- und Realschule war. Seit zehn Jahren erhält er zusätzlich Türkischunterricht und berichtet hierzu, dass zu Hause Türkisch gesprochen wird und dass die Familie jedes Jahr im Urlaub in die Türkei fährt. Dieses Jahr wird dies aber aufgrund finanzieller Schwierigkeiten nicht möglich sein, was ihn offensichtlich bedrückt.

Wir versuchen, das Thema zu wechseln und wollen nun über die Haltung der Lehrer gegenüber Türken reden. Doch auch hier schlägt sich seine bedrückte Stimmung in seinen Äußerungen nieder.

„Ich lasse mich nicht klein kriegen und deshalb habe ich mich mit einigen Lehrern angelegt. Bei den Diskussionen ging es nicht einmal um Türkenfeindlichkeit, sondern einfach darum dass ich mich für andere Jugendliche eingesetzt habe. Letztlich haben wir nichts erreicht. Für türkische Verhältnisse war es schon eine extreme Sache, aber das gehört jetzt der Vergangenheit an. Ich habe bewiesen, dass ich kein schlechter Mensch bin. Natürlich gibt es auch sehr positiv eingestellte Lehrer, die uns sehr unterstützen. Wichtig ist einfach, dass man es auch versteht um Unterstützung zu bitten und diese auch anzunehmen."

Die Elternabende in der Schule hat die Mutter zwar stets besucht, aber nie Ämter oder Aufgaben übernommen. Serkan sagt hierzu, sie habe sich nicht damit identifizieren können, da sie nie etwas spezifisch für die türkischen Schüler gefunden habe. Dies könnte zwar so interpretiert werden, die Mutter hätte den Eindruck gehabt, es sei nichts Nützliches für die türkischen Schüler dabei gewesen, wird aber aufgeklärt, als Serkan weiterredet: Da die anderen türkischen Eltern auch nicht aktiv gewesen seien, habe sie sich allein gefühlt und aus diesem Grund selbst keine Aufgaben übernommen.

Anders als die anderen türkischen Kinder und Jugendlichen hat Serkan erst ab 7. oder 8. Klasse deutsche Freunde gehabt.

„Erst als ich mich selbst geöffnet habe, war ich dazu imstande, Freundschaften zu schließen."

Auch an dieser Äußerung wird natürlich deutlich, dass jeder auch selbst einen Beitrag dazu leisten muss, um Beziehungen zu anderen Mitmenschen aufzubauen.
Warum er seine eigene Familie nicht mit deutschen Familien vergleicht, nicht vergleichen möchte, begründet er wie folgt:
„Geldprobleme habe ich ohnehin nie gehabt, denn meine Familie hat es mir nie an etwas fehlen lassen. Ich habe zwar nicht immer alles bekommen, aber auch nie etwas vermissen müssen. Unterschiede zwischen uns und deutschen Familien habe ich keine festgestellt, aber vielleicht werden meine Kinder mal Unterschiede feststellen.“ Ich begreife nicht ganz, warum er das sagt und frage mich, ob er hier auf die deutsche Geschichte anspielt. Offensichtlich hat Serkan eigene Anschauungen und Erklärungen.
„Die Deutschen sind weit entfernt davon, sparsam und vorausschauend mit ihren Ausgaben zu sein. Meine deutschen Freunde zum Beispiel denken nur an ihren Genuss von heute und haben es nicht nötig, an das Morgen zu denken. Wenn sie 20,- Euro Taschengeld in der Woche bekommen, dann fühlen sie sich regelrecht verpflichtet, dieses Geld auch in dieser Woche auszugeben. Wenn ihnen das Geld dann ausgegangen ist, haben sie auch mit keinen sonderlichen Konsequenzen durch ihre Eltern zu rechnen. Ich dagegen bekomme 10,- Euro in der Woche, habe aber immer Geld. Bei uns gibt es zwar kein wöchentliches Taschengeld in der Form, aber meine Mutter ermahnt mich immer, richtig mit meinem Geld umzugehen. Deswegen bin ich der Ansicht, dass türkische Familien die Sache mit dem Geld besser im Griff haben.“
Wir setzen unser Gespräch zum Thema Vergleiche zwischen verschiedenen Familien fort.
„Ich bin jetzt 17 Jahre alt und wenn ich zum Beispiel mal in die Disko gehen will, sagt meine Mutter mir, dass ich spätestens um halb zwei zu Hause zu sein habe. Bei den Deutschen hingegen überlässt man alles den Jugendlichen. Manchmal kommt es vor, dass ich sauer auf meine Mutter bin, obwohl sie nur unser Wohl im Auge hat. Weder meine Mutter, noch meine Großmutter gehen zu Bett, bevor ich in der Nacht nach Hause gekommen

bin. Auch was das Thema Freundinnen angeht, rede ich immer ganz offen. Die Deutschen können ihre Freundinnen mit nach Hause nehmen, obwohl man gar nicht weiß, wen man da vor sich hat. Ich denke, dass ist bei Mädchen aber anders. Obwohl meine Familie eher fortschrittlich eingestellt ist, wäre mir das einfach peinlich. Die Portugiesen und Spanier sind uns sehr ähnlich und wie wir viel sensibler den Mädchen gegenüber. Bei den Deutschen ist es eher unterschiedlich. Viele vermissen auch die familiäre Atmosphäre, wie sie bei uns noch herrscht."

Er erzählt weiter über verschiedene Themen.

„Einige rückständige Deutsche haben eine negative Einstellung gegenüber Türken. Es gibt die Rechten, die Ausländer im Allgemeinen und besonders uns im Besonderen absolut nicht mögen. Mit solchen Erscheinungen hat man eben ab und an – wenn auch vereinzelt – zu tun. Dann wiederum gibt es aber auch die Sozialdemokraten und die Grünen, die eher für die Türken einstehen. Ich selbst kenne auch die positiv Eingestellten, die sagen, wir alle sind Menschen und nicht nur diejenigen, die sagen `Ihr seid Türken und wir sind Deutsche´" erzählt Serkan weiter.

„Kommt es vor, dass Du selbstkritisch bist?" frage ich weiter.

„Manchmal, wenn ich mich von meinen Freunden zu sehr habe mitreißen lassen, anstatt zu lernen, ärgere ich mich über mich selbst und mache mir Vorwürfe, warum ich nicht mehr gelernt habe! Hätte ich mehr gelernt, hätte ich jetzt weniger aufzuholen."

„Was willst Du später mal werden oder was möchtest Du beruflich machen?"

„Ich möchte im Bereich Sozialarbeit tätig sein. Nach der Realschule werde ich auf die Berufsfachschule für Sozialpädagogik gehen und danach mein Fachabitur machen. Danach werde ich weiter studieren. Noch vor einem Jahr hatte ich diese Pläne nicht. Es hat mich sehr beeinflusst, dass ich Einrichtungen besucht habe, in denen Sozialarbeit geleistet wurde. Aus dem gleichen Grund habe ich auch angefangen, mich näher mit Politik auseinanderzusetzen. Ich habe meine eigenen Interessen entdeckt. Ein älterer Türke, der selbst in der

Jugendarbeit aktiv ist, hat mir sehr bei der Orientierung geholfen, wodurch ich auch Mitglied der SPD geworden bin."
„Wohin fühlst Du Dich zugehörig?"
„In kultureller Hinsicht fühle ich mich als Türke. Wie man so schön sagt, sollte man immer `wissen woher man kommt´. Aus gesellschaftlicher Sicht aber sehe ich mich als Deutscher. In der Türkei könnte ich zum Beispiel nicht leben."
Serkan vertritt die Ansicht, dass in seiner Familie kein Unterschied zwischen Jungen und Mädchen gemacht wird und fügt hinzu, „Manchmal kommt es mir vor, als sei meine Schwester unabhängiger. Meine Schwester und meine Mutter haben ein freundschaftliches Verhältnis, wie ich es vielleicht mit meinem leiblichen Vater gehabt hätte. Von meiner Mutter habe ich aber immer sehr viel Liebe bekommen. Sie sagt mir immer, wie stolz sie auf mich ist und unterstützt mich bei dem, was ich mir vornehme. Als meine Schwester nach Bremen ging, haben viele gefragt, was das Mädchen dort will, aber meine Mutter hat auch sie immer unterstützt."
Zum Thema Heirat sagt Serkan, „Zuallererst zählt das Menschliche. Zweitens muss es jemand sein, der mich versteht. Sie sollte meinen kulturellen Hintergrund kennen und mich unterstützen. Sie sollte möglichst aus einem Mittelmeerland stammen, denn eine Deutsche könnte mich als Mensch gar nicht verstehen. Wenn sie einen anderen Glauben hätte, wäre das nicht relevant. Wichtig ist, dass sie mich so akzeptiert, wie ich bin."
Mich interessiert, welche Sprachen Serkan spricht.
„Mein Deutsch ist gut und auch mein Türkisch, solange ich mir Mühe gebe. Außerdem habe ich Englisch gelernt."
Seine eigene Zukunft sieht Serkan positiv.
„Ich bin guten Mutes. Hätte man mich vor ein oder zwei Jahren gefragt, hätte ich noch ganz anders geantwortet, aber heute sehe ich Vieles sehr positiv. Das Wichtigste ist doch, dass man selbst weiß, was man machen will und daran arbeitet, es auch zu erreichen und nicht aufzugeben."
Ich frage ihn nun nach seinen Erwartungen an seine Familie, seine Lehrer und die Verantwortlichen.

„Sowohl von meiner Familie, als auch von den Erwachsenen erwarte ich, dass sie mir, also uns Jugendlichen, Verständnis entgegenbringen, uns so akzeptieren, wie wir sind, dass sie uns auf unsere Fehler aufmerksam machen und offen mit uns reden."
Ich frage ihn, was ihm zu einem Vergleich zwischen der Türkei und Deutschland einfällt.
„Ich wünsche mir, dass die Türkei und die Türken einen ebenso entwickelten Stand erreichen, wie Deutschland und die Deutschen" antwortet er kurz.
Nun möchte ich seine Meinung zu den Geschehnissen in der Welt erfahren.
„Soll ich mit Israel beginnen?" fragt er und fährt fort: „Ich wünsche mir, dass die Palästinenser und die Israelis sich einigen und dass die türkisch-kurdische Frage gelöst wird. Die PKK verurteile ich zwar, möchte aber, dass die Kurden in Freiheit leben. Außerdem wünsche ich mir, dass die USA sich nicht überall einmischen, dass das irakische Volk seine Freiheit erlangt, dass die Bevölkerung Afrikas menschenwürdige Lebensbedingungen erlangen und sich wirtschaftlich weiterentwickeln. Ich wünsche mir, dass es keine Kriege in der Welt gibt."
Auf meine Frage, ob es in seinem Umfeld jemanden gibt, der Drogen nimmt und wie er darüber denkt antwortet er:
„In meinem Umfeld gibt es schon welche die Drogen nehmen, also Gras rauchen. Die ordne ich aber meinem früheren Freundeskreis zu und zähle sie nicht zu meinem jetzigen. Die sagen selber, dass sie es bereuen, je damit angefangen zu haben. Bei denen hat es damit angefangen, dass sie es mit 14 oder 15 Jahren ausprobiert und sich dadurch erwachsen gefühlt haben. Später wird es dann zu einer Gewohnheit, wie Rauchen oder Trinken. Spätestens mit 16 oder 17 bereuen sie es dann. Die könnten schon davon loskommen, wenn sie Hilfe in Anspruch nehmen würden. Ich möchte mich dahingehend ausbilden lassen, dass ich in diesem Bereich nützlich sein kann." Ich frage ihn, ob er selbst je Drogen ausprobiert hat.

„Geraucht habe ich schon mal, aber Drogen habe ich nie genommen" antwortet er und fährt fort: „Die damaligen Freunde hatten mal gesagt, ich sei kein Zigarettentyp und sollte doch besser Drogen rauchen. Diejenigen, die Drogen genommen haben, waren solche Typen, die nichts Besseres zu tun hatten. Ich dagegen war in meiner Freizeit schon immer sehr aktiv. Ich habe Sport gemacht und bin auch selbst Trainer. Seit anderthalb Jahren bin ich außerdem Parteimitglied. Ich habe zwar keine Zeit, um mit ihnen herumzuhängen, würde ihnen aber manchmal gerne zuhören, um sie zu verstehen und ihnen zu helfen."

„Fährst Du mit auf Klassenfahrten?" frage ich weiter.

„Mit Ausnahme des jetzigen Schuljahrs bin ich immer mitgefahren. In diesem Schuljahr bin ich nicht mitgefahren, weil ich die Klasse gewechselt hatte. Dass ich noch keinen richtigen Bezug zu dieser Klasse habe war für mich ein Hinderungsgrund."

Als er erzählt, dass er regelmäßig in die Moschee geht und dort auch Religionsunterricht erhält, fügt er hinzu:

„Ich bin gegen das Kopftuch und Zwang in der Familie. Diejenigen, die freiwillig das Kopftuch tragen, kann ich verstehen, denn das ist einfach deren Kultur. Gegen solche wie den Kaplan würde ich aber angehen. Atatürk hat die Rückständigkeit bekämpft und als Sozialdemokrat sehe ich es als meine wichtigste Aufgabe an, ebenfalls dagegen zu vorzugehen. In den Moscheen, die ich besuche, sind es fortschrittliche Menschen, die den Islam predigen und die, genauso wie Atatürk, gegen die Reaktionäre sind."

Ich stelle fest, dass von Zeit zu Zeit eine Art jugendlicher Eifer, gepaart mit den Schwierigkeiten, die daher resultieren, dass Serkan ohne Vater aufgewachsen ist, in unser Gespräch einfließen. Alles in allem kann ich aber sagen, dass er sich, trotz seiner besonderen Lebensumstände, sehr gut gemacht hat.

Wie viele andere Ausländer auch, streicht auch Serkan die seiner Ansicht nach negativen Seiten der Deutschen heraus, während sie gleichzeitig in gewisser Weise Vorbildfunktion auf ihn ausüben. Meiner Meinung nach ist es nur natürlich, dass man – wo auch immer man sein mag – versuchen sollte, sich positive Aspekte zu Eigen zu machen und gleichzeitig daran zu arbeiten, Negatives abzulegen. Nur die guten oder nur die schlechten Seiten des Landes, in dem man lebt, heranzuziehen, um dann zu einer pauschalen Aburteilung zu kommen, entspräche keiner realistischen Einschätzung. Serkan wünsche ich alles Gute für die Zukunft.

Remziye Y. sagt, „Ich finde, es sollte nicht als problematisch, sondern als Bereicherung angesehen werden, zwischen mehreren Kulturen zu leben. So etwas wie eine einzige oder richtige Kultur gibt es ohnehin nicht. In Deutschland unterscheidet sich doch auch der Norden vom Süden und in der Türkei der Westen vom Osten.“ Außerdem kann sie es nicht nachvollziehen, dass einige die ihnen zur Verfügung stehenden Möglichkeiten nicht für ihre Bildung nutzen, oder studieren und einfach zu Hause herumsitzen.

Remziye wurde 1974 in Hamburg geboren. Ihre Familie stammt aus Gaziantep. Der erste Arbeitsmigrant war einst ihr Vater, der 1969 nach Deutschland kam. Auf Antrag des Vaters hin kam ein Jahr später die Mutter nach. Der Vater ist bei der Stadtreinigung und die Mutter als Reinigungskraft einer Schule beschäftigt. Remziye ist die Dritte unter insgesamt sechs Geschwistern.
Laut Personalausweis sind der Vater 54 und die Mutter 56 Jahre alt. Tatsächlich aber ist die Mutter erst 46 Jahre alt.
„Hilft Dein Vater Deiner Mutter im Haushalt?“ frage ich.
„Ja“ bekomme ich als Antwort, „da meine Mutter ebenfalls berufstätig ist, macht er sogar den Abwasch. Meine Mutter ist da ein wenig nachlässig und mag Hausarbeit nicht besonders. Sie ist lieber in der Stadt unterwegs. Da sie jeden Morgen um vier Uhr zur Arbeit geht und das sehr aufreibend ist, ist sie auch nicht mehr so dynamisch, wie sie es in ihrem Alter noch sein könnte.“

Für meine Begriffe tut sie ihrer Mutter hier mit der Bezeichnung \`nachlässig´ ein wenig Unrecht, denn die Mutter kann durch ihre Arbeit als Reinigungskraft bestimmt keine Hausarbeit mehr sehen, wenn sie nach Hause kommt. Es ist bestimmt auch kein leichtes Unterfangen gewesen, sechs Kinder aufzuziehen und dann noch berufstätig zu sein. Diese Frau ist jetzt 46 Jahre alt und muss sehr früh geheiratet und Kinder bekommen haben. Bei der Bewältigung all ihrer Aufgaben ist es nur allzu natürlich, dass sie älter wirkt, als sie tatsächlich ist. Ich jedenfalls würde sie keineswegs als `nachlässig´ bezeichnen, sondern – im Gegenteil – als eine äußerst tatkräftige Frau.

Remziye frage ich nun, ob sie eine Kindertagesstätte besucht hat. „Nein. Mein älterer Bruder und meine ältere Schwester haben mich betreut. Wenn meine Mutter nachmittags zur Arbeit ging, war auch schon mein Vater zu Hause. Wir haben viel draußen vor der Tür gespielt“ antwortet sie.
Zu ihrem Schulbesuch erzählt sie: „Nach der vierjährigen Grundschule war ich zwei Jahre auf der Beobachtungsstufe. Im Anschluss daran habe ich das Gymnasium besucht und mit dem Abitur abgeschlossen. Momentan studiere ich Pädagogik und Psychologie an der Universität Hamburg. Ich bin verheiratet und habe zwei Kinder im Alter von neun und sechs Jahren. Im Alter von 18 Jahren habe ich geheiratet.“
„Bist Du mit auf Klassenfahrten gefahren?“ frage ich sie.
„Ja, ich bin bei allen Klassenfahrten mit gewesen. Ich selbst habe zwei Söhne, die ich auch auf alle Ausflüge mitschicke. Hätte ich eine Tochter gehabt, hätte ich sie wohl auch mitgeschickt – obwohl ich die Klassenfahrten eigentlich nicht besonders mag.“
Ich frage sie, warum sie Klassenfahrten nicht mag.
„Der erste Grund ist, dass wir von den Lehrern zum Essen gezwungen wurden, obwohl wir die Speisen nicht mochten. Der zweite Grund ist, dass nachts merkwürdige Späße gemacht wurden. Einmal hatten wir uns auf einer Klassenfahrt Wald verlaufen. Bis wir die Lehrer gefunden hatten, hatten wir tausend Ängste durch gestanden. Trotz allem aber bin ich auf alle Klassenfahrten mitgefahren und meine Eltern haben uns immer mitgeschickt.“
Ob sie in der Schule je Schwierigkeiten aufgrund ihrer ausländischen, bzw. türkischen Abstammung gehabt habe, will ich von ihr wissen.
„Obwohl Kleinigkeiten vorgefallen sind, würde ich eher sagen `Nein´. Auf dem Gymnasium hatte eine Lehrerin mal gesagt, wir seien Fundamentalisten, weil ich ein Kopftuch trage. Aber so richtig schlimme Dinge habe ich eigentlich nicht erlebt.“

Das Gespräch mit Remziye führen wir in der Moschee der Milli Görüş Organisation. Sie macht auf mich den Eindruck einer sehr ausgeglichenen und jungen Frau. Hätte ich ihre beiden Kinder nicht selbst gesehen, hätte ich ihr kaum geglaubt, dass sie schon Mutter ist. Sie wirkt wie eine etwas introvertierte Abiturientin, doch sobald sie beginnt zu erzählen, wird man eines besseren belehrt und merkt, dass sie keineswegs verschlossen ist und einen enorm starken Charakter hat. In ihrer Freizeit besucht sie die Moschee und nimmt an den Aktivitäten, die speziell für Frauen angeboten werden, teil.
Ich frage sie, ob ihre Eltern zu den schulischen Elternabenden gegangen sind und ob sie selbst dies heute tut.
„Da meine Eltern Probleme mit dem Deutschen hatten, sind für mich meistens meine ältere Schwester und mein älterer Bruder hingegangen. Sie haben aber keine Aufgaben übernommen. Ich selber besuche heute selbstverständlich die Elternabende meiner Kinder. Da ich aber selbst noch studiere, habe ich kaum Zeit, irgendwelche Aufgaben oder Ämter zu übernehmen."

Wie so häufig in türkischen Familien, ist es auch in Deutschland so, dass die älteren Geschwister häufig an Stelle der Eltern die Erziehungs- und Betreuungsaufgaben für die jüngeren Geschwister übernehmen. Auf dieses Thema ging ich zuvor bereits ein. Sie fungieren wie eine Art Mutter- oder Vaterersatz und übernehmen die Verantwortung für die jüngeren Geschwister, sobald die Eltern überfordert sind, oder schlicht keine Zeit haben. Natürlich ist dieses nicht nur begrenzt auf die Aufgaben in Bezug auf die jüngeren Geschwister, sondern erstreckt sich auf alle möglichen Bereiche, wie z.B. die Erledigung von Behördengängen und dergleichen für die ganze Familie. Als wären sie keine Kinder. Diese Erscheinung ist besonders in Migrantenfamilien, wo die Elterngeneration Sprachprobleme hat, weit verbreitet. Unter Anderem werden sie herangezogen für Schulangelegenheiten, Arbeitsamts- und weitere Behördenbesuche, Arztbesuche und vieles weitere. Dadurch, dass die Kinder hier schon früh eingebunden werden und Aufgaben übernehmen, die normalerweise von

Erwachsenen wahrgenommen werden, wird ihnen gleichzeitig eine hohe Verantwortung und Bürde aufgelastet.

„Sind in Deinem Freundeskreis auch Freunde deutscher oder anderer Nationalitäten vertreten? Siehst Du Unterschiede im Konsumverhalten?“ frage ich.
„Ja, ich hatte auch Freunde anderer Nationalitäten und da gab es auch Unterschiede beim Geld ausgeben. Natürlich konnten sie sich viel mehr leisten als wir, denn wir waren sechs Geschwister und mussten immer sparsam sein, da meine Familie auch einiges in der Türkei investieren wollte.“
„Kommt oder kam es vor, dass Du Deine Familie mit den Familien Deiner deutschen Freunde verglichen hast?“
„Als ich noch klein war, kam ich kaum mit anderen Familien in Kontakt und kannte die deutschen Familien nicht. Jetzt lerne ich gerade erst durch meinen Sohn und dessen Freunde deren Familien kennen und kann nun Vergleiche ziehen. Früher gab es da überhaupt keine Kontakte.“
„Und wie denkst Du jetzt?“ will ich von ihr wissen.
„Eigentlich sind die Unterschiede gar nicht so gravierend, wie man im Fernsehen manchmal glauben machen will. Auch bei ihnen sind die Männer nicht viel mehr im Haushalt involviert. Einmal war ich zu einer Familie nach Hause eingeladen, wo ich festgestellt habe, dass es dort genauso zugeht, wie bei uns. Zum Beispiel hatten sie genauso ein Schwiegermutter Problem, wie wir.“

Während ich Remziyes Schilderungen zuhörte und sie das Thema Schwiegermütter ansprach, entsann ich mich einer Unterhaltung mit meinen deutschen Freundinnen, mit denen ich mich regelmäßig zum Sport treffe. Manche meiner deutschen Freundinnen haben bereits Schwiegertöchter und auch Enkel, und im letzten Sommer, als mein Sohn heiratete, haben auch die Tochter der einen und die Söhne der anderen geheiratet. Ich bin nun also auch eine wahrhaftige Schwiegermutter. In manchen unserer Unterhaltungen kommt die Sprache auch unweigerlich auf die Schwiegertöchter und –söhne. Da Ingrid bereits zwei

Schwiegertöchter und auch Enkelkinder hat, ist sie die Erfahrene unter uns. Bei ihren Schilderungen habe ich manchmal das Gefühl, sie würde meine Schwiegermutter besonders gut kennen – so groß sind die Parallelen, so ähnlich die Erfahrungen. Meine eigene Schwiegermutter hat immer gesagt, „Wenn man mit den jungen Leuten gut auskommen will, dann darf man nichts sehen, nichts hören, nicht zu viel reden und sich nicht zu sehr einmischen." Ingrid äußert sich genauso und ist der Meinung, dass sich so alle viel besser fühlen werden – sowohl die jungen Leute, als auch die Älteren. Erst dann wird man respektiert und geliebt. Der Mensch ist doch überall auf der Welt gleich: auch wenn sie weit voneinander entfernt und in völlig unterschiedlichen Kulturen leben und sich womöglich nie kennen gelernt haben, ist es keine Seltenheit, dass sie die gleichen Standpunkte verteidigen.

„Gibt es positive oder negative Erlebnisse in Deutschland bzw. mit den Deutschen, welche Du nicht vergessen kannst?" frage ich Remziye weiter.

„Vor zwei Jahren lernte ich während eines Praktikums eine dort beschäftigte Deutsche, Susanne, kennen, die sich mir gegenüber sehr freundlich verhielt. Ich werde ihr nicht vergessen, dass sie mich während meines Praktikums immer unterstützt hat und nie arrogant zu mir war. Einmal setzte sie einen Artikel von mir ins Internet und setzte meinen Namen darunter. Wenn sie gewollt hätte, hätte sie es auch unter ihrem eigenen Namen veröffentlichen und meinen Namen unterschlagen können. Das hat sie aber nicht getan."

„Kommt es vor, dass Du selbstkritisch bist?"

„Das kommt natürlich vor. Ich habe damals noch vor dem Abitur geheiratet und danach sechs Jahre nichts weiter gemacht, da ich die Kinder bekommen habe. Wahrscheinlich wäre alles anders verlaufen, wenn ich vor meiner Heirat studiert hätte. Ich sehe zum Beispiel meine Freundinnen, die studieren und gleichzeitig arbeiten und alle ihre Autos fahren. Zwar habe ich auch ein Auto, aber dennoch ist bei ihnen alles anders. Es hat eben auch seine Vorteile, dass sie noch nicht so viel

Verantwortung haben, wie ich. Das hätte ich auch gerne erlebt", sagt sie.

Dass Remziye es vermisst, ihre eigene Jugend nicht richtig ausgelebt zu haben, schlägt sich in vielen Äußerungen nieder. Als eine junge Frau, die selbst früh geheiratet und Kinder bekommen hat, ist die Botschaft, die hier für die jungen Leute enthalten ist, sehr bedeutend. Für alles im Leben gibt es den richtigen Zeitpunkt und immer dann, wenn etwas ungeplant oder vorzeitig geschieht, dann ist es mit wesentlich mehr Aufwand und Strapazen für die Betroffenen verbunden. Es ist nicht leicht, sich mit den schulischen Belangen der eigenen Kinder zu befassen, noch bevor man selbst seine Studienzeit auskosten konnte. Wenn man selbst den Ernst des Lebens noch nicht erfasst hat, wird die Bürde zahlreicher Aufgaben und der Verantwortung umso schwerer wiegen. Nach Möglichkeit sollte man versuchen, alles zu seiner Zeit zu erleben und die Phasen nicht überlappen zu lassen. Das gilt gleichermaßen für die Studienzeit, die Jugend, wie für die Ehe. Späte Reue hilft meist nicht.

Ich frage Remziye zu ihren zukünftigen Berufsplänen.
„Sobald ich die Universität abgeschlossen habe, möchte ich gerne in diesem Bereich als Sozialpädagogin arbeiten – sofern ich natürlich einen Arbeitsplatz finde."
„Wohin fühlst Du Dich zugehörig?"
„Eigentlich bin ich irgendwo zwischen Deutschland und der Türkei, aber da ich hier den größeren Teil meines Lebens verbracht habe, fühle ich mich Deutschland näher. Wir gehören zu einer neuen Kultur, die sich aus beiden Welten entwickelt" sagt sie.
„Hast Du je erlebt, dass Du als Mädchen innerhalb der Familie anders behandelt wurdest?"
„Als kleines Mädchen habe ich schon Unterschiede festgestellt, denn mein jüngerer Bruder hat früher oder später immer alles erreicht und bekommen, was er wollte. Das hat mich immer zornig gemacht, da ich ein ausgeprägtes Unrechtsbewusstsein

habe. Da wir nie spät abends ausgehen wollten, hatten wir diesbezüglich nie Probleme. Aber wenn es zum Beispiel darum ging, dass ein Fahrrad gekauft werden sollte, war immer zuerst mein Bruder an der Reihe. Ich hätte wohl kaum eines bekommen. So gesehen gab es schon Unterschiede“ erzählt sie.
Ich frage Remziye nun, welche Nationalität ihr Ehegatte haben sollte, doch sie antwortet:
„Ich selbst bin bereits verheiratet, aber die jungen Leute, die das noch vor sich haben, sollten es sich gut durch den Kopf gehen lassen und sich nicht vom äußeren Schein blenden lassen. Man sollte möglichst viele Gemeinsamkeiten haben und prüfen, ob es diese überhaupt gibt. Ich selbst habe das zum Beispiel nicht getan. Meiner Ansicht nach spielen nicht die Nationalität, sondern vor allem die Religion, der Glaube eine Rolle. Wenn er Muslim ist und die gleichen Ansichten vertritt … Warum sollte es dann nicht klappen?“

Aufgepasst Jugendliche! Hier spricht die Erfahrung Bände, drum prüfe, wer sich ewig bindet. Bei der Wahl des Menschen, mit dem man im Idealfall sein ganzes Leben verbringen will, sollte man sich nicht allein vom äußeren Schein leiten lassen. Ich schließe mich der Meinung von Remziye an, wenngleich der Glaube nicht mein einziges Kriterium wäre. Ich würde den Aspekt ausweiten und zusätzlich fragen, ob man die gleiche Sprache spricht, ob gegenseitige Toleranz besteht, man bereit ist, in guten wie in schlechten Zeiten zueinander zu stehen und ob man sich ergänzt. Selbst wenn alle diese Fragen positiv beantwortet sind, ist es auch damit noch nicht getan. Ein Patentrezept für eine glückliche Ehe gibt es zwar nicht, doch als jemand, der seit 33 Jahren mit dem Menschen verheiratet ist, den ich seit der Mittelschule kenne, versuche ich aufgrund meiner Erfahrung das Rationellste in Bezug auf dieses Thema zusammenzufassen.

Auf die Frage, welche Sprachen sie spricht, antwortet Remziye:
„Türkisch, Deutsch, Französisch und Englisch.“

„Wie siehst Du Deine eigene Zukunft? Wie blickst Du im Allgemeinen in die Zukunft?"

„Zunächst einmal will ich mein Studium abschließen und einen Arbeitsplatz finden. Eventuell würde ich mein Studium im Fach Psychologie weiter vertiefen. Generell ist es aufgrund der Einsparungen schwer geworden, in diesen Bereichen eine Anstellung zu finden. Viele Sozialeinrichtungen werden momentan geschlossen" äußert sie ihre Befürchtungen.

„Welche Erwartungen hast Du an Deine Familie und an die Politik?"

„An meine Angehörigen stelle ich eigentlich keine Erwartungen mehr. Von den Politikern erwarte ich, dass sie die Kopftuchfrage lösen und mehr in Sozialeinrichtungen investieren."

Nun frage ich sie, ob sie Vergleiche zwischen der Türkei und Deutschland zieht.

„In der Türkei beobachte ich einen gewissen Fortschritt, der sich aber noch langsam vollzieht. In Deutschland hingegen wird das Leben immer schwerer und die finanziellen Belastungen werden immer größer."

Über die Entwicklungen in der Welt sagt sie, „Für mich ist es immer wieder bedrückend, die Nachrichten zu sehen. Überall herrschen Krieg und Hunger. Es gibt weder Frieden, noch Ruhe."

„Was denkst Du über Probleme mit Nikotin, Alkohol oder Drogen?"

„Beim Rauchen ist es etwas anders, aber die anderen Dinge bringen nur weitere Probleme mit sich. Ich bin gegen alle diese Dinge. Der Mann einer deutschen Freundin ist Alkoholiker und ich bin ihretwegen sehr traurig. Seine Situation ist erbärmlich."

Über Moscheebesuche sagt sie:

„Da ich in letzter Zeit sehr mit Prüfungsvorbereitungen beschäftigt bin, kann ich nur selten in die Moschee kommen. Im letzten Jahr habe ich hier ein Praktikum gemacht, weil es ein Bereich ist, der auch mit meinem Studium zu tun hat. Damals war ich natürlich häufiger hier."

Ich frage sie, wie sie über Moscheegänger und Nichtgänger denkt, über diejenigen die ein Kopftuch tragen, und die, die es nicht tun.
„Wer möchte, kommt in die Moschee, wer es nicht möchte, lässt es einfach sein. Letztlich ist jeder für sich selbst verantwortlich. Das gleiche gilt für das Kopftuch. Drei meiner Schwestern tragen zum Beispiel keines. Nur meine Mutter und ich tragen ein Kopftuch."
Ich frage sie nach dem Unterschied zwischen dem traditionellen Kopftuch und dem so genannten Turban.
„Zwischen dem Kopftuch und dem Turban besteht für mich kein Unterschied. Wer möchte trägt es und wer nicht lässt es. Es geht hier um ein religiöses Gebot und es ist jedem selbst überlassen, ob man dieses einhält oder nicht. Gleichzeitig kann dieser Brauch als Teil einer religiösen Kultur bezeichnet werden" antwortet sie.
Zum Thema, ob Zeitungen und Bücher gelesen werden und ob sie zu Hause Bücher hat, sagt sie:
„Bücher lese ich sehr viel. Bei Zeitungen ziehe ich wöchentlich erscheinende vor. Auch zu Hause habe ich Bücher. Mein Mann ist Kfz-Mechaniker, betreibt aber derzeit eine Teestube. Da es sein eigenes Lokal ist, hat er nicht so viel Zeit zum Lesen.
Zum Fernsehen habe ich wiederum nicht so viel Zeit. Mich interessieren vorwiegend die Nachrichtensendungen auf Phönix und die Infosendungen am Morgen. Ich sehe überwiegend deutsches Fernsehen."
„Welche Fragen hättest Du zusätzlich gestellt?" frage ich Remziye.
„Den Punkt Kindererziehung hätte ich auch noch erfragt. Ich hätte auch gefragt, ob ich Erziehung wichtig finde."
Als Mutter zweier Kinder, noch dazu angesichts ihres Studienfachs, bitte ich sie, ihre eigenen Fragen zu beantworten.
„Erziehung und Bildung sind für mich sehr wichtig. Ich denke, Kinder sollten eine fundierte religiöse Schulbildung erhalten. Für die Erziehung von Kindern ist eine gut ausgebildete und berufstätige Mutter von enormem Vorteil. Ich bewundere Eltern, die beide gleichzeitig studieren. Ich habe kein

Verständnis dafür, wenn jemand studiert hat und dann untätig zu Hause sitzt. Auch kann ich nicht nachvollziehen, warum einige die ihnen zur Verfügung stehenden Möglichkeiten nicht für ihre Bildung nutzen. Sich weiterzubilden und weiterzuentwickeln ist auch in späteren Phasen noch möglich."
„Erlebst Du manchmal Probleme im Leben zwischen zwei Kulturen?"
„Ich finde, es sollte nicht als problematisch angesehen werden, zwischen mehreren Kulturen zu leben. Es ist etwas Neues entstanden, das seinen Lauf genommen hat. Eventuell kann es in der Pubertätsphase zu Problemen mit der eigenen Identitätsfindung kommen. Damit meine ich Fragen wie, ob man Türke oder Deutscher ist. Meiner Ansicht nach kann man die Kulturen nicht voneinander trennen. Auch die deutsche Kultur ist keine Reinkultur. Genauso, wie sich Nord- und Süddeutschland voneinander unterscheiden, unterscheidet sich in der Türkei auch der Westen vom Osten des Landes."

Kulturen können unterschiedlich sein und sind es auch. Das sollte aber nicht als Bedrohung, sondern als Bereicherung aufgefasst werden. Ich gebe Remziye Recht, denn in vielen Ländern existieren interne Unterschiede. Oftmals stellt man sogar große kulturelle Unterschiede fest, wenn man von einer Stadt in die andere fährt oder von einer Familie zur anderen fährt – geschweige denn, wenn man in ein anderes Land fährt. Bei kulturellen Unterschieden gilt es, diese als Bereicherung wahrzunehmen, von ihren positiven Seiten zu profitieren und anderen Kulturen mit Toleranz und Offenheit zu begegnen, um das Entstehen eventueller Probleme zu vermeiden.
Dafür, dass meine Gesprächspartnerin mir ihre Zeit widmete, obwohl sie ihre Kinder dabei hatte und die Zeit im Laufe des Gespräches ziemlich vorangeschritten war, danke ich ihr sehr. Für die Zukunft wünsche ich ihr viel Erfolg und gutes Gelingen in ihrer Arbeit.

„Manchmal versteht meine Mutter mich einfach nicht und ich werde dann unfreundlich ihr gegenüber. Das tut mir dann hinterher immer leid“ sagt Kadriye B.

Kadriye ist 1989 in Hamburg geboren. Ihre Mutter kam einst mit ihrer eigenen Familie nach Deutschland. Kadriyes Vater war seinerzeit zu Studienzwecken nach Deutschland gekommen und hat einen Hochschulabschluss als Laborant.
Die Mutter ist 34 und der Vater 40 Jahre alt. Während ihr Vater als Abteilungsleiter in einem Hotel beschäftigt ist, arbeitet die Mutter in einem Seniorenheim. Kadriye ist ein junges Mädchen und gehört zu den Jugendlichen der dritten Generation in Deutschland.
Ich frage sie, wer bei ihr zu Hause für den Haushalt zuständig ist.
„Sowohl mein Vater, als auch ich unterstützen meine Mutter im Haushalt.“
Noch nie habe ich gehört, dass jemand sagt, „Mein Vater und ich machen den Haushalt und meine Mutter hilft uns dabei!“
„Hast Du einen Kindergarten besucht und was machst Du jetzt?“
„Ich habe erst vier Jahre lang den Kindergarten besucht und bin danach eingeschult worden. Momentan besuche ich die zehnte Klasse der Gesamtschule.“
An allen Klassenfahrten hat sie teilgenommen.
„Hast Du in der Schule je negative Erfahrungen aufgrund Deiner ausländischen, bzw. türkischen Abstammung gemacht?“ will ich von Kadriye wissen.
„Es gibt Lehrer, die sich manchmal schlecht verhalten. Auch wenn sie versuchen, es zu verbergen, so merkt man doch, dass die türkische Identität sie stört“ antwortet sie.
Kadriyes Eltern haben bislang sämtliche Elternabende an der Schule besucht und zudem Aufgaben als Elternvertreter übernommen.

Ich frage sie, ob sie Freunde deutscher, oder anderer Nationalitäten hat und ob sie Unterschiede in Bezug auf Konsum und Ausgaben feststellt.
„Ja, ich habe deutsche, griechische, polnische und russische Freunde. Beim Geld ausgeben sind wir eigentlich kaum unterschiedlich. In anderen Punkten bestehen zwischen uns aber schon Unterschiede. Die Deutschen denken, sie stünden über uns. Ich wiederum halte uns Türken für überlegen."

Während unseres Gesprächs mit Kadriye fällt mir auf, dass ab der dritten Generation die Einstellung der Türken, dass man unbedingt sparen muss, um in der Türkei zu investieren, langsam aufgegeben wird. Vielmehr haben sie begonnen, wie die schon immer hier Ansässigen zu leben und sich mit dem jeweiligen Land und der Stadt, wo sie leben, zu identifizieren. Sie sind heimisch geworden. Unterschiede zwischen den Kindern integrierter und angepasster Familien zu Kindern der Mehrheitsgesellschaft sind insbesondere in Punkten wie Taschengeld oder Klassenfahrten erheblich zurückgegangen und bestehen kaum noch. Andererseits lassen sich andere Phänomene wie Überheblichkeitskomplexe oder Neid auf Seiten der Deutschen beobachten. Jugendliche berichten, dass sie dies in ganz gravierendem Ausmaß an den Schulen erleben. Erfolgreiche Jugendliche mit Migrationshintergrund, die hier geboren und aufgewachsen sind und die deutsche Sprache besser sprechen, als ihre Muttersprache sind nun wiederum mit allmählicher Ablehnung und Neid aufgrund ihres Erfolgs konfrontiert. Immer dann, wenn etwas negativ verläuft, werden sie zu „Türkenkindern" gemacht, die nach Möglichkeit in die Türkei abgeschoben werden sollen. Sobald sie aber erfolgreich sind, werden sie als Einheimische angesehen – wenngleich auch immer begleitet von einer Portion Neid und des Nicht-Akzeptieren-Wollens. Mit Bedauern beobachten wir immer wieder derartige Verhaltensweisen, hören davon und finden sie in der medialen Berichterstattung wieder.

Ich frage Kadriye, ob sie ihre Familie mit deutschen Familien vergleicht.

„Ich vergleiche meine Familie schon mit deutschen oder anderen Familien. Natürlich stelle ich auch einige Unterschiede fest. Meine Familie ist dagegen, dass ich besonders spätabends lange ausbleibe. Das ist ein Punkt. Ein weiterer Punkt ist, dass die Deutschen sich kühler zu ihren Kindern verhalten."

„Hast Du ein Erlebnis mit Deutschen, das einen bleibenden Eindruck hinterlassen hat?"

„Einmal haben sie meine türkische Freundin schlecht gemacht und gemein über sie geredet. Damals habe ich mich von ihnen distanziert. Sie sehen sich selbst als über den Türken stehend an und sind neidisch auf uns. Deswegen habe ich mich mit ihnen gestritten, denn für mich sind alle Menschen gleich und ich möchte, dass jeder das so sieht."

Zum Punkt Selbstkritik sagt sie,

„Besonders in Punkto Lernen und Konzentration gehe ich sehr hart mit mir ins Gericht, wenn ich mal schlechte Noten bekommen habe. Außerdem bereue ich es hinterher immer, wenn ich frech zu meiner Mutter war. Meine Mutter versteht mich manchmal nicht und ich kränke sie dann, was ich hinterher aber immer bereue."

„Was möchtest Du später mal werden?" frage ich sie.

„Ich würde gerne Fernsehansagerin oder Moderatorin werden. Ich möchte im künstlerischen Bereich Fernsehsendungen machen und einen Beruf in dieser Richtung ergreifen." Das sind ihre Zukunftsideale.

„Wohin fühlst Du dich zugehörig?" frage ich.

„Zunächst einmal sehe ich mich als Türkin. Da meine Mutter arabische Wurzeln hat, fühle ich mich auch etwas arabisch. Außerdem bin ich in Deutschland geboren und fühle mich auch ein wenig zu Deutschland zugehörig."

„Bist Du in Deiner Familie oder in Deinem Umfeld je anders behandelt worden, weil Du ein Mädchen bist?"

„Abends auszugehen erlaubt meine Familie mir nicht. Ich kann mich nicht so frei verhalten, wie ich es will. Die Jungs sind einfach freier und können sich geben, wie sie sind."

Bezüglich ihres zukünftigen Ehegatten sagt sie, dass es ein Türke sein sollte. Kadriye spricht Deutsch, Türkisch, Englisch und etwas Russisch.
„Wie siehst Du Deine Zukunft?" frage ich.
„Wenn alles gut geht, möchte ich zunächst einmal meine Ausbildung zu Ende bringen und dann auf meinen eigenen Beinen stehen. Ich glaube daran, dass meine Zukunft wesentlich besser und schöner sein wird."
Ich frage sie nun nach ihren Erwartungen an ihre Familie, ihre Lehrer und die Entscheidungsträger.
„Ich wünsche mir, dass meine Familie mich in Allem unterstützt – genauso meine Lehrer. Im Bereich Schule, Bildung und Sozialem erwarte ich mehr Förderung. Von den Politikern erwarte ich, dass sie Ausländer nicht diskriminieren und alle gleich behandeln."
Über ihren Vergleich zwischen der Türkei und Deutschland sagt sie:
„In Deutschland sind die Straßen voller Regeln und Schilder, was ich gut finde. Der Straßenverkehr verläuft in der Türkei zum Beispiel wesentlich schlechter. Die Türken sind warmherziger, Deutsche sind kühl. Die Kultur der Deutschen geht immer mehr zurück und wird weniger. Die Kultur der Türkei ist besser und stabil. Besonders am religiösen Glauben schwächelt es bei den Deutschen. Das ist in der Türkei aber ein sehr wichtiges Thema. Ich denke, dass jeder sich so kleiden sollte, wie er es mag und dass niemand da reinreden sollte. Deutschland ist ein reiches Land, die Türkei ist ärmer."
Kadriye verkehrt in einer Frauenorganisation, die der Partei der Nationalen Bewegung (MHP) nahe steht. Ihre Freizeit verbringt sie dort und erledigt dort auch manchmal ihre Hausaufgaben.
Ich frage sie nach ihrer Einstellung zu Nikotin, Alkohol und Drogen.
„Früher habe ich ab und zu geraucht, es dann aber sein lassen. Rauchen ist schädlich, aber in Grenzen kann man schon rauchen. Drogen sind ohnehin sehr schädlich. Ich habe einige Freunde und Freundinnen, die Drogen nehmen. Das sind Deutsche Griechen. Mir selbst haben sie es auch schon

angeboten, doch ich lehne es immer ab. Manchen Türken merkt man an ihrem Verhalten auch an, dass sie Drogen nehmen."
„Besuchst Du die Moschee?" frage ich.
„Ja, ich gehe in die Moschee. Am Wochenende gehe ich an zwei Tagen für vier Stunden zum Koran- und Religionsunterricht. Außerdem erhalte ich Türkischunterricht."

Obwohl Kadriye in die Moschee geht und Religionsunterricht erhält, trägt sie kein Kopftuch. Ihr Verhalten stellt somit ein lebendiges Beispiel für die laizistische Ordnung der Republik Türkei dar.

„Hast Du je etwas gestohlen?" frage ich widerstrebend.
„Jetzt, wo Sie es fragen, musste ich nachdenken. Ich denke, dass ich schon mal eine Kleinigkeit gestohlen habe."
Sie berichtet weiter, dass sie Zeitungen und Bücher liest und auch eine eigene bescheidene Büchersammlung hat. Neben deutschen Fernsehsendern sieht sie auch den türkischen Sender ATV und interessiert sich überwiegend für die Musiksender.
Weiter erfahre ich von ihr, dass ihre Vorbilder Beyoncé und der türkische Sänger Özcan Deniz sind.

Ich beglückwünsche alle Jugendlichen zu ihrer Fähigkeit, Menschen nach ihrem positiven, bzw. negativen Verhalten einschätzen und beurteilen zu können und wünsche ihnen alles Gute.

„Die Erwachsenen sollten den Jugendlichen vertrauen, anstatt sie ihrer eigenen Ängste wegen einzuengen.“ So ist die Meinung von Kemal S.

Kemal wurde 1979 im Kreis Afşin der Provinz Maraş geboren. Sein Großvater war bereits in den 1960er Jahren nach Deutschland gekommen. Die Migrationsgeschichte ist voller Beispiele von Menschen, die nur zwei oder drei Jahre hier arbeiten und dann zurückkehren wollten. Die wenigsten schafften dies. Kemals Großvater ist einer von ihnen, die tatsächlich nach relativ kurzer Zeit wieder zurückgekehrt sind. Er selbst ist zwar zurückgekehrt, doch 1986 waren es zunächst sein Sohn, danach seine Schwiegertochter und die Enkelkinder, die aufgrund verschiedener Entwicklungen in der Türkei – seien sie politischer oder wirtschaftlicher Natur gewesen – nach Deutschland kamen, um hier Asyl zu beantragen.

Ein Jahr, nachdem Kemals Vater Asyl beantragt hatte, kam seine Mutter mit den Kindern nach. Sie war mit einem normalen Reisepass eingereist und erwarb aufgrund des Status ihres Ehemannes sowohl Aufenthalts- als auch Arbeitserlaubnis. Mit ihren drei Kindern setzt die Familie ihr weiteres Leben in Deutschland fort. Kemal, der mittlere Sohn der Familie, studiert Jura. Sein älterer Bruder arbeitet bei der Post, während die jüngere Schwester eine Berufsausbildung bei einem Optiker macht.

Die Eltern sind relativ jung, woraus sich ableiten lässt, dass sie auch jung geheiratet und Kinder bekommen haben. Die heute 46jährige Mutter ist als Reinigungskraft beschäftigt. Der 47jährige Vater arbeitet als Verputzer im Bauwesen.

In früheren Jahren habe der Vater niemals im Haushalt mitgearbeitet. Dagegen erledigt er heute wenigstens die Einkäufe, hilft aber bei anderen Dingen nicht mit. Über sich selbst sagt Kemal:

„Wenn meine Mutter nicht da ist, erledige ich schon den Haushalt. Sobald sie aber zu Hause ist, mache ich nichts. Selbst wenn ich mithelfe, ist sie ohnehin mit meiner Arbeit nicht zufrieden, kritisiert ständig und nimmt mir alles aus der Hand. Daher lasse ich es lieber gleich bleiben. Sie mag z.B. nicht, wie ich die Wäsche zusammenlege. Jeder Versuch ist dann einfach sinnlos."

Durch diese Schilderung hat Kemal eigentlich einen sehr wichtigen Punkt angesprochen. Nicht nur Kemals Mutter – die es mir nicht übel nehmen möge – sondern viele türkische Frauen neigen dazu, dem männlichen Nachwuchs, sowie ihren Ehemännern sofort die Arbeit im Haushalt abzunehmen, sobald sie mit der \`Ausführungsqualität´ nicht zufrieden sind. Natürlich sind sie routinierter und schneller und daher ungeduldig, wenn etwas nicht auf Anhieb klappt. Hinterher aber sind sie es wiederum, die sich beklagen, weil sie keine Unterstützung bekommen. Ist das ein Phänomen, das seine Gültigkeit nur für türkische Frauen hat? Mitnichten, denn mehr oder weniger trifft dieses Verhaltensmuster auf alle Frauen auf der ganzen Welt zu. Dabei würden die kleinen Jungen, würde man sie ebenso wie die Mädchen zur Mitarbeit erziehen und die Möglichkeit zur Mithilfe geben, nach den ersten Anlaufschwierigkeiten genau so einen Sinn fürs Praktische entwickeln. Sind es denn nicht letztendlich die Männer, die in den großen Restaurants und Hotels in der Küche stehen oder die Reinigungsarbeiten machen? Gibt es denn in den modernen Ländern der Welt nicht überall auch Frauen, die wie selbstverständlich – und sogar besonders erfolgreich – in typischen Männerberufen arbeiten? Keine dieser Fähigkeiten ist jemandem in die Wiege gelegt, sondern vielmehr das Ergebnis entsprechender Bildung und Erziehung. Die Frauen sind es, die es einfach nicht vermögen, die Arbeit im Haushalt aufzuteilen und zu delegieren und die dadurch den Weg bereiten für das herrische Gehabe der Männer. Leider wird auch das Patriarchat in der Welt durch die Frauen selbst genährt und angetrieben. Auch heute noch ist die aus Frauen bestehende Hälfte der Weltbevölkerung dazu verdammt, fern von Zugängen zu Bildung, ihr Leben in Rückständigkeit in den eigenen vier Wänden zu fristen. Hinzu kommt, dass die in der Erziehung der eigenen Söhne gemachten Fehler das Leid dieses Systems immer weiter untermauern. Solange dieses vorrangige Problem nicht gelöst ist, solange eine gerechte Arbeitsteilung in der Welt – beginnend mit dem familiären Haushalt – sich in allen Bereichen durchgesetzt hat, solange also eine wirkliche und bewusste Gleichstellung von Mann und Frau in allen Lebensbereichen nicht erzielt wird, wird sich das vielfache Leid in der Welt noch weiter fortsetzen. Einen Ausgangspunkt bildet hier, dass die Frauen sich über ihr Selbstverständnis bewusst werden, da sie selbst diejenigen sind, die die Hälfte der Weltbevölkerung darstellen, die den größten Anteil an der Erziehung der kommenden Generation innehaben. Seiner diesbezüglichen Verantwortung sollte sich jedes einzelne Individuum im Klaren sein.

Während seiner Grundschulzeit hat Kemal nach dem Unterricht den Hort besucht. In der Türkei ist er noch vor Erreichen des schulpflichtigen Alters in die Schule gekommen, wo er bis zur fünften Klasse zur Schule gegangen ist. In Deutschland angekommen aber, wurde er in die dritte Klasse eingestuft. Zum einen, weil er so jung war, zum anderen, weil er noch kein Deutsch sprach. Von der fünften bis zur zehnten Klasse besuchte er die Gesamtschule und wechselte anschließend auf das dreijährige Wirtschaftsgymnasium, dass er mit dem Abitur abschloss. Ohne Unterbrechung nahm er danach sein Jurastudium an der Universität auf, wo er derzeit im zehnten Semester studiert und sich auf die Abschlussprüfungen vorbereitet.
An sämtlichen Klassenfahrten hat er teilgenommen.
Er selbst hat aufgrund seiner ausländischen Herkunft keine Ablehnung erfahren, wohl aber von Anderen davon gehört.
Trotz mangelnder Deutschkenntnisse hat die Mutter stets die Elternabende besucht, aber nie Aufgaben oder Ämter übernommen. Wie hätte sie auch?! Eine Mutter, die der Hausarbeit eine große Bedeutung zumaß, noch dazu drei kleine Kinder aufzog, die Kinder und den Ehemann versorgte und die tägliche Fahrt zum Flughafen auf sich nahm, um dort täglich

acht bis zehn Stunden zu arbeiten. Trotzdem ist sie zu den Elternabenden gegangen.
Den Beitrag des Vaters will ich hier in keiner Weise unterschlagen, doch bin ich der Ansicht, dass der selbstlose Einsatz der Mutter letztlich den Fortbestand eines funktionierenden Familienlebens gewährleistet hat, aus dem den Kindern ihr jetziger Stand ermöglicht wurde. Hätte sie aber zusätzlich noch daraufhin gewirkt, dass auch im Haushalt eine gerechtere Arbeitsteilung erzielt wäre, hätte sie es selbst wesentlich leichter gehabt und sich nicht dermaßen aufgerieben. Auch die Söhne wären im Haushalt erfolgreicher. Kemal sagt zwar, dass seine Mutter mit seinen praktischen Fähigkeiten nicht so zufrieden ist, aber vielleicht sind sie sogar besser, als man meint?!
Über seine nicht-türkischen Freunde und das Thema Ausgaben sagt Kemal:
„Ich habe auch Freunde aus anderen Nationalitäten – wenn auch nicht so viele. Natürlich bestehen bei den Ausgaben Unterschiede. Wenn wir mit Freunden unterwegs sind und Essen gehen, bezahlen wir immer für alle zusammen. Sie aber verhalten sich eher ichbezogen und zahlen nicht einmal für ihre Freundinnen mit. Unterschiede bestehen in vielen anderen Bereichen auch. Die Deutschen sind diszipliniert, wir dagegen sozial. Bei uns unterstützt man sich gegenseitig und solidarisiert sich. Ein Deutscher hilft einem nur, solange die spezielle Angelegenheit keinen Einfluss auf seinen Bereich hat. Ansonsten hört man ein \`keine Zeit´. Sie sind so kühl. Wir dagegen sind warmherziger. Selbst ihre Freundschaften unterliegen Regeln.
Zum Thema Vergleich seiner eigenen Familie mit deutschen Familien sagt er:
„Natürlich habe ich sie häufiger verglichen, als ich noch jünger war. Wenn ich mal meine deutschen Freunde zu Hause besucht habe, gab es nie Essen. Man hat sich etwas aufs Brot geschmiert gegessen. Auch ihre Beziehungen untereinander waren nicht so familiär, wie bei uns."

Ich frage ihn nach einem prägnanten Erlebnis mit Deutschen. Kemal antwortet, dass er eigentlich von vielen Begegnungen erzählen könnte und fährt fort:
„Ich habe einen Freund, der auch Jura studiert. Er ist komplett anders, als alle anderen Deutschen, die ich kenne. Er ist der sympathischste Deutsche, dem ich je begegnet bin. Deswegen musste ich jetzt an ihn denken. In meiner ersten Zeit an der Universität hat er mir sehr geholfen. Wenn ich die anderen Deutschen mal nach etwas gefragt habe, erhielt ich meist Antworten, wie von einer Behörde, während dieser Kommilitone immer sehr offen war und mir immer geholfen hat."
Als ich ihn frage, ob er manchmal auch Selbstkritik übt, sagt er:
„Ich habe ein Problem damit, mich selbst zu disziplinieren. Ich könnte disziplinierter arbeiten. Vermutlich hängt das auch mit meiner Erziehung zusammen. Meine Eltern habe keine höhere Ausbildung. Die Deutschen sind einfach disziplinierter. Wenn man gewisse Dinge nicht von klein auf lernt, fällt es einem später umso schwerer, sich etwas anzueignen."

In diesem Moment entsinne ich mich eines Vorfalls, den ich voller Verwunderung in einem Geschäft beobachtet hatte. Auch Kemal erzähle ich davon. An der Kasse vor mir wartete eine Frau in Begleitung ihres etwa dreijährigen Sohnes. Während wir dort warteten, nahm das Kind einen Schokoriegel aus dem Regal neben der Kasse und fragte seine Mutter leise, ob es den haben dürfe. Die Mutter verneinte. Mit ruhiger Stimme wiederholte dieser kleine dreijährige Junge drei Mal seinen Wunsch und ebenso ruhig antwortete die Mutter jedes Mal mit „Nein". Ohne Widerrede legte das Kind daraufhin den Schokoriegel in das Regal zurück. Die Mutter hatte ihm diesen Schokoriegel im Wert von höchstens 30 Cent nicht gekauft. Es war ganz offensichtlich, dass es ihr dabei nicht um den Betrag, sondern ums Prinzip gegangen war. Weder hatte das Kind geschrieen, noch geweint oder eine sonstige negative Reaktion gezeigt. Es hatte einfach völlig ruhig letztendlich die Antwort akzeptiert. Die ganze Szene über hatte ich hinter der Mutter mit ihrem Sohn gestanden und ihren Dialog beobachtet. Wir hätten bei dem Wunsch des Kindes sofort nachgegeben, bzw. wären anderenfalls laut geworden und hätten mit ihm geschimpft. Das Kind wiederum hätte geweint, gebrüllt bzw. sich letztendlich zu Boden geworfen, bis die Mutter sich gezwungen gefühlt hätte, den Schokoriegel zu kaufen. Tatsächlich ist es doch unser Mangel an Standfestigkeit und Prinzipientreue, die unsere Kinder teilweise dazu verleitet, sich dermaßen zu verhalten. Kemal vermutet als Grund für seinen Mangel an Disziplin den Mangel an Bildung auf Seiten seiner Eltern. Ich selbst aber kann sagen, dass solche Erziehungsfehler durchaus auch in Familien mit Akademikerhintergrund vorkommen, wo die Kinder sich noch viel undisziplinierter verhalten.

Obwohl Kemal seine Berufswahl bereits getroffen hat, frage ich ihn, wie er seine berufliche Zukunft sieht.
„Es zeichnet sich ab, dass ich Rechtsanwalt werde, aber wie und wo ich arbeiten werde, steht noch nicht fest. Nach Abschluss meines Studiums möchte ich zunächst ein Angestelltenverhältnis eingehen. Ich habe Bekannte in einigen der großen Gewerkschaftsverbände und werde über diese Kontakte versuchen, dort eine Anstellung zu bekommen. Sie zahlen auch nicht schlecht. Momentan neige ich nicht dazu, sofort eine eigene Kanzlei zu eröffnen."
Ich frage ihn, wohin er sich zugehörig fühlt.
„Ich bin Kurde. Ich bin kein Nationalist, aber ich bin dennoch ein aus der Türkei stammender Kurde. Ich schließe aus, dass diese Identität mein ganzes Leben prägt. Dass ich in Deutschland lebe, fasse ich als Vorteil auf, denn das ist hier einfach das angenehmste Land der Welt."
Wir reden nun über das Thema, ob in seiner Familie Mädchen und Jungen unterschiedlich behandelt werden.
„Unterschiede gibt es, wenn auch in geringerem Ausmaß, als in anderen Familien. Punkte wie Heirat, Ausgehen oder Arbeit sind immer problematisch. Die Familien problematisieren immer die Mädchen. Die wiederum haben viele Probleme mit ihren

Familien. Ein Mädchen kann nicht einfach jemanden heiraten, den es sich aussucht oder arbeiten, wo es will."
Über dic Wahl seiner zukünftigen Ehegattin sagt Kemal:
„Sie sollte aus der Türkei stammen und Türkin oder Kurdin sein. Türkisch sollte sie aber schon sprechen können, denn sonst würde ich mich nicht wohl fühlen."

An dieser Stelle möchte ich einige Worte über die türkisch-kurdische Freundschaft anfügen. Als Kemal seine Priorität über seine zukünftige Ehegattin äußerte kam mir in den Sinn, dass viele Deutsche eine eher negative Meinung von den Beziehungen unter Türken und Kurden haben und nicht nachvollziehen können, dass diese beiden Völker über viele Jahrhunderte miteinander gelebt haben. Spannungen hat es gegeben, allerdings nie unter der Bevölkerung selbst. Unter den beiden Völkern selbst, deren Kultur gleich und geradezu untrennbar ist, gibt und gab es zahlreiche Eheschließungen; eine enge Beziehung entstand. Allen Provokationen und aller Hetze zum Trotz leben Türken und Kurden in zahlreichen Großstädten der Türkei friedlich miteinander und lehnen es ab, gegeneinander zu kämpfen. Hätten die Intrigen, die zwischen diesen beiden Völkern in den letzten Jahren gesponnen wurden, anderenorts stattgefunden, wäre es zu einem nicht enden wollenden Blutvergießen gekommen. In der Türkei aber sind die Angehörigen beider Volksgruppen sehr resistent gegen Aufwiegelungen geblieben, haben sich nicht beeinflussen lassen und leben heute friedlich miteinander.
Es muss im Jahr 1995 gewesen, also in einer Phase, in der der Terror seinen damaligen Hochpunkt erreicht hatte, als einer meiner Angehörigen in einem Krankenhaus in Ankara behandelt wurde und plötzlich dringend eine Bluttransfusion benötigt wurde. Zwei kurdischstämmige Beamte hatten von dem entsprechenden Aufruf gehört und waren umgehend ins Krankenhaus geeilt, um Blut zu spenden, da ihre Blutgruppe gefragt war. Sie hatten hierfür auf ihre Mittagspause und Freizeit verzichtet. Zur gleichen Zeit wurde eine Blutspende für einen im gleichen Krankenzimmer liegenden Patienten, der aus Diyarbakır

stammte, notwendig. Daraufhin gaben die Kinder meines dort liegenden Angehörigen ohne zu zögern eine Blutspende ab, da sie die passende Blutgruppe hatten. Als ich hier meinen deutschen Freunden von dieser Begebenheit erzählte, konnten sie mir kaum glauben, doch Kemals Äußerung ist ein weiterer Beleg dessen, was ich zu erklären versuche. Also warum noch viele Worte verlieren?

Neben Deutsch spricht Kemal ein exzellentes Türkisch. Ich vermute, dass er auch Kurdisch spricht, doch – aus welchem Grund auch immer – erwähnt er es nicht und ich vergesse, danach zu fragen. Vermutlich geht dieser Punkt unter, weil er sein Englisch thematisiert.

„Englisch ist sehr wichtig, aber da ich kaum Möglichkeit habe, das Gelernte anzuwenden, ist mein Englisch nicht so gut. Um es zu verbessern, müsste ich eigentlich nach England fahren" erklärt er hierzu und äußert seine Unzufriedenheit.

Voller Selbstvertrauen sagt er, dass er positiv in die Zukunft sieht und keinerlei Zukunftsängste hegt.

Was seine Erwartungen an die Erwachsenen und die Entscheidungsträger anbelangt:

„Die Erwachsenen sollten den Jugendlichen vertrauen, anstatt sie ihrer eigenen Ängste wegen einzuengen" sagt er.

Zum Vergleich zwischen der Türkei und Deutschland denkt Kemal:

„Deutschland ist demokratischer, während es in der Türkei viele Probleme gibt. Jeder, der dort eine Uniform trägt, hält sich für etwas Besonderes. Selbst im Urlaub bekommen wir das zu spüren; man hat geradezu Angst, einem Polizisten eine einfache Frage zu stellen. Hier ist es doch ganz anders: man wird sogar laut und nichts geschieht. In vielerlei Hinsicht – sei es in wirtschaftlicher oder sozialer – ist Deutschland einfach weiter entwickelt."

Über die globalen Entwicklungen sagt er:

„Manches in der Welt läuft grundlegend falsch, wie zum Beispiel der Krieg gegen den Irak, der aufgrund des Terrorvorwurfs eröffnet wurde. Dabei ist noch nicht einmal bewiesen, wer eigentlich den Terror begangen haben soll. Positiv sehe ich aber, dass die Informationstechnologie immer weiter voranschreitet und dass dadurch die Menschen auf der ganzen Welt besser aufgeklärt und informiert werden können."

Kemals positiver Meinung über Fortschritte in der Informations- und Kommunikationstechnologie schließe ich mich an, habe aber dennoch meine eigenen Befürchtungen, die ich nicht ausklammern kann. Wird dadurch, dass Nachrichten von Unglück und Elend in einem rasanten Tempo in der ganzen Welt verfügbar werden, das Glück der Menschen nicht enorm überschattet? Legt sich etwa nicht allabendlich, wenn wir die Nachrichten im Fernsehen verfolgen, ein schwarzer Schatten über uns, der uns die Lebensfreude nimmt? Den Fluss können wir natürlich nicht gegen seinen eigenen Strom leiten, doch beim Anblick des Elends in der Welt wünschte ich manchmal, es gebe diesen Fortschritt nicht.

Aus unerfindlichen Gründen habe ich bei solch jungen Menschen Beklemmungen, das Thema Drogen anzusprechen. Doch als jemand, der schon so oft gehört hat, dass diese die Menschheit bedrohende Plage in allen Bevölkerungsschichten präsent ist, fasse ich mir dennoch ein Herz und frage Kemal nach seiner Meinung.

„Unter meinen Bekannten gab es schon Alkoholiker und auch jemanden, der Drogen nahm, doch jetzt ist er in Behandlung. Meistens sind Jugendliche betroffen, deren Familien sich nicht genug um sie kümmern oder die einen anderen Lebensstil oder eine andere Art zu leben vorziehen. An der Schule haben 80 Prozent Drogen genommen. An der Universität sind es aber nicht so viele."

„Bist Du je in die Moschee gegangen?" frage ich.

„Ich bin Alevit", antwortet Kemal, „war aber einmal bei einem `Cem´."

Ich frage ihn, wie es mit Büchern und Zeitungen aussieht.

„Zeitungen und Bücher lese ich und sehe auch fern, aber alles quer Beet. Ich nutze verschiedene Informationsquellen, um mich auf dem Laufenden zu halten und versuche alles Verfügbare zu beziehen."

Kemals Ansicht nach ist es für einen jungen Menschen in seiner Situation selbstverständlich, alle erdenklichen Möglichkeiten zu nutzen.

Abschließend stelle ich ihm die Frage, die andere Jugendliche vorgeschlagen hatten, nämlich, ob er im Leben zwischen zwei Kulturen je mit Schwierigkeiten konfrontiert war:

„Nein, denn ich weiß, wie ich mich unter Menschen aus der Türkei zu verhalten habe, und wie ich mich unter Deutschen zu verhalten habe. Deswegen erlebe ich auch keine Schwierigkeiten."

Ich bin erfreut, einen jungen Menschen getroffen zu haben, der eine positive Entwicklung gemacht hat und wünsche Kemal weiterhin viel Erfolg.

Özlem B. beklagt sich, „Ich erwarte von den Erwachsenen, dass sie keinen Druck auf die Jugendlichen ausüben, sondern ihnen stattdessen Verständnis entgegenbringen und ihnen Orientierung geben.“

Özlem wurde 1989 in Hamburg geboren.
„Aus unserer Familie ist mein Großvater seinerzeit erst nach Österreich und von dort aus nach Deutschland gekommen. Er hat sehr viel geraucht, daher wurde ihm eine Niere entnommen. Heute ist er Rentner. Später ist meine Großmutter nachgekommen. Beide leben hier. Sie leben abwechselnd sechs Monate im Jahr in der Türkei und hier.“
Die Eltern sind beide 38 Jahre alt und haben in der Türkei die Grundschule besucht. Sie kamen nach Deutschland und haben hier Deutsch gelernt. Der Vater arbeitet in den Philips Werken. Die Mutter hat als Reinigungskraft gearbeitet, ist jetzt aber arbeitslos.
„Teilst Du Dir die Hausarbeit mit Deinem Vater?“ frage ich.
„Wenn meine Mutter bei der Arbeit ist und es meinem Vater gesagt hat, übernimmt er das Staubsaugen. Darüber hinaus macht er zwar nichts, aber wenn man ihn fragt, sagt er immer, dass er alles erledigt. Gut, er bereitet sich selbst etwas zu essen zu, aber Dinge wie Aufräumen, Wäsche oder Bügeln macht er nicht. Ich selbst arbeite schon im Haushalt, wenn ich Freizeit habe.“
Ihre Freundin ist beim Gespräch anwesend und beteiligt sich: „Mein Vater kann ganz toll das Frühstück zubereiten.“
Da sie keinen Kindergartenplatz bekam, hat sie in der Vorschule Deutsch gelernt. Die vierjährige Grundschule hat sie im selben Stadtteil, aber an einer anderen Schule absolviert. Da es danach keine weiterführenden Klassen gab, wechselte sie an ihre jetzige Schule.
Bis heute hat sie aufgrund ihrer ausländischen Abstammung keine Ablehnung erfahren.
Ich frage sie, ob ihre Eltern die Elternabende besucht haben.

„Zu den Elternabenden geht meistens mein Vater, weil er besser Deutsch spricht. Meine Mutter geht meist nicht mit, da sie kein Deutsch spricht. Aufgaben haben die beiden nicht übernommen."
Özlem berichtet weiter: „Meine Mutter hat eigentlich weiter zur Schule gehen wollen, aber mein Großvater ist damals dagegen gewesen. Die Eltern meiner Mutter haben auch hier gelebt, aber inzwischen kommen sie nur für Arztbesuche und medizinische Untersuchungen nach Deutschland. Heute leben sie überwiegend in der Türkei."
Über das Geld ausgeben hat Özlem eine gesonderte Meinung und ich merke an, dass ich diese Auffassung erstmalig von ihr vernehme.
„Ich habe deutsche Freunde und solche, die anderer Nationalität sind. Deutsche Familien geben ihren Kindern mehr Taschengeld. Wenn die Kinder 50,- Euro verlangen, dann bekommen sie auch das Geld, obwohl das ziemlich viel ist. Ich selbst bekomme zwar keinen bestimmten Betrag als Taschengeld, aber immer wenn ich Geld brauche, bekomme ich den gewünschten Betrag."
Zwischen Türken und Deutsch stellt sie auch weitere Unterschiede fest und meint, dass deutsche Kinder mehr Freiheiten haben, als türkische. Die türkischen Familien würden mehr Druck auf ihre Kinder ausüben.
An ein in positiver oder negativer Weise besonders beeindruckendes Erlebnis kann sie sich nicht erinnern.
Auch Özlem bereut, sich früher nicht intensiver auf die Schule konzentriert zu haben.
„Eigentlich habe ich sogar in diesem Jahr die Schule vernachlässigt. Ich wünschte, ich hätte mehr getan, dann wäre jetzt vieles besser. Früher wollte ich in der Apotheke arbeiten, aber nach dem Praktikum zwischen all den Medikamenten habe ich es mir anders überlegt. Heute geht mein Berufswunsch eher in Richtung Bankkauffrau. Da ich meine eigene Sprache lieber mag, würde ich am liebsten in einer türkischen Bank arbeiten."
Das sagt Özlem, die hier der dritten Generation angehört.
„Wohin fühlst Du Dich zugehörig?"

„Eigentlich fühle ich mich als Türkin, aber nicht, wenn ich in der Türkei bin. In der Türkei merkt man uns sofort an, dass wir aus Deutschland kommen und verhält sich dann anders uns gegenüber. Wenn ich etwas kaufen will, nennt man gleich den doppelten Preis. In der Türkei werden wir wie Deutsche und hier wie Türken behandelt.“ Damit bringt Özlem zum Ausdruck, wie sie sowohl in der Türkei, als auch hier auf Ablehnung stößt.

Von dieser Realität ist leider nicht nur Özlem betroffen. Vielmehr werden ähnliche Beschwerden in nahezu allen Bereichen der Gesellschaft hervorgebracht. Die in Deutschland lebenden Türken sind dem Phänomen ausgesetzt, in der Türkei ebenso wie in Deutschland als Fremde zu gelten. Diese einander völlig fremden Jugendlichen, die überwiegend der hier lebenden dritten Generation angehören, äußern sich in diesem Punkt unisono.

Von ihren Beobachtungen der ungleichen Behandlung von Mädchen und Jungen in ihrer Familie und in ihrem Bekanntenkreis erzählt Özlem, „Meine Eltern wollen zwar, dass ich eine gute Ausbildung erhalte, verhalten sich aber zu meinem jüngeren Bruder ganz anders, als zu mir. Mein Bruder darf viel öfter und länger ausgehen als ich, obwohl er jünger ist.“

Über Eheschließung äußert sie sich ganz entschlossen:

„Ich werde mal einen Türken heiraten und keinen, der eine andere Nationalität hat.“

Zu den Sprachen, die sie beherrscht, sagt sie, dass ihr Türkisch – im Gegensatz zu ihrem Deutsch – sehr gut sei. Außerdem spreche sie noch ein wenig Englisch.

In die Zukunft blickt sie nicht sonderlich optimistisch.

„Für mich als Jugendliche sieht die Zukunft nicht rosig aus. Alle möglichen Dinge wie Alkohol, Zigaretten, Ausreißen von zu Hause, Streit mit der eigenen Familie machen mir Angst. Hoffentlich werde ich mein Ziel, in einer Bank zu arbeiten, mal erreichen, denn dann kann ich tun, was ich will. Leider sind aber auch die Chancen für junge Leute, einen Arbeitsplatz zu finden, nicht so gut.“

Von den Erwachsenen erwartet sie:

„Sie sollten den Jugendlichen mit mehr Respekt und Verständnis begegnen, anstatt ständig Druck auf sie auszuüben. Und natürlich möchte ich, dass sie uns Orientierung geben."
Der Vergleich zwischen der Türkei und Deutschland fällt bei Özlem so aus:
„In der Türkei gibt es keine Menschlichkeit und auch keine Arbeit. Für uns ist es nur ein Urlaubsland. Im Urlaub fahren wir ins Dorf am Schwarzen Meer und an verschiedene andere Orte. In der Türkei gibt es so viele arme Leute, viel mehr als hierzulande. Denn hier versorgt der Staat die armen Leute, so dass sie sich z.B. auch ärztlich versorgen lassen können. Wenn ich sage, dass es in der Türkei keine Menschlichkeit gibt, dann meine ich damit, dass die Polizisten dort Gewalt anwenden. Im Fernsehen haben Sie ja bestimmt auch gesehen, wie sie auf Schüler eingeschlagen haben."
Wir gehen über zu den Vorgängen in der Welt.
„Da bin ich pessimistisch" sagt sie und fährt fort: „Ich bin absolut gegen Bush und gegen die Politik der USA." Als sie sagt, sie habe keine gute politische Meinung, meint sie eigentlich, dass sie sich mit Politik nicht besonders gut auskennt. Dennoch führt sie weiter aus, dass alle Politiker gleich seien und dass es in der Welt nicht leicht sei, etwas zu bewirken.
Sie berichtet, dass es in ihre Bekanntenkreis Personen gebe, die Drogen nehmen.
„Die, die ich kenne und die Drogen nehmen sind alles Jungen. Mädchen, die Drogen nehmen, kenne ich nicht und würde mich auch nicht mit ihnen anfreunden. Meistens sind es Jugendliche, die entweder keine Familie haben, die von ihren Eltern unterdrückt werden oder mit ihnen Schwierigkeiten haben oder aber zu Hause geschlagen werden. Im Freundeskreis, wo man es vielleicht einmal ausprobieren will, fängt es dann an mit den Drogen und geht so weiter."
Özlem berichtet, dass ihre Eltern sie nicht daran hindern, an Ausflügen teilzunehmen oder zum Schwimmen zu gehen. Gleichzeitig geht sie aber auch in die Moschee und hat den Koran schon einmal bis zum Ende gelesen.

„Ich bin zwar gläubig, bedecke mich aber nur im Winter. Im Sommer bin ich nicht bedeckt. Das ist einfach ein Gefühl, das von innen kommt“ äußert sie hierzu ihre Meinung.

„Als ich einmal Marihuana probiert hatte, hatte mein älterer Bruder das gemerkt und mir mit so einer Wucht eine Ohrfeige verpasst, dass ich beinahe ohnmächtig geworden wäre.“ sagt Ibrahim G.

Ibrahim wurde 1978 in Hamburg geboren. Seine heute 49jährige Mutter war als Reinigungskraft beschäftigt. Der 56jährige Vater war in einem Pharmaunternehmen beschäftigt. Ibrahim ist der Dritte von vier Geschwistern. Die Eltern erhalten eine Schwerbehindertenrente und leben überwiegend in der Türkei. Nur einmal im Jahr reisen sie nach Deutschland ein, um ihren Aufenthaltsanspruch nicht verfallen zu lassen.
Ich mache weiter mit meiner Frage nach der Aufgabenverteilung im Haushalt.
„Früher hat mein Vater meiner Mutter nie im Haushalt geholfen. Wie es heute ist weiß ich nicht. Abgesehen davon, dass ich mein Bett aufräume, habe ich selbst im Haushalt nicht so viel zu tun.“
Da Ibrahim mit seinen Geschwistern zusammenlebt, gehe ich davon aus, dass der Haushalt von der älteren Schwester geführt wird.
Eine Kindertagesstätte hat Ibrahim nie besucht und Deutsch erst in der Vorschule gelernt.
Obwohl Ibrahim nach dem Hauptschulabschluss Sanitärinstallateur gelernt hat, ist er heute arbeitslos und auf der Suche nach einer neuen Anstellung.

Während seinerzeit in Deutschland selbst nicht ausgebildete ausländische Arbeitskräfte händeringend gesucht wurden, finden heute bei über 4,5 Millionen Arbeitslosen nicht einmal ausgebildete Fachkräfte eine Arbeitsstelle. Darüber hinaus werden von der Regierung Kürzungen in allen Bereichen vollzogen. Hinzu kommt, dass die die Arbeitslosen und die Jugend in diesem Land dem in den Medien dargestellten luxuriösen Leben nacheifern. Die Jugendkriminalitätszahlen steigen ins Unermessliche. Jeden Tag hören wir von neuen Terrorakten in der Welt. Obwohl man uns weismachen will, dass die Terroranschläge kulturellen Konflikten entspringen, so ist doch allgemein bekannt, dass die Hauptgründe vielfältig sind und überwiegend in der Arbeitslosigkeit und ungerechten Verteilung wirtschaftlicher Ressourcen entspringen. Auch vor unschuldigen und völlig unbeteiligten Menschen macht der Terror nicht halt und fügt ihnen unsägliches Leid zu, indem er alles niederbrennt und zerstört, was sich ihm in den Weg stellt. Sollten die Entscheidungsträger in der heutigen immer weiter zusammenwachsenden Welt es nicht bewerkstelligen, dieser destruktiven Entwicklung Einhalt zu gebieten, dann werden sie selbst in Zukunft das Leid ertragen müssen, dem heute andere Menschen ausgesetzt sind. Es ist ein aussichtsloses Unterfangen, diesen Unwägbarkeiten ausweichen zu wollen, denn früher oder später wird jeder damit konfrontiert werden. Welche Perspektive hat die arbeitslose Jugend? Ohne Arbeit, ohne Perspektive, aber auf der anderen Seite ständig eine im Luxus schwelgende Minderheit vor Augen. Um den drohenden Ansturm der Armen, der Entrechteten bewältigen zu können, gilt es, heute die notwendigen Maßnahmen zu treffen.

In der Schule hat Ibrahim aufgrund seiner ausländischen Abstammung keine Ablehnung erfahren, wohl aber während eines Aufenthaltes in der ostdeutschen Stadt Schwerin.
„Die Skinheads hätten uns beinahe zusammengeschlagen, da sind wir weggelaufen."

In Deutschland lässt sich parallel zum Anstieg der Arbeitslosigkeit auch ein Anstieg rechtsradikaler Tendenzen und der Ausländerfeindlichkeit beobachten. Ständig wird suggeriert, dass Ausländer die Verantwortung für die Arbeitslosigkeit trügen. Die Arbeitslosigkeit wird zu Lasten der Ausländer instrumentalisiert.
Dabei ist es doch eine allgemein bekannte Tatsache, dass kaum ein Deutscher bereit ist, die von Ausländern gemachten Arbeiten auszuführen.

Bezüglich der Elternabende sagt Ibrahim:

„Meist kamen mein älterer Bruder oder meine ältere Schwester, da sie besser Deutsch sprechen."
In vielen Familien ist es so, dass ältere Geschwister die Aufgaben der Eltern in Bezug auf jüngere Geschwister übernehmen, sobald sie besser Deutsch sprechen. Häufig kommt es auch vor, dass Deutsch sprechende Nachbarn oder weitere Verwandte hierfür herangezogen werden. Diese Form der auf Gegenseitigkeit basierender Unterstützung wird insbesondere bei Schulangelegenheiten, Behördengängen und Arztbesuchen notwendig.
Ibrahims Meinung in Bezug auf Freundschaften mit Deutschen ähnelt der vieler anderer türkischer Jugendlicher:
„Deutsche Freunde habe ich viele, aber wenn wir uns begegnen grüßen wir nur kurz und haben nicht besonders viel miteinander zu tun. Meistens bin ich mit meinen türkischen Freunden unterwegs und treffe mich mit ihnen."
Ob er seine eigene Familie mit deutschen Familien vergleicht, frage ich.
„Ich habe ja keine Familie, die ich vergleichen könnte."

Diese Antwort von Ibrahim versetzt mich um viele Jahre zurück. Vor zwanzig, dreißig Jahren hatten viele Gastarbeiter ihre Ehefrauen und Kinder in der Türkei zurückgelassen und waren nach Deutschland gekommen. Zu ihnen kommen diejenigen, die erst spät Kinder bekamen und heute – nachdem sie in Rente gegangen sind – ihre Kinder in Deutschland zurücklassen und in die Türkei zurückkehren. Einmal mehr sind Kinder dazu verurteilt ohne ihre Familien in Sehnsucht aufzuwachsen. Die Zahl der in dieser Weise lebenden Jugendlichen, ja sogar der Ehegatten, ist nicht zu unterschätzen! Es ist, als würde man keinerlei Lehren aus der Vergangenheit ziehen. Immer wieder werden Fehler wiederholt, von denen wir in der Vergangenheit so oft gehört und gelesen haben und die letztendlich viele Familien auseinander gerissen haben.

Ich frage Ibrahim, ob er von einem besonders prägnanten Vorfall mit Deutschen berichten kann und er gibt ein für ihn typisches Ereignis wieder:
„In Schwerin hatte ich einen Arbeitskollegen, der mich halb im Scherz regelrecht verprügelte. Das hatte unheimlich gestört."
„Was sagst Du zum Thema Selbstkritik?"
„Rückblickend wünschte ich, ich hätte mich in der Schule mehr angestrengt und einen besseren Beruf erlernt. Ich habe zwar einen Abschluss, der mir aber nichts bringt. Als ich noch in der Schule war, haben die Erwachsenen mich immer ermahnt, mich mehr anzustrengen und mehr zu lernen, doch ich hatte meist nur Unsinn im Kopf und habe nicht gelernt. Das bereue ich heute sehr."

Ibrahim schildert anschaulich, dass späte Reue vergebens ist und übermittelt den heutigen Jugendlichen damit eine wichtige Botschaft. Beizeiten geleisteter Einsatz zahlt sich später aus und ruft dann auch keine Reue hervor. Alles hat seine Zeit. Seid alle aufgerufen, in der Schule, in der Ausbildung und im späteren Berufsleben die anstehenden Aufgaben beizeiten zu erledigen. Nur so könnt ihr es vermeiden, Euch später Vorwürfe zu machen.

Nun frage ich ihn, welches seine Berufswünsche sind.
„Ich würde gerne einen Job bei der Firma Airbus DASA bekommen, wo auch einer meiner Freunde eingestellt wurde. Das ist ein großes Unternehmen, das auch gut zahlt. Auch schwere Arbeit würde ich nicht scheuen. Seit einem Jahr bewerbe ich mich jeden Monat neu auf verschiedene Arbeitsanzeigen, wie es mir ein Berufsberater bei der Arbeitsagentur empfohlen hatte."
Bezüglich der Identitätsfrage sagt Ibrahim, dass er sich als Deutsch-Türke sieht.
In Bezug auf die Ungleichbehandlung von Mädchen und Jungen berichtet Ibrahim, „Das gibt es bestimmt. Beispielsweise durfte meine ältere Schwester nicht auf Klassenfahrten mitfahren, während wir Jungs das schon durften."

Über seine zukünftige Ehefrau sagt er ohne zu zögern, dass sie Türkin und Muslimin sein müsse.
Er bezeichnet sein Türkisch als gut und sein Deutsch als noch besser. Außerdem spreche er noch ein wenig Englisch.
Bezüglich seiner Zukunftsperspektiven erzählt er, „Ich sehe nicht so positiv in die Zukunft, da es keine guten Jobaussichten gibt. Mein Vater setzt mich auch unter Druck und sagt immer, dass ich das heiratsfähige Alter erreicht hätte." Ihm ist dabei deutlich anzumerken, dass ihm Unwohl ist angesichts seiner eigenen Erwartungen und des familiären Drucks.

Immer wieder fällt es mir schwer, ein solches Verhalten nachzuvollziehen, denn es ist überflüssig einen jungen Menschen zu bedrängen, der ohnehin in einer schwierigen Lage ist. Vorrangiges sollte doch sein, dass dieser junge Mann zunächst seine berufliche Perspektive regelt. Sollte er dann noch jemanden kennen lernen, mit dem er sich gut versteht, dann wird sich die Heiratsfrage schon von alleine regeln. Eine Ehe wird wohl kaum glücklich verlaufen, solange man kein Einkommen erzielt, um sich den Lebensunterhalt zu sichern. Auch den richtigen Ehepartner zu finden ist keine einfache Sache, trifft man doch ständig junge Leute an, die mit dem erstbesten verheiratet wurden und nun unglücklich sind. Leider gibt es aber immer noch bornierte Köpfe, die solche Fehlentscheidungen nicht wahrhaben wollen.

Seine vorrangigsten Erwartungen an die Entscheidungsträger, die er als arbeitssuchender junger Mann vorbringt, sind nur allzu nachvollziehbar:
„Es sollten mehr Arbeitsplätze geschaffen werden."
Auf den Vergleich zwischen der Türkei und Deutschland geht Ibrahim kurz wie folgt ein:
„Deutschland ist viel weiter entwickelt. Die Türkei ist zurückgeblieben und erscheint auch so. Deutschland ist wesentlich moderner."
Seine Ansichten über Politik und die Welt im Allgemeinen erfrage ich auch:

„Politik interessiert mich nicht“ antwortet er aber.
Nun frage ich ihn über seine Meinung zum Drogenkonsum von Jugendlichen:
„Ich selbst habe Freunde, die Drogen nehmen und zwar in großem Ausmaß. Die haben weder eine schulische, noch berufliche Ausbildung.“
„Hast Du je Drogen genommen?“
„Von den später aus der Türkei gekommenen hatte ich Marihuana bezogen. Mein älterer Bruder hatte das bemerkt und mir mit einer solchen Wucht eine Ohrfeige verpasst, dass ich fast ohnmächtig geworden wäre. Danach habe ich nie wieder etwas genommen. Ich hatte es sowieso nur zum Spaß und aus Neugier ausprobiert. Unter dem Drogeneinfluss, musste ich dauernd lachen, was sehr lustig war. Ich hatte es meinen Freunden nachgemacht, mit denen ich noch heute befreundet bin. Die sagen mir heute, dass ich doch wüsste, dass sie selbst auch aufhören wollten. Ich glaube aber nicht, dass sie aufhören werden. Die nehmen die Drogen, da sie Lust drauf haben.“
„Woher bekommen sie denn das Geld dafür?“ frage ich nach.
„Sie handeln ja gleichzeitig mit Drogen und zwar nicht nur mit Marihuana, sondern auch mit Kokain. Meiner Ansicht nach ist das ein Dreck, der einen selbst auch in den Dreck zieht und ruiniert.“
Da Ibrahim starker Raucher ist, weise ich ihn auch auf die Nachteile des Rauchens hin.
„Rauchen tut jeder, das ist nicht so schlimm“ erhalte ich als Antwort. So als würden die Risiken dadurch gemindert, dass viele Menschen rauchen.

Auf die Ohrfeige möchte ich doch noch einmal eingehen, denn Ibrahim hat sogar mich, die ich stets gegen Gewalt und Schläge eintrete, dazu gebracht mich des alten Sprichworts zu besinnen, `Prügel entstammen dem Paradies´. Die harte Reaktion seines älteren Bruders hat zwar Ibrahim von einem schlimmen Weg abgebracht, wird aber längst nicht bei jedem Jugendlichen die gleiche Wirkung erzielen. Derartiges Fehlverhalten kein nicht durch Schläge verhindert werden. Gewalt und Prügel können niemals Liebe, Respekt und Aufmerksamkeit ersetzen. Neben der erforderlichen Zuneigung und dem Respekt, mit der man den Jugendlichen begegnen sollte, sollte man es auch nicht an Disziplin mangeln lassen. Unter Disziplin meine ich natürlich nicht, dass man die jungen Leute wie Roboter erziehen sollte. Wir alle haben doch sicher schon erlebt, wie ein Übermaß an allem schadet und nicht nützlich ist. Jeder sollte bekommen, was er verdient. Ein gesättigter Mensch wird es nicht zu schätzen wissen, wenn man ihm noch mehr Essen anbietet. „Der Satte wird den Hungrigen nicht verstehen“ sagt man. Die meisten Probleme haben und verursachen diejenigen, die zu wenig Liebe, Aufmerksamkeit, Toleranz und Disziplin erhalten haben. Doch diejenigen, die von ihren Familien vernachlässigt werden, erleben in ihrem Umfeld die gleichen Anpassungsschwierigkeiten, wie diejenigen, die mit Zuneigung und Aufmerksamkeit geradezu erdrückt werden. Immer wieder sehen wir, wie diese Menschen später keine innere Ruhe finden und auch ihr soziales Umfeld beeinträchtigen. Wir begnügen uns dann mit unseren entsprechenden Kommentaren wie, „seine Familie hat ihn zu sehr verhätschelt und jetzt trägt er die Konsequenzen“ oder anders „seine Familie hat sich nicht um ihn gekümmert und das hat er jetzt davon“. Einmal wieder zeigt uns das, dass die Erwachsenen und Entscheidungsträger sich ihrer wichtigen Aufgaben und Verantwortung in der Erziehungsarbeit bewusst sein müssen. Nur so kann es gelingen, die Zukunft der Jugendlichen erfolgreich zu gestalten. Ein wichtiger Teil dessen ist es auch, jungen Menschen schon früh Verantwortung zu geben. Anderenfalls werden sich die heute bereits bestehenden Probleme vervielfachen und verstärken.

Ibrahim hat an Klassenfahrten teilgenommen.
„In die Moschee gehe ich immer freitags. Als ich klein war, wurde ich immer zum Korankurs geschickt, obwohl ich es eigentlich nicht wollte. Deswegen bin ich auch immer heimlich weggelaufen.“
Wir kommen nun auf das Thema stehlen zu sprechen.

„Als ich klein war, habe ich mal etwas geklaut. Das waren Kleinigkeiten wie Spielzeug, Schokolade, oder ein Bleistift. Heute mache ich das aber nicht mehr."
„Welche Zeitungen und Bücher liest Du? Welche Fernsehsender siehst Du?"
„Manchmal lese ich Zeitungen. Eine Büchersammlung habe ich nicht und ich lese auch nur selten Bücher. Meistens sehe ich türkisches Fernsehen" sagt er.

Jugendliche, die unter familiären Problemen leiden, erhalten meist keine gute Erziehung oder Schulbildung. Eine mangelnde Bildung wiederum ruft später weitere individuelle Probleme hervor. Somit finden diese Jugendlichen sich in einem Teufelskreis hervor, den sie nur schwer aus eigener Kraft durchbrechen können. Auch hier sind daher die Erwachsenen gefragt. Ich wünsche allen Ibrahims und Jugendlichen, dass relativ kurzfristig die erforderlichen Lebensumstände und Bedingungen geschaffen werden. Wir beenden somit das Gespräch.

Filiz berichtet von der Ablehnung, die ihr widerfuhr: „Du stinkst, weil Du Knoblauchwurst gegessen hast. Du bist hier in Deutschland, also rede Deutsch."

Filiz wurde 1987 in Hamburg geboren.
Ich habe Schwierigkeiten, anhand von Filiz` widersprüchlicher Darstellung nachzuvollziehen, wer aus der Familie als Erstes nach Deutschland kam und vermute, dass sie es selbst nicht so genau weiß.
Zuerst erzählt sie, dass ihre Mutter einst die Schule abbrach, um nach ihrer Heirat nach Deutschland zu gehen. Dann wiederum berichtet sie, ihre Mutter sei diejenige gewesen, die seinerzeit zu Studienzwecken als Erste nach Deutschland gekommen sei.
Die Mutter ist heute 35 und der Vater 42 Jahre alt. Nach vier gemeinsamen Kindern jedoch trennten sich die Eltern. Die Mutter heiratete ein zweites Mal und ließ sich nach mehreren Kindern erneut scheiden. Weder die Mutter, noch der Vater sind derzeit berufstätig.
Filiz berichtet, dass ihre Eltern sich getrennt hätten, als sie drei Jahre alt gewesen sei. Sie selbst sei das dritte von vier Kindern.
Ich kann nicht begreifen, wie es dann zu insgesamt vier Kindern kam, frage aber an dieser Stelle nicht weiter nach.
Filiz fährt zu unserem vorangegangen Thema fort. Mir wird klar, dass vor mir ein junges Mädchen sitzt, das eine Fülle von vielfältigen Problemen mit sich herumschleppen muss. Einerseits möchte sie ihren emotionalen Ballast loswerden, ihn sich von der Seele reden. Auf der anderen Seite hat sie aber Hemmungen offen zu reden, da sie einer ihr fremden Person gegenüber sitzt. Häufig macht sie ausweichende Anmerkungen und begnügt sich mit Andeutungen. Aus diesem Grund fällt auch das Interview teilweise widersprüchlich aus. Ich selbst möchte sie durch meine Fragen nicht zu sehr bedrängen. Daher erzählt sie weiter und bestimmt die Richtung.
„Wir leben bei unserem Vater und haben keinen Kontakt zu unserer Mutter. Keiner von uns möchte etwas mit ihr zu tun haben, denn sie hat uns im Stich gelassen und ist einfach

weggegangen. Gut, sie hat sich mit unserem Vater nicht mehr verstanden, aber trotzdem hätte sie uns doch mitnehmen können. Später hat sie einen Anderen geheiratet, von dem sie auch ein Kind hat. Aber auch ihn hat sie verlassen. Als wir noch klein waren, hat mein Vater den Haushalt erledigt. Jetzt mache ich alles."

Da ich emotional ergriffen bin, fällt es mir offen gesagt schwer, dieses Interview fortzusetzen. Ich frage mich, was das für eine Mutter sein muss, die ihre vier Kinder im Stich lässt, sie allein zurücklässt und einfach fortgeht.

Wir wechseln das Thema.

„Hast Du eine Kindertagesstätte besucht? Warst Du mit auf Klassenfahrten?"

„Ja, im Kindergarten war ich lange Zeit. Ich habe drei Klassenfahrten mitgemacht. Auf Klassenfahrten mochte ich die langen Wanderungen überhaupt nicht. Mit meinen Freunden zusammen zu sein gefiel mir zwar, dafür hatte ich aber Angst auf den Wanderungen, die manchmal über zehn Kilometer gingen. Deswegen wollte ich auch nicht mitfahren."

Seit ihrem Hauptschulabschluss besucht Filiz die Berufsschule und freut sich schon jetzt darauf, in einem Jahr ihren Abschluss als Friseurin zu machen.

Sie berichtet, dass sie aufgrund ihrer ausländischen Abstammung in der Schule häufig mit Ablehnung konfrontiert gewesen ist.

„Sie haben mich geärgert und versucht, mich zu provozieren. Manchmal sagten sie, ich würde stinken, weil ich Knoblauchwurst esse. Wenn ich mich mit meinen Freundinnen auf Türkisch unterhielt, haben die anderen Kinder und auch die Lehrer gesagt, ich solle Deutsch reden, weil wir hier in Deutschland seien. Das hat mich immer gestört."

Filiz erzählt weiter, dass an einigen der Elternabende jemand aus der Familie teilgenommen hätte. Sie sei aber immer sehr traurig gewesen, wenn niemand hingegangen sei.

Sie habe viele deutsche Freunde und auch Freunde anderer Nationalitäten. Aus ihren Schilderungen lässt sich entnehmen, dass sie diese sehr beneiden muss.

„Wenn ich sah, dass sie viel mehr besaßen als wir, habe ich mir immer gewünscht, dass wir auch diese Dinge hätten. Ich wünschte mir immer, dass meine Mutter bei mir ist. Man ist sehr traurig, wenn man keine Mutter hat. Das Wichtigste auf der ganzen Welt ist, eine Mutter zu haben. Einem Menschen ohne Mutter fehlt immer ein großes Stück. Wenn ich sah, wie gut sich Andere mit ihren Müttern verstanden, beneidete ich sie darum und wünschte, ich wäre an ihrer Stelle.“

Was kann ich diesem einfachen Wunsch schon noch hinzufügen? Ich bin betroffen, während ich zuhöre. Als ein Mensch, der selbst in früher Kindheit seine Mutter verloren hat und nie die Liebe einer Mutter erfahren hat, kann ich sie nur zu gut verstehen.
Allerdings ist die Sehnsucht, die in Filiz schlummert, eine etwas andere. Ihre Mutter, nach der sie sich so sehnt, ist am Leben, jedoch für ihre Tochter gestorben. Die Auswirkungen dieser Situation müssen wesentlich verheerender für ein Kind sein. Ich appelliere an alle Mütter in ähnlicher Lage, um keinen Preis und allen Widrigkeiten und Problemen zum Trotz niemals ihr Kind allein zurückzulassen.

Filiz erzählt weiter, dass sie ihre eigene Familie kaum mit deutschen Familien verglichen hat.
„Schließlich sind wir Muslime, sie aber nicht. Deswegen habe ich auch nie Vergleiche gezogen“ sagt sie.
„Aber ein Mensch ist doch ein Mensch“ merke ich an.
„Ich diskriminiere sie nicht, aber sie leben einfach nach anderen Regeln als wir. Wir können uns nicht an ihnen orientieren. Zum Beispiel ist es doch so, dass deren Eltern sich nicht in das Leben ihrer Kinder einmischen. Unsere Eltern dagegen kümmern sich um uns, damit wir nicht auf die schiefe Bahn geraten. Ich persönlich finde das auch normal so.“

Diese Meinung vertritt sie, obwohl sie selbst eigentlich keine Familie hat, die sich in erforderlichem Maß um sich gekümmert hat. So weit ich beobachten kann, zieht sie an dieser Stelle entweder ein Idealbild von einer Familie, oder aber andere Familien in ihrem Bekanntenkreis als Maßstab heran und sehnt sich gleichzeitig danach, dass ihre eigene Familie diesem Bild entspräche. Obwohl ihr die Probleme über den Kopf zu wachsen scheinen, macht sie den Eindruck, als werde sie es schaffen – wenn auch mit großer Mühe - diese schwierige Phase zu überwinden.

„Kommt es vor, dass Du Dich selbst kritisierst?"
„Ich bedaure, dass ich als Kind in der Schule nicht besser war. Gewünscht habe ich mir immer, gut in der Schule zu sein, damit ich später einmal viel Geld verdiene und dann meine Familie unterstützen kann. Das ist mir aber nicht gelungen, weil zu viele Probleme aufgetreten sind und ich mich nicht mehr auf die Schule konzentrieren konnte."
Ich frage nach, welcher Art diese Schwierigkeiten gewesen seien.
„Familiäre Probleme" sagt sie.
„Mit meiner Stiefmutter hatte ich eigentlich ständig Streit. Mein Vater hat dann mit mir geschimpft, obwohl ich keine Schuld hatte. Dann hat meine Stiefmutter noch ein Kind bekommen und ich musste den gesamten Haushalt übernehmen. Mein Stiefbruder ist heute zehn Jahre alt und mein Vater hat sich auch von meiner Stiefmutter getrennt. Heute lebe ich mit meiner jüngeren Schwester bei Tante Nurten, die eine frühere Nachbarin meiner Eltern ist. Sie hat selbst ein Kind in unserem Alter. Ab und zu sehe ich meinen Vater, der uns manchmal mit ein wenig Geld aushilft. Er will nicht wirklich, dass wir bei ihm leben. Mein älterer Bruder hat eine eigene Wohnung und mein Vater lebt jetzt allein" berichtet sie.

Bei der Tante Nurten, die sich Filiz und ihrer Geschwister angenommen hat, handelt es sich nicht um eine leibliche Tante, sondern um einer der ersten Nachbarn der Eltern. Sie ist Vorsitzende der Frauengruppe einer Moschee, die der MHP – der Partei der Nationalen Bewegung - nahe steht. Als ich meinen Wunsch vorbrachte, Interviews mit Jugendlichen zu führen, hatte man mich an Frau Nurten verwiesen, die studierte

Sozialpädagogin ist. Ich beglückwünsche sie sehr dazu, dass sie ihren Schwerpunkt im Rahmen ihrer sozialen Arbeit der Betreuung solcher Jugendlicher gewidmet hat, die jemanden wie sie dringend nötig haben. Ich wünschte zwar, es gäbe keine jungen Leute mit derartigen Problemen, aber es ist nun einmal Teil der Realität. Gleichzeitig bin ich der Auffassung, dass die Nöte der Menschen gelindert werden, sobald jemand für sie da ist und ihnen die Hand reicht.

Momentan macht Filiz ihre Berufsausbildung und erzählt mit Freude, dass sie in einem Jahr eine ausgebildete Friseurin sein wird.
Sich selbst sieht sie als Deutsche und sagt zu Recht, „Ich gehöre hierher, denn hier bin ich geboren und aufgewachsen."
Als ich sie frage, ob es etwas gibt, was sie bereut, sagt sie, „Ich bereue, dass ich von zu Hause ausgezogen und von meinem Vater weggegangen bin. Wir hatten Streit und ich war erst 15, als ich ausgezogen bin. Jetzt würde ich nicht mehr zurückgehen. Ich will jetzt auf meinen eigenen Beinen stehen. Meine jüngere Schwester ist 14. Sie hört auf mich und ich will für sie da sein und ihr helfen."
Über Unterschiede zwischen Mädchen und Jungen in türkischen Familien sagt sie, da kenne sie sich nicht aus.
Wie sollte ein junger Mensch, der selbst nie eine richtige Familie gehabt hat, auch etwas dazu sagen können?!
Über ihren zukünftigen Ehepartner sagt sie, „Seine Nationalität ist völlig gleichgültig. Das kann nur Allah wissen. Ich komme mit Menschen aller Nationalitäten gut aus. Wenn es ein Türke wäre, würden wir die gleiche Sprache sprechen. Ich weiß, wie wichtig gemeinsame Werte sind. Aber trotzdem weiß man nie."
Filiz teilt mit, dass sie Türkisch, Deutsch und ein wenig Englisch spricht.
Ich frage sie, wie sie in ihre Zukunft blickt.
„Ich kann es nicht einschätzen, habe keine genaue Vorstellung" sagt sie.
Nun interessieren mich ihre Erwartungen an die Erwachsenen und sie äußert ihren Unmut: „Von den Erwachsenen erwarte ich

nichts Besonderes. Ich möchte alles selbst erreichen. Bis heute hat mir ja auch niemand geholfen."

Unterschiede zwischen der Türkei und Deutschland sieht sie wie folgt:

„Die Türkei ist zwar ein schönes Land, aber leben könnte ich dort nicht. Dort würde man regelrecht verhungern. Für den Urlaub ist es gut und schön, aber leben will ich lieber hier. Hier kümmern sich die Erwachsenen um einen und es gibt Jugendhäuser. Das gibt es in der Türkei nicht."

Die Existenz dieser Orte, an denen junge Mädchen und Frauen, die vor familiären Repressalien und Misshandlungen fliehen, Zuflucht finden können, ist enorm wichtig. Das es in Deutschland diese Jugend- und Frauenhäuser gibt, hilft zumindest ein Stück weit, bestehende Nöte zu lindern.

Über die globalen Entwicklungen denkt sie, „Die Menschen haben sich verändert. Die aus der Türkei stammenden Menschen haben zwar die gleichen Einstellungen wie früher, aber ich denke, die Mädchen sind freizügiger geworden."

In diesem Moment klingelt ihr Mobiltelefon und Filiz fragt höflich, ob sie den Anruf annehmen dürfe. „Selbstverständlich", sage ich. Sie meldet sich und errötet sofort. Die wüsten Beschimpfungen habe in dem Moment selbst ich vernehmen können. Es ist ihr unangenehm und sie legt wortlos auf. Der Anrufer meldet sich aber noch einige Male und wiederholt seine Beschimpfungen.

„Das ist mein Stiefbruder. Meine Mutter lässt ihn anrufen" klärt sie mich auf.

Ich sage ihr, dass sie doch das Telefon ausschalten könne.

Doch sie verneint und sagt, „Sollen sie doch ihr Geld verpulvern."

„Das letzte Jahr habe ich bei meiner Mutter verbracht. Da habe ich gemerkt, dass sie eine schlechte Frau ist, die uns nur ausgenutzte und wollte, dass ich für sie sorge. Da waren auch andere Männer" sagt sie.

An dieser Stelle betritt Frau Nurten den Raum und will sich verabschieden. Filiz berichtet ihr von den Anrufen und Frau Nurten entgegnet,
„Schalte das Telefon aus. Ich werde mit ihnen reden.“ Dann sagt sie auf eine liebenswürdige Art und Weise, dass sie zu tun habe und geht.

Ich bin betroffen und gleichzeitig peinlich berührt. Obwohl wir das Thema wechseln, ist mir bewusst, dass es nicht wirklich ein Entkommen gibt. Das sind die Realitäten des wahren Lebens – auch wenn sich niemand so etwas wünscht.
Diese Dinge kommen überall und immer wieder vor – mal mehr, mal weniger, mal häufiger, mal seltener.

Nun möchte ich von Filiz erfahren, wie sie über die Vorgänge in der Welt denkt.
„Das Negative in der Welt macht mich betroffen, aber ich kann ja doch nichts ausrichten“ antwortet sie kurz.
Wir setzen unser Gespräch mit dem Thema Zigaretten, Alkohol und Drogen fort.
„Rauchen tue ich zwar, habe aber mit den übrigen Dingen nichts am Hut. Ich habe auch kein Verlangen danach, Alkohol oder Drogen auszuprobieren. Die Menschen fügen ihren Körpern, welche Allah ihnen gegeben hat, Schlimmes zu. Ich aber will meinen Körper rein halten.“
Ich frage sie, ob sie jemanden in ihrem Umfeld kennt, der Drogen oder Alkohol nimmt.
„Meine Mutter und mein Vater trinken beide und ich sehe, wie es um sie steht. Von jüngeren Leuten ist mir nichts bekannt.“
Ihrer Erscheinung nach ist sie ein ganz modernes Mädchen, das kein Kopftuch trägt. Mir ist zwar bekannt, dass die Einrichtung, die sie besucht, einer Moschee angehört, frage aber dennoch nach und möchte auch zu diesem Punkt ihre Meinung eruieren.
„Früher bin ich schon des Gebets wegen in die Moschee gegangen, heute aber nicht. Ich hatte mich über das Alevitentum gebildet, möchte jetzt aber den Koran lesen. Meine Stiefmutter wollte damals, dass ich in die Moschee gehe. Jetzt könnte ich

ohnehin nicht in die Moschee gehen, schon der Schule wegen. Ich gehe meistens dorthin, um dort die Hausaufgaben zu machen“ sagt sie.
Zum Thema Diebstahl berichtet sie,
„Als ich klein war, zwang meine Stiefmutter mich zum Stehlen. Sie wollte, dass ich in Geschäften Kosmetikartikel für sie mitgehen lasse. Ein einziges Mal habe ich es getan. Danach habe ich mich geweigert und dafür Prügel von ihr bezogen.“ Somit hat sie ein weiteres trauriges Kapital eröffnet.
Es macht einen traurig und zornig mit ansehen zu müssen, wie diese unschuldigen Kinder zu Opfern verantwortungsloser Erwachsener werden. Ich kann mich nicht beherrschen und bringe meinen Unmut zum Ausdruck.
Zum Thema Lesen sagt Filiz:
„Manchmal lese ich Zeitung, um verfolgen zu können, was in der Welt vorgeht. Tante Nurten hat zwar eine Büchersammlung, aber ich komme kaum zum Lesen. Ich strenge mich an, um gut in der Schule zu sein. Außerdem helfe ich im Haushalt mit.“
Sie sagt ferner, dass sie sowohl deutsche, als auch türkische Sendungen sieht.
Im nächsten Punkt erläutert sie, warum sie sich Tante Nurten zum Vorbild nimmt:
„Tante Nurten ist jetzt mein großes Vorbild, weil sie als Frau so erfolgreich ist. Sie hat alles unter Kontrolle.“ Ich frage nach, wie sie das meint.
„Sowohl ihr Berufsleben, als auch ihr Privatleben verläuft so ordentlich. Ein Kind hat sie auch noch. Sie selbst ist Sozialpädagogin und ihr Mann arbeitet bei einem Transportunternehmen. Morgens fährt er zur Arbeit und ist abends immer zu Hause. Für mich ist sie eine mustergültige Frau. Sie hat Zeit für ihr Kind, für ihre Arbeit und für uns.“ Mit diesen Worten bringt sie ihre begrundete Hochachtung für ihre Tante Nurten zum Ausdruck. Gleichzeitig beglückwünsche ich Frau Nurten, die sich glücklich schätzen kann.

Meiner Meinung nach verdient es größte Achtung, dass ein Kind, das sowohl innerhalb der Familie, als auch außerhalb –

durch ihre Lehrer beispielsweise – derartig zahlreicher Ablehnung und Schwierigkeiten ausgesetzt war, nun mit viel Mühe und Kraft versucht, sein Leben zu meistern.
Die Verhältnisse in der Familie von Filiz sind äußerst verworren und nahezu mit jeder Frage deckten wir ein weiteres Problem auf. Dieses Mädchen hat sich von ihrem familiären Umfeld gelöst und wurde von einer Nachbarin gütig aufgenommen. Nun versucht sie, auf ihren eigenen Beinen zu stehen und erlernt sogar einen Beruf. Angesichts dessen vermag ich nicht viel zu sagen. Nur so viel fällt mir ein: „Bravo!“ Für ihr weiteres Leben wünsche ich ihr noch viel Kraft und Stehvermögen.

Burcu Ç. ist bestürzt aufgrund der Fälle von Kindesentführungen und Kindermord.

Burcu wurde 1990 in Hamburg geboren. Sie ist ein äußerst sympathisches Mädchen, mit hellerem Haar, als die meisten Deutschen.
Ihre Großmutter väterlicherseits war einst die Erste, die als Gastarbeiterin nach Deutschland kam, nachdem sie sich von ihrem ersten Ehemann hatte scheiden lassen. Später ließ sie ihren Sohn, also Burcus Vater, zu sich nachkommen. In Deutschland heiratete sie erneut und bekam in dieser Ehe weitere Kinder. Burcus Vater hat einen guten Kontakt zu seinen Halbgeschwistern. Die Großmutter selbst ist heute 75 Jahre alt, Rentnerin und verbringt – wie die meisten Rentner auch – den überwiegenden Teil des Jahres in der Türkei.
Burcus Mutter ist 32, der Vater 40 Jahre alt. Sie hat noch einen 9jährigen Bruder. Die Mutter arbeitet als Reinigungskraft in einem Krankenhaus; der Vater ist Arbeiter in einem metallverarbeitenden Betrieb.
Burcu erzählt, „Mein Vater hilft nur bei Dingen wie Einkaufen. Saubermachen tut er aber nicht zu Hause. Bei diesen Arbeiten helfe ich jetzt meiner Mutter."
Ab ihrem dritten Lebensjahr hat Burcu die Kindertagesstätte besucht. Später folgt die normale Grundschulzeit. Die fünfte und sechste Klasse besucht sie noch auf der Beobachtungsstufe der Realschule und hätte erwartungsgemäß auf die Hauptschule wechseln müssen. Doch dann will man sie plötzlich auf die Förderschule, also eine Schule für lernbehinderte Kinder, schicken.
Burcu berichtet hierzu:
„Meine Klassenlehrerin überwies mich an einen Arzt. Ich ging mit meiner Mutter hin und der Arzt untersuchte mich sehr gründlich. Dann sagte er zu mir, ich müsse auf der normalen Schule bleiben und dort weiterlernen. Meine Klassenlehrerin hat mich aber trotzdem auf die Förderschule geschickt. Anfangs war

ich sehr traurig darüber, heute bin ich es aber nicht mehr. Ich will trotzdem erfolgreich lernen und einen Abschluss machen.
Mein Eindruck, den ich bereits in dieser Anfangsphase unseres Gesprächs hatte ist, dass wieder einmal einem türkischen Kind Unrecht widerfahren ist – wie es so häufig vorkommt. Burcu macht nämlich den Eindruck eines in jeder Hinsicht äußerst aufgeweckten Kindes. Momentan besucht sie die achte Klasse.
An allen Klassenfahrten und Schulausflügen hat sie teilgenommen.
Sie berichtet, dass sie weder in der Schule, noch außerhalb je auf Ablehnung oder Beleidigungen von Deutschen oder Anderen gestoßen ist. Im gleichen Atemzug kommt sie aber auf ihre Versetzung an ihre jetzige Schule zu sprechen und erzählt erneut:
„In der dritten und vierten Klasse ist eigentlich noch alles ganz gut verlaufen. Meine Lehrerin hatte mich in der vorherigen Schule einmal geprüft, ohne dass ich es wusste. Sie hatte mir überhaupt nichts gesagt. Meine Eltern wussten es wohl, ich aber nicht. Meine Eltern sagten mir dann, dass ich wohl nicht so gut in der Schule sei. Sie hätten es mir aber verschwiegen, damit ich nicht traurig bin."
„Meine Mutter und ich waren beide sehr traurig. Meine Mutter hat gesagt, dass ich ja anschließend vielleicht erst die Hauptschule und dann die Realschule nachmachen könnte. Daran arbeite ich jetzt. Vielleicht schaffe ich ja noch einen normalen Schulabschluss."
Während sie erzählt, habe ich den Eindruck, sie deutet an, dass ihre Lehrerin ihr Unrecht getan hat, weil sie Ausländerin, bzw. Türkin ist. Ich vermute aber, dass sie sich nicht so recht traut, es direkt zu sagen. Dieser Gedanke wäre zwar durchaus berechtigt, dennoch mochte sie es nicht frei heraus sagen.
Da die Mutter nicht so gut deutsch spricht, geht immer der Vater zu den Elternabenden. Der wiederum kann keine Ämter übernehmen, weil er so viel arbeitet.
„Mein Vater ist hier zur Schule gegangen, meine Mutter aber in der Türkei. Meine Mutter ist erst nach Deutschland gekommen,

als sie meinen Vater geheiratet hatte. Deswegen spricht sie auch kein Deutsch."
Burcu hat deutsche Freunde, genauso wie Jugendliche anderer Nationalitäten. Was das Thema Geld ausgeben oder Taschengeld angeht, stellt sie keine großen Unterschiede fest.
„Manchmal geben meine Eltern mir größere Geldbeträge, die ich aber nicht sofort ausgebe. Ich hebe es mir für den Fall auf, dass ich mal etwas Wichtiges brauche."
Ich frage sie, ob sie ihre Familie manchmal mit anderen vergleicht.
„Meine Mutter vergleiche ich schon mit den anderen Müttern meiner Freundinnen. Ich wünsche mir, dass meine Mutter auch einen besseren Beruf hätte, als Reinigungskraft. Außerdem bin ich ganz traurig, wenn in anderen Familien die Kinder geschlagen werden. Bei den Deutschen kommt das zwar nicht so oft vor, dafür sehe ich das aber bei den Polen, Russen und Mazedoniern. Ich bin froh, dass meine Familie nicht so ist. Meistens bin ich mit Türken zusammen."
Ein besonders schönes oder schlimmes Erlebnis mit ihrem deutschen Umfeld hat sie nicht gehabt.
Zum Punkt Selbstkritik sagt sie, „Ja, ich werfe mir oft vor, dass ich früher nicht genug für die Schule getan habe. Und manchmal, wenn andere mich ärgern, rege ich mich darüber auf, dass ich noch nicht groß bin. Die anderen, die mich ärgern, will ich am liebsten verprügeln." Durch diese Reaktion bringt sie ihre Hilflosigkeit gegen Hänseleien zum Ausdruck.
Ich frage sie, was sie später mal werden möchte.
„Ich wollte mal Anwältin werden, aber das werde ich wohl nicht schaffen. Jetzt wünsche ich mir, mal bei einem Zahnarzt zu arbeiten, denn dafür braucht man kein Abitur."

In der Türkei leben Menschen verschiedener ethnischen Richtungen. Daher gibt es nicht ein stereotypes türkisches Erscheinungsbild. Mit ihren blonden, dunklen, blauäugigen oder dunkeläugigen Menschen zeigt die Türkei ihren Reichtum an verschiedenen Kulturen, die sie beherbergt. Alle diese Menschen leben friedlich miteinander, ohne dass es zu Diskriminierungen kommt. Während die Bevölkerung Zentralanatoliens eher dunkel ist, sind am östlichen Rand des Schwarzen Meers besonders viele Menschen blond. Auch Burcus Familie stammt von dieser Region.

Burcu sagt dazu, „Meistens werde ich für eine Deutsche gehalten, weil ich so hellblond bin. Aber ich sehe mich als Türkin."

Sie merkt kurz an, dass in ihrer Familie kein Unterschied zwischen Jungen und Mädchen gemacht wird.

Zu der Wahl ihres zukünftigen Ehegatten sagt Burcu,

„Ich will mal einen Türken aus Hamburg heiraten, aber keinen aus der Türkei."

Ich frage nach, woher diese Einstellung kommt.

„Ich habe eine Tante, die 20 Jahre alt ist. Als sie 15 war, hat meine Großmutter sie in der Türkei mit jemandem verlobt, aber später hat sich herausgestellt, dass er in der Türkei schon eine Freundin hatte und meine Tante nur heiraten wollte, um hierher zu kommen. Als meine Tante davon erfuhr, hat sie die Verlobung gelöst."

Ich bemerke, dass Burcu sehr gut Türkisch spricht. Sie selbst sagt, dass ihr Deutsch noch besser ist. Nur an ihrem Englisch müsse sie noch arbeiten.

Da sie noch ziemlich jung ist, zögere ich ein wenig, sie nach ihrer Einstellung über ihre Zukunft zu fragen. Als ich dennoch die Frage stelle, erhalte ich eine sehr vernunftbetonte Antwort.

„Zu jung möchte ich auf keinen Fall heiraten. Ich müsste schon mindestens 25 sein. Vorher will ich aber einen Beruf erlernen, einen guten Arbeitsplatz bekommen und mein eigenes Geld verdienen. Es wird schon alles gut werden, wenn ich groß bin."

Ich frage sie nach ihren Erwartungen an die Erwachsenen.

„Ich erwarte, dass die Lehrer sich den Schülern gegenüber freundlich verhalten und in einem ruhigen Ton mit ihnen reden, anstatt sie anzuschreien, wie sie es tun. Sie sollten uns nicht anschreien oder einschüchtern, sondern uns nach unserer Meinung fragen und nicht bei jeder Kleinigkeit gleich aus dem Klassenraum schicken."

Was für ein berechtigtes Anliegen aus Sicht eines Kindes, einer Schülerin. Die Schäden, die dadurch hervorgerufen werden, wenn man von der Erwachsenenwelt nicht ernst genommen und nur in einem harschen und gebieterischen Ton angesprochen wird, sind nicht zu leugnen. Wir Erwachsenen sollten uns ihnen voller Liebe und Zuneigung verhalten, denn dann wird eine viel glücklichere und bessere Generation heranwachsen. Das Lächeln auf ihren Gesichtern und individueller Erfolg werden nicht ausbleiben. Wenn heute eine Generation heranwächst, die Unzufriedenheit hervorruft und die an sie gestellten Erwartungen nicht zu erfüllen vermag, dann sind die Ursachen hierfür bei den Verantwortlichen und in den Institutionen zu suchen. „Wie man in den Wald ruft, so hallt es zurück" sagt der Volksmund. Unverzüglich sollte sich jeder seiner Verantwortung bewusst werden. Die Erwachsenen sollten zunächst über ihr eigenes Verhalten reflektieren, wenn sie monieren, dass die Jugendlichen zu Hause und in der Schule viele Probleme haben. Angesichts dessen, dass die Haftanstalten überfüllt sind, die Kriminalitätszahlen von Tag zu Tag ansteigen, eine enorme Arbeitslosigkeit herrscht und der Terror ausufert ist es doch wohl längst an der Zeit, dass die Verantwortlichen in aller Welt, sich ernsthaft Gedanken machen. Will man eine neue Klassengesellschaft erschaffen? Wenn ja – und so hat es zumindest den Anschein – dann muss man sich auch darüber im Klaren sein, dass dies zu großem Unrecht führen wird und zwar sowohl gegenüber der gerade heranwachsenden Generation, als auch gegenüber bereits geschaffenen Werten. Durch diese Verantwortungslosigkeit macht man auch den wenigen gut ausgebildeten jungen Menschen das Leben unerträglich. Ich kann nur dringend dazu raten, den noch sehr jungen Menschen wie Burcu oder Bülent aufmerksam zuzuhören und ohne Verzug Antworten auf ihre Fragen und Lösungsansätze für ihre Anliegen zu erarbeiten. Diejenigen, die nur darauf aus sind, selbst unbehelligt weiterzuleben wie gehabt, werden anderenfalls feststellen müssen, dass dies nicht so ohne weiteres möglich sein wird.

Zum Vergleich zwischen der Türkei und Deutschland sagt Burcu:

„Ich würde gerne einmal für längere Zeit in der Türkei sein, aber nicht für immer. Lieber will ich hier, also in Deutschland, arbeiten. Ich weiß es zwar nicht so genau, denke aber, dass es in der Türkei genau so schwer sein muss, Arbeit zu finden. Hier ist es auch nicht leicht, aber in der Türkei dürfte es noch schwieriger sein."
Als ich sie nach ihrer Einschätzung über die Vorgänge in der Welt befrage, kommt sie völlig unerwartet auf ein in Deutschland gerade sehr brisantes und erschreckendes Thema zu sprechen.
„Am meisten machen mir die Kindesentführungen zu schaffen. Ich habe auch Angst und möchte, dass eine Lösung dafür gefunden wird."
Die häufige Berichterstattung in den Medien über Entführungen von Kindern versetzt Kinder wie Eltern in Angst und Schrecken. Es geht sogar so weit, dass Kinder sich fürchten, den natürlichsten Dingen nachzugehen, wie auf der Straße zu spielen, Fahrrad zu fahren oder zum Sport zu gehen. Die Eltern wiederum sind schon angesichts des Schulwegs ihrer Kinder beunruhigt. Entführungen und Ermordungen von Kindern werden im Fernsehen bis ins letzte Detail geschildert, wodurch Kinder und Eltern mittlerweile bereits psychisch beeinträchtigt sind. Außer Frage steht, dass in diesen Bereichen penibel und genau ermittelt werden muss. Sendungen, die in den Köpfen der Kleinen große Schäden anrichten können, sollten aber dennoch vermieden werden.

Ich frage Burcu, ob in ihrem Umfeld jemand Zigaretten, Alkohol oder Drogen konsumiert und ob sie selbst es schon einmal ausprobiert hat. Ich gehe behutsam vor, da mir selbst unbehaglich dabei ist, einem so jungen Kind derartige Fragen zu stellen. Gleichzeitig ist die Realität, dass selbst unter Kindern dieser Altersstufen dieses ein Thema darstellt.

Burcu macht zwar nicht den Eindruck, davon betroffen zu sein, dennoch verlässt mein Unbehagen mich nicht.
„Ich selbst habe nie etwas davon genommen und kenne auch niemanden. Gehört habe ich aber oft davon."
Die Moschee hat sie früher besucht, heute aber nicht mehr.
Sie erzählt, dass sie noch nie etwas gestohlen hat.
Außerdem erfahre ich von ihr, dass sie zwar manchmal Zeitung, überwiegend aber ihrem Alter entsprechende Bücher liest. Einen kleinen Bücherschrank hat sie auch.
Beim Fernsehen zieht sie türkischsprachige Sendungen vor, sieht manchmal aber auch deutsches Fernsehen. Burcu erzählt weiter, dass ihre Klassenkameradin Fatma, der sie nacheifert, ihr Vorbild ist, weil sie im Unterricht alles schneller begreift, als sie selbst.
„Manchmal schaut sie auch, wie ich etwas mache, aber im Unterricht macht sie alles besser als ich. Deswegen will ich so sein wie sie."

Alles an Burcu zeigt mir, dass sie keine Schülerin ist, die auf eine Schule für lernschwache Kinder gehört. Meine diesbezügliche Meinung teile ich auch Burcus Türkischlehrerin mit.
Sie sagt, „Zum Ende dieses Schuljahres wird Burcu auf eine normale Schule wechseln."
Um ehrlich zu sein freue ich mich für Burcu und ihre Familie, weil dadurch ein Unrecht von ihnen abgewendet werden wird, dessen Konsequenzen sie ansonsten ein Leben lang zu tragen hätten.
Solange ich denken kann habe ich keine gute Meinung von dieser Schulart. Es gibt Kinder, die Inhalte bereits beim ersten Vorlesen oder der ersten Erklärung begreifen. Dann wiederum gibt es Kinder, die einfach häufigere Wiederholungen brauchen. Letzteres kann aber keine ausreichende Begründung dafür sein, dass ein Kind für den Rest seines Lebens stigmatisiert wird. Ich vertrete die Ansicht, dass in diesem Punkt das einheitliche Schulsystem der Türkei, das insbesondere bis zum Ende der regulären Schulpflicht beibehalten wird und in dem Schüler unterschiedlicher Begabungen gemeinsam unterrichtet werden,

dem separierenden und diskriminierenden Schulsystem in Deutschland vorgezogen werden sollte. Abgesehen davon ist es eine allgemein bekannte Tatsache, dass auf diese Schulen, die früher als Sonderschulen bezeichnet und später in Förderschulen umbenannt wurden, ohne Grund ein hoher Anteil türkischer Kinder geschickt wurde. Unter Türken wird diese Schulart auch umgangssprachlich „Dummenschule“ genannt. Einige Lehrer neigen dazu, sich einen `Rosengarten ohne Dornen´ zu erschaffen, um komfortabler unterrichten zu können. Da Schüler mit Migrationshintergrund wiederum häufig Sprachprobleme haben, können sie oft dem Unterricht nicht folgen, klinken sich aus und fallen in der Klasse negativ durch Fehlverhalten auf. Daneben gibt es sogar Beispiele, wo Kinder aufgrund von Hochbegabung mit dem Regelunterricht unterfordert sind und sich dann anderen Dingen widmen. Auch solcher Kinder hat man sich entledigt, indem man sie auf Sonderschulen geschickt hat. Es zeigt sich, dass man bestrebt ist, zu selektieren. Die Ergebnisse indes fallen zumeist unglücklich aus.

Auf der anderen Seite gibt es natürlich tatsächlich die Problemkinder. Kinder, die in problematischen Familien aufwachsen, Kinder, denen man weder ausreichend Aufmerksamkeit, noch Zeit gewidmet hat, Kinder, deren sprachliche Entwicklung nicht ausreichend ist, oder Kinder, die geistig behindert zur Welt gekommen sind. Eheschließungen unter nahen Blutsverwandten spielen hier eine große Rolle. Diese Kinder haben tatsächlich große Schwierigkeiten beim Lernen. Allerdings ist es meiner Ansicht nach der falsche Weg, diese Kinder zu isolieren und in eigens geschaffenen Schulformen zu unterrichten. Sollte man dann etwa analog dazu eigene Wohnquartiere für Menschen schaffen, die von der gesellschaftlichen Norm abweichen, nur weil sie als störend empfunden werden? Das muss doch jedem absurd erscheinen. Genauso absurd erscheint es mir, wenn man für diese Kinder und Jugendlichen eine eigene Schulform initiiert. Wie weit soll eine Trennung der Behinderten von der Gesellschaft gehen?

Sollen etwa alle separat voneinander weggeschlossen werden, die Blinden, Gehbehinderten, Schwerhörigen, usw.?! Schon der Gedanke an derart menschenverachtende Diskriminierung bereitet einem Unbehagen.
In der Hoffnung auf eine Welt ohne Diskriminierung, in der jeder Mensch die gleichen Rechte genießt …

„Ein Vakuum wird weder in der Natur, noch in der Gesellschaft toleriert, sondern umgehend ausgeglichen, wodurch der reguläre Fluss der Dinge wiederhergestellt wird“ so Atılım S.

Atılım wurde 1977 in Izmir geboren. Er ist eines von zwei Kindern der Familie. Der Vater hat das Gymnasium abgeschlossen und ist heute als Selbständiger tätig. Die Mutter ist 1948 geboren und ausgebildete Lehrerin, die jedoch nicht berufstätig gewesen ist, während sie ihre beiden Kinder aufzog. Nachdem ihre beiden Kinder jedoch ihr Hochschulstudium aufgenommen hatten, schrieb sie sich selbst mit 47 an der Universität ein und begann eine Ausbildung zur Deutschlehrerin. Wie ich erfahre, ist sie derzeit vollauf mit ihrem Studium beschäftigt. Die Mutter von Atılım bestätigt damit erneut, dass dem Lernen und der Bildung keine Altersgrenze gesetzt ist und ich beglückwünsche sie aufrichtig hierzu. Mich selbst erfüllt es mit Stolz zu sehen, welch vorbildliches Beispiel sie für eine moderne, an Atatürks Prinzipien orientierte Frau abgibt. In einem Land wie der Türkei, in der noch so manche Väter selbst ihren Töchtern eine Schulbildung verwehren, finde ich es bewundernswert, dass in dieser Familie der Vater seine Frau in ihrem Unterfangen unterstützt, zumindest aber nicht behindert. Bekanntermaßen ist innerhalb der türkischen Gesellschaft die Anzahl der Männer, die ihre Frauen in dieser Weise unterstützen nicht allzu hoch. Daher gilt auch dem Vater von Atılım meine Anerkennung. Selbstverständlich soll an dieser Stelle nicht unterschlagen werden, dass der Anteil modern gesinnter Männer auch bei uns erfreulicherweise stetig ansteigt. Außerdem bin ich davon überzeugt, dass die Unterstützung der Herren der Schöpfung so oder so schon folgen wird, solange die Frauen nur ihr konkretes Ziel vor Augen haben.

Nichtsdestotrotz kristallisiert sich heraus, dass auch hier der Vater einige typisch türkische Charakteristika aufweist und beispielsweise im Haushalt nicht mithilft.

Atılım hat eine 1979 geborene Schwester, die mit einem Amerikaner verheiratet ist und offensichtlich den Ehrgeiz ihrer Mutter geerbt hat. Derzeit arbeitet sie an ihrer Masterthese in den USA.

Wie ich eingangs bereits erwähnt hatte, wurden die Kinder nicht in den Kindergarten geschickt, sondern bis zur Einschulung von der Mutter zu Hause betreut. Die Betreuungsform des Kindergartens ist in der Türkei noch dabei, sich zu etablieren. Jetzt wo seit die Anzahl der berufstätigen Mütter ansteigt, wird die Notwendigkeit deutlich, während früher die Kinder bis zur Einschulung überwiegend zu Hause betreut wurden. Die Kinder der einst wenigen berufstätigen Mütter wurden zu Hause von den Großmüttern, nahen Angehörigen oder Tagesmüttern betreut. Keineswegs unerwähnt bleiben sollten hier gewisse Risiken der häuslichen Betreuung: immer wieder hört man, wie Kleinkinder in die Obhut völlig fremder und ungebildeter Personen gegeben werden, die, nur um ihre eigene Ruhe zu haben, die Kinder unter Drohungen und psychischer Unterdrückung stillhalten oder in den Schlaf zwingen. Wenngleich allgemein bekannt ist, welch verheerende Auswirkungen ein solches Verhalten auf die Kinderpsyche haben kann, bedient sich so manche Mutter dennoch notgedrungen der Betreuung auf diesem Niveau. Außerdem hören wir immer wieder, dass derartige Vorfälle nicht nur in der Türkei, sondern in der ganzen Welt auftreten und Fehlverhalten nicht nur von ungebildeten, sondern auch von so genannten Fachkräften zu erwarten ist. Somit ist größtmögliche Kontrolle auch in diesem sensiblen Feld angebracht.

Im Anschluss an die staatliche Grund- und Mittelschule hat Atılım das private Anadolu Wirtschaftsgymnasium abgeschlossen und ein Betriebswirtschaftsstudium an der Universität aufgenommen. Als seine Mutter aus der Zeitung von einem Auslandsstipendium für einen Masterstudiengang erfuhr und ihm davon berichtete, bewarb er sich, bestand die Prüfung und wurde in das Programm aufgenommen. Die Masterthese hat er bereits erfolgreich abgelegt und arbeitet nun an seiner Doktorarbeit in Volkswirtschaft.

Sein Stipendium erhielt er durch eine Kooperation des DAAD und der Türkischen Stiftung für Bildung.

Er berichtet, dass er in Universitätskreisen keinerlei Ablehnung aufgrund seiner ausländischen Abstammung erfuhr.

Wir kehren nun zu unserem Gespräch zurück: Wie mein Gesprächspartner betont, war es die Mutter, die sich überwiegend mit der Bildung der Kinder befasst hat und somit auch überwiegend an den schulischen Elternabenden teilgenommen hat.

„Meine Mutter hat sich immer sehr um unsere Ausbildung gekümmert. Sogar von der Möglichkeit für mein jetziges Stipendium hatte ich von meiner Mutter erfahren, die es in der Zeitung gelesen hatte."

So wichtig es auch ist, dass auch die Väter ihren Kindern Aufmerksamkeit, Förderung und Orientierung geben, ist es doch die mütterliche Unterstützung, die sowohl den Erfolg, als auch das Selbstvertrauen der Kinder steigert. So manche Mutter äußert den Lehrern gegenüber, dass sie sich kaum bei ihrem Kind durchsetzen kann und dass die Lehrer besser alles Unangenehme dem Vater berichten. Erziehungsfehler der Mütter wirken sich negativ auf das Mutter-Kind-Verhältnis, wie auch auf den schulischen Erfolg der Kinder aus. Meiner Meinung nach resultieren Mängel dieser Art meist aus der familiären Erziehung, dem kulturellen Umfeld, sowie dem Wunsch, sich der Verantwortung zu entziehen. Man wählt den einfacheren Weg. Gleichzeitig sehen wir immer wieder, wie mustergültig einige Familien, dic kaum selbst eine Schulbildung genossen haben, wiederum ihre Kinder erziehen und fördern, so dass so manche gebildete Familie sich ein Beispiel daran nehmen sollte.

Wir gehen nun über zum Thema Konsumverhalten.

„Wir schwelgen zwar nicht in übermäßigem Luxus, leben aber dennoch ganz gut" antwortet er kurz. Es wird deutlich, dass für Atılım derzeit nicht das Geld, sondern seine akademische Karriere im Vordergrund steht.

„Hast Du je Deine eigene Familie mit deutschen Familien verglichen?“ frage ich weiter.
„Das ist mir nie in den Sinn gekommen“ erhalte ich als Antwort.
„Hast Du ein besonders prägnantes Erlebnis mit Deutschen gehabt?“ frage ich.
„In der Zeit, in der ich mich jetzt hier aufhalte, habe ich kein nachteiliges oder besonders nennenswertes Erlebnis gehabt.“
Über das Geschlechterverhältnis sagt er, „Mir ist völlig unverständlich, wie man etwas anderes als die Gleichberechtigung von Mann und Frau verfechten kann.“
Zum Thema Selbstkritik angesprochen bemängelt er an sich selbst, dass er sich nicht genug informiert hat, bevor er herkam.
„Bevor man herkommt, muss man sich über Einiges im Klaren sein. In der Türkei gibt es an den Universitäten Bücher, wie am Gymnasium auch. Auf die entsprechenden Prüfungen bereiten wir uns dann anhand des in diesen Büchern enthaltenen Lernstoffs vor. Hier wiederum geht man in die Vorlesung, die Dozenten tragen den Stoff vor und die Studenten vertiefen die Themen im eigenständigen Studium in den Bibliotheken. Eine Vielzahl von Büchern wird herangezogen, um den Stoff zu bewältigen. Kurz gesagt muss man hier eigenständig recherchieren und nachforschen; man wird zu wahrer Forschung und zum wahren Studium angehalten. In der Anfangszeit hatte ich meine Schwierigkeiten damit, die ich aber inzwischen überwunden habe.“
„Was möchtest Du später beruflich mal machen?“
„Ich möchte gerne an der Universität bleiben, was ich wohl in der Türkei realisieren werde. Ich will in die Türkei zurückgehen und meinem Land zurückgeben, was ich von ihm erhalten habe.“
Er betont, dass es innerhalb seiner Familie keine Ungleichbehandlung von Mädchen und Jungen gab.
Über seine zukünftige Ehefrau sagt er, „Ich würde es zwar gerne sehen, wenn sie Türkin wäre, bestehe aber nicht vehement auf diesem Punkt. Ich habe Freunde aller möglichen Nationalitäten, mit denen ich mich auch sehr gut verstehe.“
Als Fremdsprachen beherrscht er Deutsch und Englisch.

Atılım äußert sich über diverse Zukunftsaspekte.
„Die nahe Zukunft sehe ich eher schwierig und problematisch und gehe davon aus, dass es in der Türkei zu gravierenden gesellschaftlichen Bewegungen kommen wird. Allerdings bin ich guter Hoffnung, dass letztlich alles eine positive Wendung nehmen wird. Pessimistisch bin ich nicht. Es gibt immer scharfe Kurven, die es zu nehmen gilt."
Ich frage ihn, was er über die Türkei und die globalen Entwicklungen denkt.
„Wünschen würde ich mir, dass die Menschen in der Türkei bewusster in Allem werden und dass man unabhängig von ethnischer oder religiöser Herkunft eine Einheit für die Interessen der Türkei bildet. Arbeitslosigkeit und Armut sollten bekämpft werden. Das alles findet sich ja schon in den Prinzipien Atatürks wieder.
Ich stelle fest, dass das Leben in Deutschland auch nicht viel mehr angenehme Seiten hat, als das in der Türkei. Hier ist es weder besser, noch schlechter als in der Türkei. In der Türkei sehe ich ein höheres Entwicklungspotenzial, während die deutsche Kultur sich eher auf dem absteigenden Ast befindet.. Ich glaube aber daran, dass das Leben eigentlich überall gleich ist. Die Aufgabe der Menschen ist, an der Verbesserung der Lebensqualität zu arbeiten.
Ich denke, dass es kurzfristig zu gravierenden Spannungen, insbesondere im Nahen Osten, kommen wird. Ein Vakuum wird weder in der Natur, noch in der Gesellschaft toleriert, sondern umgehend ausgeglichen, wodurch der reguläre Fluss der Dinge wiederhergestellt wird" führt Atılım aus.
Seine Einstellung zum Thema Drogen erfrage ich auch.
„Soweit ich den Medien entnehme, brechen die Sozialsysteme zusammen. Die steigende Zahl der Drogenkonsumenten könnte ein Indikator für das Auseinanderbrechen des sozialen Zusammenhalts sowohl in Deutschland, als auch in der Türkei sein."

Bevor wir das Gespräch beenden wünsche ich Atılım, dass er seine bisherigen Erfolge mit weiteren Erfolgen krönt.

Rabia Y. vertritt die Ansicht, „Globalisierung der türkischen Wirtschaft vollzieht sich gerade erst.“

Und Çetin G. meint, dass seine Familie, wie viele andere Familien in der Türkei auch, alle verfügbaren finanziellen Mittel aufwenden, um ihren Kindern eine gute Ausbildung zu ermöglichen.

Da die Zeit meiner Gesprächspartner knapp bemessen ist, führe ich das Interview mit beiden gemeinsam. Beide kamen als Studenten nach Deutschland, um hier ihr Studium fortzusetzen. Zum Vergleich hielt ich es für sinnvoll, auch mit ihnen zu reden, da ihre Einstellungen sich grundlegend von denen der in Deutschland aufgewachsenen Jugend unterscheiden.
Rabia kam 1980 in Isparta zur Welt. Für alle ihrer Ausgaben kommen ihre in der Türkei lebenden Eltern auf. Ihre Mutter ist Haufrau; ihr Vater ist Kfz-Mechaniker. Beide meiner Gesprächspartner würden am liebsten selbst arbeiten, um ihren Lebensunterhalt zu finanzieren, wenn sie die Möglichkeit dazu hätten. Ihren Gesichtsausdrücken und auch Äußerungen entnehme ich, dass sie sich unwohl fühlen bei dem Gedanken, ihren Familien zur Last zu fallen.
Çetin kam 1977 in Sivas als eines von sechs Geschwistern zur Welt. Im dritten Jahr brach er sein Universitätsstudium ab und kam nach Deutschland, wo er inzwischen sein Studium fortsetzt. Wenngleich seine vor ihm nach Deutschland gekommene ältere Schwester ihn finanziell unterstützt, kommen seine in der Türkei lebenden Eltern für den Hauptteil seiner Ausgaben auf. Auch seine Mutter ist Hausfrau, während sein Vater beim staatlichen Eisenbahnbetrieb der Türkei angestellt ist. Er bereut, nach Deutschland gekommen zu sein, ohne vorher sein Studium in der Türkei abgeschlossen zu haben.
„Hätte ich meine Studienzeit effizienter genutzt, wäre heute alles einfacher für mich.“

Ich frage meine Interviewpartner, ob sie Vergleiche zwischen ihren eigenen Familien und den deutschen Familien ziehen.
„Unsere Familien vergleichen wir schon mit den deutschen und türkischen Familien in Deutschland. Meine eigene Familie hat, wie viele andere Familien in der Türkei auch, alle ihr verfügbaren finanziellen Mittel aufgewendet, um den Kindern eine gute Ausbildung zu ermöglichen. Soweit es ihnen irgendwie möglich ist, versuchen sie, ihre gesamte Zeit ihren Kindern zu widmen und befassen sich intensiv mit allen schulischen Angelegenheiten. So gesehen unterscheiden sich die Familien in der Türkei von den türkischen und deutschen Familien in Deutschland. So weit ich beobachtet habe, wollen die Familien hier, dass ihre Kinder so schnell wie möglich mit dem Geldverdienen anfangen und legen weniger Wert auf eine gute schulische Bildung oder Erziehung. Uns kommt es so vor, als würden sie sich nicht sehr intensiv mit ihnen befassen."
Ich frage beide nach ihrer Meinung über die in Deutschland aufwachsenden Jugendlichen.
„Die Jugendlichen, die in Deutschland aufwachsen, sind in jeder Hinsicht oberflächlicher und absolut apolitisch. Die europäische Kultur tragen sie auch nicht in sich. Eigentlich sind sie völlig ausgehöhlt."
Über ihre eigene Zukunft sind beide positiv eingestellt, da sie nun über Auslandserfahrung verfügen.
Als ich sie über ihre generellen Ansichten über Deutschland und die Türkei frage, bekomme ich zu hören, „Deutschland gerät ins Stocken". Die Türkei hingegen sei „völlig auf die EU Mitgliedschaft fixiert", obwohl dies nicht vor 20 Jahren zu erwarten wäre.
Ihre diesbezügliche Skepsis bringen sie auch zum Ausdruck: „Schwer zu sagen, ob wir selbst das überhaupt noch miterleben werden".
Nun frage ich beide nach ihrem persönlichen Vergleich zwischen der Türkei und Deutschland.
„Die Menschen in Deutschland richten ihr gesamtes Handeln individuell, bzw. an sich selbst orientiert aus. Das macht sie aber

offensichtlich nicht glücklich, denn auf den Straßen sieht man nur missmutige Gesichter."
Beide merken aber auch an, dass man beide Länder nicht eindimensional bewerten sollte und dass vielmehr jedes Land seine Vorzüge und Nachteile habe.
Rabia ergänzt, „In Deutschland herrscht ein geordnetes Gefüge. Nun kann man zwar nicht behaupten, die Türkei wäre chaotisch, aber Deutschland ist eine Nasenlänge voraus. Die Globalisierung der türkischen Wirtschaft vollzieht sich gerade erst."
Meine Frage nach ihren Prioritäten für eine spätere Eheschließung bringt beide zum Lachen.
„Wir würden jemanden heiraten, den wir lieben und mit dem wir uns gut verstehen. In der Türkei ging es um die Frage, ob es ein Alevit, oder ein Sunnit sein sollte. Die Sunniten wollten keine Aleviten und die Aleviten keine Sunniten. Soll man hier nun analog die Frage stellen, ob es unbedingt ein Türke sein muss?"
Mit diesen Worten bringen sie auch ihren Unmut zum Ausdruck.
„Das Thema Diskriminierung zwischen Menschen beginnt im engsten Umfeld, innerhalb der Familie und weitet sich auf Städte, Länder, ja sogar Kontinente aus. Das Leben wäre so viel schöner, würden alle Menschen das jeweils Andere als Bereicherung ansehen, anstatt die andere Art, sich zu kleiden, die andere Kultur oder den anderen Glauben zu diskriminieren. Mag sein, dass das jetzt ein sehr idealistischer oder realitätsferner Gedanke ist. Aber was wäre schon das Leben ohne Ideale?!"

Dem Wunsch nach einer friedlichen Welt ohne Diskriminierung schließe ich mich an.

Sevgi T. und Beril D. meinen: „Es ist nicht ausreichend, wenn man immer nur vom Meer und der Sonne redet, um den Bekanntheitsgrad der Türkei zu steigern. Es gibt so vieles mehr; die historischen und kulturellen Schätze sollten bei der Öffentlichkeitsarbeit viel mehr betont und einbezogen werden.“

„Obwohl Schüler und Studenten in Deutschland über wesentlich höhere Kaufkraft verfügen, als in der Türkei, machen sie nicht den Eindruck, als seien sie zufriedener. In der Türkei genießen wir das Studentenleben viel mehr und sind lebenslustiger“ sagen Başak Ö. und Dilek S.

Sevgi T.:
Vater: Architekt, Mutter Apothekerin
Beril D.:
Mutter: Lehrerin, Vater: Beamter im Schuldienst
Başak Ö.:
Mutter: Chemikerin, Vater: Maschinenbauingenieur
Dilek S.:
Mutter: Lehrerin, Vater: Finanzbeamter

Alle vier Interviewpartnerinnen haben in der Türkei studiert und sind für ihren Masterabschluss nach Deutschland gekommen. Die deutsche Sprache beherrschen sie gut. Sie sind in türkischen Großstädten wie Istanbul und Ankara aufgewachsen und haben dort studiert. Ihre Eltern verfügen über ein vergleichsweise hohes Bildungsniveau und bilden somit ein Familiengefüge, das sich von den in Deutschland lebenden türkischen Familien grundlegend unterscheidet. Alle vier sehen mich aus strahlenden Gesichtern an und sprühen förmlich vor Lebensfreude und Ausgelassenheit. Mit ihnen zu reden ist einfach erfrischend.
Da die Zahl der aus der Türkei nach Deutschland kommenden Studenten in der letzten Zeit rapide angestiegen ist, frage ich sie, warum sie sich gerade für Deutschland entschieden haben.

„Im Vergleich zu früher sind die Hürden für einen Studienaufenthalt in den USA oder Großbritannien erheblich angehoben worden. Außerdem ist ein Studium in diesen Ländern auch wesentlich kostspieliger. Hinzu kommt, dass wir alle an einem deutschsprachigen Gymnasium waren und somit einen sprachlichen Vorteil haben. Entfernte Verwandte haben wir hier außerdem auch. Das sind die Hauptgründe, warum wir uns für Deutschland entschieden haben.“

So sehr es auch gewissen Kreisen absolut nicht in den Kram passen mag, wird hier ein weiteres Mal deutlich, wie sehr sich Deutschland und die Türkei bereits angenähert haben. Nahezu jede Familie in der Türkei unterhält – wenn auch über sieben Brücken – verwandtschaftliche Beziehungen nach Deutschland. Auf der anderen Seite beobachten wir, wie sich in den letzten Jahren immer mehr Deutsche aus verschiedenen Gründen in der Türkei dauerhaft niedergelassen haben und dass die Zahl dieser `Auswanderer´ stetig steigt. Somit ist nicht von der Hand zu weisen, dass die Quantität der gegenseitigen Beziehungen in der Zukunft weiter ansteigen wird.

Ich kehre zu unserem Thema zurück und frage diese vier überaus sympathischen und erfolgreichen jungen Mädchen nach der Arbeitsteilung in ihren Elternhäusern und inwiefern sie ihre eigenen Familien mit den Familien in Deutschland vergleichen.
Natürlich ist mir bekannt, dass in der Türkei ein großes Gefälle zwischen elitären Familien und solchen im Hinterland besteht, dass sogar kulturelle Unterschiede zwischen einzelnen Städten und Regionen zu finden sind. Genauso ist bekannt, dass Familien, die zwar lange Jahre in Deutschland gelebt haben, nicht ohne weiteres miteinander vergleichbar sind und dass auch hier gravierende Differenzen vorhanden sind. Im Vergleich zu deutschen Familien treten diese Unterschiede umso deutlicher hervor. Dennoch möchte ich die Einschätzung dieser jungen Menschen zum Thema erfahren.
„Bei uns zu Hause werden alle Entscheidungen gemeinschaftlich getroffen. Aber obwohl unsere Mütter berufstätig sind, helfen

unsere Väter ihnen nicht im Haushalt, wie es bei den Deutschen der Fall ist.“ Diese Einschätzung kommt wie aus einem Munde. Und da sie ja alle erst seit relativ kurzer Zeit in Deutschland sind, sehe ich mich gedrungen nachzufragen, woher sie das wissen.
„Das haben wir bei unseren deutschen Nachbarn gesehen. Außerdem waren wir während des deutschen Gymnasiums alle als Austauschschülerinnen bei deutschen Familien, wo wir natürlich auch Einblick in das deutsche Familienleben hatten.“

Nun drehen meine Gesprächspartnerinnen den Spieß um und fragen mich, ob es denn bei mir anders sei. Nun, warum sollte ich lügen? Blieb doch im Laufe meiner über 30jährigen Ehe der Löwenanteil des Haushalts immer an mir hängen … Da wir türkischen Frauen aber nicht delegieren können, bin ich der Auffassung, dass dieses Manko aus unserer diesbezüglichen Unfähigkeit resultiert. Die Zahl der Männer, die in Hinsicht auf Mithilfe im Haushalt äußerst guten Willens ist, sollte nicht unterschätzt werden und nimmt zu. Doch wir sind es doch, die mit dem Ergebnis ihres häuslichen Einsatzes nicht zufrieden sind und es nicht schaffen, sie mehr in den Haushalt einzubeziehen. Wofür die Männer eine Stunde brauchen, erledigen wir natürlich routinierter und im Handumdrehen. Wenn wir dann aber völlig erledigt sind, mäkeln wir an der mangelnden Unterstützung im Haushalt herum. Tatsächlich motivieren wir sie nicht, sich intensiver an der Haushaltsarbeit zu beteiligen. Hier sollten wir Geschlechtsgenossinnen in der Tat mehr Geduld an den Tag legen, denn gewisse Fertigkeiten sind auch uns nicht in die Wiege gelegt worden. Erst die Übung macht den Meister. In diesem Sinne sollten wir den Männern mehr Gelegenheit geben, sich im Haushalt zu bewähren. Anderenfalls werden wir selbst es zu verantworten haben, wenn sich auf ihrer Seite unendliche Bequemlichkeit breit macht.

Wir kommen nun auf die Beziehungen zwischen Eltern und Kindern zu sprechen.
„Anders als bei uns räumen deutsche Familien ihren Kindern größere Freiheiten ein. Bei uns wird wesentlich mehr

kontrolliert, dafür aber auch mehr geholfen. Deutsche Eltern verlangen von ihren eigenen Kindern teilweise sogar einen Beitrag zur Miete.“

In manchen türkischen Familien werden Mädchen und Jungs unterschiedlich behandelt. In anderen wiederum macht man keine Unterschiede. Das ist unterschiedlich von Familie zu Familie und hängt auch vom allgemeinen Niveau ab. Beispielsweise berichten zwei dieser jungen Akademikerinnen, dass in ihrer Familie keine völlige Gleichbehandlung herrscht und dass ihre Brüder wesentlich größere Freiheiten genießen. Wenngleich sie damit wiederum nicht sagen würden, sie selbst seien großen Repressalien ausgesetzt. Die anderen beiden wiederum berichten, in keiner Weise anders erzogen oder behandelt worden zu sein, als ihre Brüder. Dies lässt sich allerdings auch bereits daraus ableiten, dass ihre Familien ihnen ein Auslandsstudium fernab der familiären Kontrolle genehmigt haben.

Naturgemäß herrschen zum Thema Heirat unterschiedliche Meinungen unter den Studentinnen. Zwei von ihnen würden türkische Ehepartner aufgrund der kulturellen Gemeinsamkeiten vorziehen. Nur so könne man über die gleichen Dinge lachen und das Leben genießen. Die anderen wiederum sind der Auffassung, die Nationalität spiele keine Rolle.
„Die Menschlichkeit ist das Wichtigste – und die Liebe natürlich. Die Jugend hier macht im Allgemeinen einen unzufriedenen, ja unglücklichen Eindruck. In der Türkei hatten wir auch mit vielen Problemen und Schwierigkeiten zu kämpfen, was uns aber nicht daran gehindert hat, das Studentenleben zu genießen. Auf dem Campus herrschte immer eine ausgelassene Atmosphäre und alle waren gut drauf. Das ist hier ganz anders.“
Über ihre eigenen Zukunftserwartungen äußern sich alle positiv. Sie alle erwarten, dass sich die Dinge für sie positiv entwickeln werden und wünschen sich eine hohe Lebensqualität und beruflichen Erfolg. Zur Erreichung dessen haben sie sich für einen Auslandsaufenthalt entschieden.

Über die Entwicklungen in der Türkei und Deutschland befrage ich ebenfalls meine Interviewpartnerinnen. Die jüngsten Entwicklungen in der Türkei werden positiv bewertet, wenngleich sie sich mit der politischen Richtung der Regierungspartei AKP nicht identifizieren.
„Die Wirtschaft und die Politik sind heute stabiler. Außerdem haben die Beziehungen zwischen der Türkei und der EU eine positive Richtung eingeschlagen."
Negativ wiederum werden die Bestrebungen der Regierung angesehen, die gesetzliche Grundlage des Hochschulleitungsrates zu ändern und hier regierungsnahe Vertreter zu rekrutieren. Die Spannungen zwischen Regierung und Militär stoßen gleichfalls auf Ablehnung.
„In Europa begegnete man dieser Regierung anfangs mit Sorge. Dabei hat es Vorteile, als alleinige Partei die Regierung zu stellen. Ministerpräsident Erdogan ist sich dessen bewusst und redet daher immer davon, dass seine Partei sich geändert habe und verändert stetig das Image."
Wir kehren zurück zum Thema Deutschland.
„Unsere Einstellung zu Deutschland ist eher pessimistisch. Es herrscht eine hohe Arbeitslosigkeit. Beispielsweise werden kaum Nahrungsmittel produziert, sondern fast ausschließlich importiert. Außerdem gibt es große Schwierigkeiten im Bereich der Bildung. Japan ist in allen Bereichen viel weiter. Heute ist man auf Know-How und High Potentials aus Ländern der so genannten Dritten Welt angewiesen. Auch das Sozialstaatsprinzip leidet, die Renten gehen zurück. Für uns hat es den Anschein, dass man hier noch hart daran arbeiten muss, um diese Probleme zu bewältigen."
Ich frage sie nach ihren Einschätzungen über die Entwicklungen in der Welt.
„Die USA ist als alleinige Weltmacht zurückgeblieben. Als Russland am Ende war, sind, wurde der islamische Terror in den Mittelpunkt des Interesses gestellt. Sobald dieses Thema sich erledigt hat, wird ein neues Feindbild geschaffen werden. Obwohl es den Anschein hat, die Staaten der EU seien in manchen Punkten anderer Meinung, so stehen sie doch im

Grunde auf dem gleichen Standpunkt wie die USA. Offensichtlich herrschen große Ängste gegenüber China und Indien. Vermutlich wird man versuchen, Russland in die EU aufzunehmen, um in diese Märkte einzudringen. Die EU selbst hat keine Armee, die sie gegen die USA positionieren könnte. Daher werden sich innerhalb der EU in naher Zukunft vermutlich vier bis fünf Pole bilden."

Erneut kommen wir auf die Türkei zu sprechen.

„Die Öffentlichkeitsarbeit, die für die Türkei gemacht wird, ist nicht ausreichend. Es gibt zum Beispiel die Armenier-Frage. Diesbezüglich müsste die Lobbyarbeit von staatlicher Seite viel intensiver unterstützt werden. Das passiert aber nicht. beispielsweise könnten staatliche Fernsehsender wie TRT-Int diesbezügliche Sendungen in verschiedenen Sprachen ausstrahlen. Nur Werbung für Sonne und Meer allein ist nicht ausreichend. Wir haben so viel an kulturellen und historischen Schätzen zu bieten, aber das wird kaum publik gemacht. Unserer Ansicht nach wäre die Türkei dazu in der Lage, ihre Probleme zu lösen, würde man sich mehr auf die Stabilisierung in den Bereichen Bildung, wirtschaftliches Gleichgewicht, Bekämpfung der Arbeitslosigkeit und Informationsfluss konzentrieren."

Diese jungen Leute haben wichtige Anregungen für eine bessere Öffentlichkeitsarbeit in punkto Türkei vermittelt. Damit die Türkei den ihr zustehenden Platz in der Welt einnimmt und in die Lage versetzt wird, ihre Ansichten besser zu kommunizieren, ist es unabdingbar, dass Öffentlichkeitsarbeit noch effizienter betrieben wird. Bekanntermaßen sind die Vorzüge der Türkei im Ausland kaum bekannt. Selbst die Frauen aus dem Lande Atatürks erscheinen wie diejenigen in den rückständigsten Ländern der Welt. Einer der Gründe ist selbstverständlich, dass nach Deutschland überwiegend Familien aus den entlegenen und ländlichen Regionen einwanderten. Doch auch Deutschland, das Einwanderungsland, trägt dazu bei, indem nur über die negativen Seiten der Türkei und der Türken berichtet wird. Das im Ausland negative Image der Türkei wird dadurch weiter verstärkt, dass die Türkei selbst nur mangelhafte

Aufklärungsarbeit leistet. Wenngleich die Zuständigen in der Türkei bemüht sind, dieses Manko auszugleichen, so sind diese Bemühungen doch längst nicht ausreichend. Hier gilt es, effizientere Arbeit zu leisten.

„Wir werden als Ausländer angesehen und diskriminiert, obwohl wir deutsche Staatsangehörige sind, und werden dabei unmenschlich behandelt. Deswegen denke ich, dass die Vermittlung humaner Werte als Unterrichtsfach eingeführt werden sollte“ meint Ender E.

Ender wurde 1982 in Hamburg geboren. Da bereits sein Großvater seinerzeit nach Deutschland eingewandert war, gehört er zur hier lebenden dritten Generation.

Sein Großvater war in den 1960er Jahren gekommen und als Arbeiter der Deutschen Bundesbahn eingestellt worden. Über lange Jahre ließ er seine Ehefrau und seine sechs Kinder in der Türkei zurück, arbeitete und lebte allein in Deutschland. Mit seinem Verdienst sorgte er für den Lebensunterhalt seiner in der Türkei lebenden Familie und seiner Kinder, die dort die Schule besuchten. Zu einer Rückkehr kam es in den folgenden Jahren nicht. Stattdessen holte er später seine Frau und seine Kinder, die teilweise zwischenzeitlich das Abitur gemacht hatten, zu sich nach Deutschland nach. Heute lebt er als Rentner in Hamburg.

Erst gegen Ende der 1970er Jahre kam Enders Vater nach Hamburg, nachdem er in der Türkei sein Abitur gemacht hatte. Anfangs besuchte er eine Berufsschule, die eigens für Ausländer gegründet worden war. Später begann er, in einem Industrieunternehmen zu arbeiten, in dem er zunächst im Betriebsrat und danach in der Gewerkschaft aktiv wurde. Einige Jahre später machte er sich selbständig und ist es heute nach wie vor.

Enders Mutter hatte in der Türkei ihr Abitur gemacht und war zu Verwandten nach Deutschland gekommen, um Deutsch zu lernen. Nachdem sie hier heiratete kehrte auch sie nicht mehr zurück. Anfangs arbeitete sie in verschiedenen Jobs, die keine Qualifikation erforderten, was sie aber nie wirklich erfüllte. Also begann sie unter großen Entbehrungen eine Ausbildung zur Sozialpädagogin, die sie nach vier Jahren erfolgreich abschloss.

Anschließend trat sie eine Stelle in einer Vorschule an, in der sie nach wie vor beschäftigt ist.

Ender selbst ist heute 21 Jahre alt und hat noch einen 16jährigen Bruder.
Ab seinem dritten Lebensjahr besuchte er ganztags den Kindergarten. Im Anschluss an die vierjährige Grundschule kam er ab der fünften Klasse auf das Gymnasium, wo er allerdings aufgrund einiger Schwierigkeiten mit deutschen Lehrern keinen Erfolg hatte und auf die Realschule wechseln musste. Nach der Mittleren Reife ging er auf die Höhere Handelsschule. Anschließend absolvierte er ein einjähriges Praktikum bei der Hamburger Niederlassung der türkischen Iş Bank und erwarb somit die Fachhochschulreife.
Enders Eltern haben regelmäßig die Elternabende besucht und sich intensiv mit der schulischen Bildung ihrer Kinder befasst. Er fügt hinzu, dass sein Vater diesbezüglich besonders aktiv gewesen sei und auch Ämter im Rahmen der Elternvertretung übernommen hat.
Ender berichtet, dass er bis zu seinem 16. Lebensjahr überwiegend Kontakt zu deutschen Freunden gehabt habe. Später aber habe er sich besser mit türkischen und anderen ausländischen Jugendlichen, wie Iranern, Polen, Afghanen, verstanden und sich daher mehr mit ihnen angefreundet.
Über einen eventuellen Vergleich seiner eigenen Familie mit den Familien seiner Freunde berichtet er:
„Wenn ich meine eigene Familie mit denen meiner Freunde vergleiche, wird mir bewusst, wie sehr ich sie liebe. Bei uns herrscht echte Wärme. Bei den Anderen macht jeder, was er will und bei Ausgaben bezahlt jeder seinen eigenen Anteil. Bei uns dagegen wird alles gemeinsam bezahlt. Mein Freund Helge zum Beispiel muss seinen eigenen Anteil an der Telefonrechnung bezahlen. Bei uns nimmt jeder Anteil daran, wenn sich einer von uns freut oder über etwas traurig ist. Das ist anders bei den Deutschen. Auch wenn ich die Iraner nicht so gut kenne, denke ich, dass vieles bei ihnen ähnlich wie bei uns ist. Was das Thema Herzlichkeit und Anteilnahme anbelangt denke ich, dass die Peruaner und Afghanen uns ähnlicher sind, als die Deutschen."
Ender fährt fort und berichtet, dass er in der Schule eher den bequemen Weg gegangen ist und sich nicht stark auf den

Unterricht fixiert hat. In diesem Punkt hätten seine Eltern Recht behalten, sagt er, nicht ohne Selbstkritik zu üben.
„Hätte ich mich seinerzeit mehr angestrengt, wäre ich mich der Schule schneller fertig geworden und hätte eher mit dem Studium anfangen können. Aber trotzdem bin ich froh, dass Abitur doch noch geschafft und jetzt an der Uni zu sein“ sagt er stolz.
Ich frage Ender nach seinen Beobachtungen zum Thema Konsum im Vergleich zu seinen Freunden.
„Ich hoffe, ich habe die Frage richtig verstanden. Meine deutschen Freunde und die anderer Nationalitäten müssen ihr Geld selbst verdienen und damit auskommen. Die haben von klein auf immer einen bestimmten Betrag als Taschengeld bekommen. Das hat natürlich den Vorteil, dass sie lernen, mit dem Geld umzugehen. Ich finde es richtig, dass man schon früh mit solchen Übungen beginnt. Später können sie dann selbst arbeiten, verdienen und ihr eigenes Geld ausgeben. Bei den Deutschen ist es so, dass sie irgendwann alle selbst arbeiten und ihr eigenes Geld haben. Das ist bei allen so, die ich kenne. Bei mir ist es so, dass ich mit dem Geld, das ich verdiene, machen kann, was ich will. Wenn ich mit meinem Geld mal nicht auskomme, frage ich meine Eltern und sie geben mir Geld. Die Deutschen würden dann manchmal etwas dazugeben, wenn es ihnen nicht passen würde auch nicht. Ich lebe noch bei meinen Eltern und sie kommen für meinen Lebensunterhalt auf. Essen und Klamotten bezahlen meine Eltern aber Tanken muss ich selbst.“
Zu seiner Äußerung `Die Deutschen würden dann manchmal etwas dazugeben, wenn es ihnen nicht passen würde auch nicht.´ merke ich an, dass dies doch wohl für jeden gelte.
Ender entgegnet, „In unseren Familien versuchen die Eltern das Geld aufzubringen, auch wenn sie es sich in dem Moment eigentlich nicht leisten können.“
Bezüglich seines Studiums hat Ender ein festes Ziel vor Augen:
„Momentan warte ich noch auf Antwort von der Fachhochschule. Mein Pech ist, dass im Fachbereich Maschinenbau in diesem Semester erstmalig der Numerus

Clausus eingeführt wurde. Aber egal ob in diesem oder im kommenden Semester – das Studium werde ich auf jeden Fall beginnen. Bis es so weit ist, werde ich einfach Gelegenheitsjobs machen. Ich bin mir noch nicht sicher, ob ich nach meinem Diplom erst einmal ein paar Jahre hier arbeiten werde, denn eigentlich würde ich gerne in der Türkei arbeiten. Mir ist bewusst, dass in der Türkei eine hohe Arbeitslosigkeit herrscht und die Beschäftigungsmöglichkeiten begrenzt sind. Trotzdem hätte ich dort Vorteile aufgrund meiner Sprachkenntnisse."

Kurze Zeit nach unserem Interview erfahre ich, dass Ender zum Maschinenbaustudium zugelassen wurde und freue mich für ihn.

Die Identitätsfrage ist für Ender eindeutig geklärt:

„Ich bin Türke und fühle mich auch als Türke."

„Fühlst Du Dich wie ein Türkei in der Türkei?" frage ich nach.

„Nein, denn vor allem ist mein Türkisch nicht so gut. Es gibt schon bestimmte Unterschiede, weil ich hier aufgewachsen bin, aber trotzdem fühle ich mich besser, wenn ich in der Türkei in. Ich denke mal, dass ich mich dort völlig heimisch fühlen werde, wenn ich nur ein paar Jahre dort lebe."

Zum Vergleich Türkei und Deutschland sagt er:

„Hier ist alles viel ordentlicher, sauberer und vor allem grün. In der Türkei herrscht ein Durcheinander. Durch Bus und Bahn ist der Verkehr hier ganz gut geregelt und vielleicht würde ich auch hier bleiben, wenn das Wetter und die Menschen genauso wären, wie in der Türkei. Beim letzten Mal in der Türkei hatte ich mich etwas gelangweilt, aber ich habe mich trotzdem ganz wohl gefühlt und wollte gar nicht zurückkommen."

Ich frage ihn, ob er seine Einschätzung über die Geschehnisse in der Welt abgeben möchte.

„Einerseits tendieren viele Staaten dazu, sich nach EU Vorbild zusammenzuschließen. Auf der anderen Seite kommt es zur Spaltung aufgrund der Religionen. Mit dem Islam zum Beispiel assoziiert man unweigerlich Terror in der Welt. Länder wie die USA versuchen, ihre Vorherrschaft in der Welt auszubauen. Es ist, als hätten die USA sich die ganze Welt zu Untertan gemacht. Die Reichen werden eben immer reicher und die Armen immer ärmer."

Ender fährt fort.
„Ich wünsche mir, dass alle Menschen gleich behandelt werden, dass es keine Ausländerfeindlichkeit gibt, dass die Wirtschaft läuft und dass jeder die Möglichkeit hat, in seinem eigenen Land zu leben – in welchem Land auch immer. Besonders die Erwachsenen und die Lehrer sollten vermitteln, dass jeder gleich zu behandeln ist und die gleichen Chancen haben sollte. Ein Unterrichtsfach wie z.B. „Humane Werte" sollte hierfür eingeführt werden. In meinem Umfeld erlebe ich selbst, dass wir diskriminiert werden, weil wir Ausländer sind. Wenn ich an einer Tankstelle arbeite, muss ich mir anhören, dass ich eh zu keiner anderen Arbeit fähig wäre. Als ich mich mal telefonisch über eine Stellenanzeige informieren wollte, sagte mir mein Gegenüber, er wolle keinen Ausländer, sondern einen Deutschen. Man wird von der Polizei angehalten und das ganze Auto wird durchsucht. Mit diskriminierendem Verhalten dieser Art bin ich schon so oft konfrontiert worden. Immer noch sehen sie uns als Ausländer an, obwohl wir längst eingebürgert sind. Den Jugendlichen kann ich nur empfehlen, sich in der Schule anzustrengen und einen guten Abschluss zu machen, auch wenn sie vielleicht keine große Lust dazu haben. Sie haben keine andere Wahl, als erfolgreich zu sein. In der Tankstelle, in der ich arbeite oder bei Burger King habe ich nämlich diejenigen vor Augen, die ohne Abschluss von der Schule abgegangen sind."

Ender ist kein Einzelfall! Soweit ich festgestellt habe, versucht ein Großteil der hier geborenen und aufgewachsenen Jugendlichen mit Migrationshintergrund mit zahlreichen Widersprüchen umzugehen, ist unglücklich und orientierungslos. Was der Jugend am meisten zu schaffen macht ist, dass sie als Fremde oder als Menschen zweiter Klasse behandelt werden, obwohl sie in Deutschland geboren und aufgewachsen sind.
Dieser Zustand tritt bei den Türken verstärkt zutage. Jugendliche mit ausländischem Hintergrund erfahren in nahezu allen gesellschaftlichen Bereichen in Deutschland eine ablehnende Haltung. Wird dies kontinuierlich erlebt, kann es sich ab einem

gewissen Alter in einer aggressiven Gesamthaltung entladen. Die Verantwortung für diese Aggressivität kann aber nicht diesen Jugendlichen angelastet werden, sondern liegt in der deutschen Gesellschaft selbst. Wenn man erreichen möchte, dass in Deutschland eine glückliche Jugend aufwächst, die dieses Land liebt, dann muss die deutsche Gesellschaft sich auch ihrer eigenen Verantwortung bewusst werden, sich diesen Jugendlichen entsprechend öffnen und ihnen mit offenen Armen, Sympathie und Toleranz begegnen. Ausländerfeindlichkeit muss durch Einsatz entsprechender Methoden effizient beseitigt werden.

Ender berichtet über seine Hobbys:

„Ich habe Fußball gespielt, bis ich Beschwerden mit meinen Beinen bekam. Da musste ich dann aufhören. Ab und zu treibe ich verschiedene Sportarten, wie z.B. Boxen. Außerdem spiele ich das Instrument Saz."

Angesprochen zum Thema Heirat sagt er, dass er derzeit keine feste Freundin habe. Wenn es so weit wäre, würde er sich aber wünschen, dass es eine Türkin wäre. Dennoch fügt er hinzu, dass es letztendlich Schicksal sei und dass man so etwas nie voraussagen könne.

Zum Thema Rauchen, Alkohol und Drogen meint er:

„Zigaretten und Alkohol sind noch akzeptabel, Drogen aber auf keinen Fall. Da kenne ich keine Toleranz. In meinem Freundeskreis ist auch niemand, der Drogen nimmt. Ich würde auch gleich den Kontakt abbrechen, wenn jemand von meinen Freunden Drogen nehmen würde. Wenn es ein sehr guter Freund wäre, würde ich versuchen, ihm zu helfen."

Ich frage ihn nun, ob er regelmäßig in die Moschee geht.

„Wenn ich Zeit habe, gehe ich zum Freitagsgebet. Einige Male habe ich die traditionellen Abendgebete im Ramadan besucht. Ich bin zwar gläubig, aber gegen jeden Fanatismus."

„Hast Du je gestohlen?" will ich nun wissen.

„Als kleines Kind hatte ich aus dem Kindergarten mal kleine Spielzeugverkehrsschilder mitgehen lassen. Danach habe ich aber nie wieder etwas genommen, was mir nicht gehört. Ich

kenne auch niemanden, der geklaut hat. Zu meinem Freundeskreis gehört niemand, der so etwas macht."
„Welche Musik hörst Du? Welche Fernsehsender siehst Du am liebsten?"
„Ich höre türkische Musik. Fernsehen tue ich eher selten, aber wenn, dann am liebsten einige von den Serien auf RTL."
„Findest Du es problematisch, zwischen zwei Kulturen zu leben?"
„Nein."
„Gibt es jemanden, der für Dich ein Vorbild ist?" frage ich.
„Es gab einige Leute in meinem Bekanntenkreis, die studiert hatten. Wenn ich die gesehen habe, habe ich mir immer gesagt, dass ich das auch schaffen kann. Bilinç und mein Freund Özgür sind schon Vorbilder für mich, weil die extrem schnell mit ihrem Studium fertig waren. Mein Ziel ist, genauso früh fertig zu werden, wie die beiden."
„Wo würdest Du gerne leben, wenn Du die Wahl hättest?" frage ich.
„Da denke zunächst an die Türkei ein. Ich würde gerne mal ein paar Monate auf Probe dort leben, um zu sehen, ob das was für mich ist. Eigentlich wäre die Türkei meine erste Wahl!" sagt er quasi als Schlusswort.

Zum Abschluss wünsche ich Ender, dass er sein Leben in einem seinen Vorstellungen entsprechenden Land verbringen kann.

„Meine beiden älteren Schwestern und mein älterer Bruder sind Ärzte. Sie waren meine Vorbilder. Aber ich war einfach zu faul und mochte die Schule nicht" meint Nadir D.

Nadir wurde im Februar 1981 in Hamburg geboren und gehört zur zweiten Generation in Deutschland.
Sein heute 63jähriger Vater ist einer der ersten aus der Familie, der als Gastarbeiter nach Deutschland kamen. Er war einst über Vermittlung des türkischen Arbeitsamtes zu den Hamburger Blohm & Voss Werken gekommen, wo er bis zur Rente beschäftigt war. Obwohl seine Kinder und seine Frau nach wie vor in Hamburg leben, verbringt er selbst neun Monate des Jahres in der Türkei.

Dieses oben genannte Unternehmen hat enorm viele türkische Mitarbeiter beschäftigt, von denen im Rahmen des Stellenabbaus allerdings einige unter Zahlung von Abfindungen vorzeitig in den Ruhestand entlassen wurden. Bis zum Erreichen des endgültigen Rentenalters wurden die Gehälter weitergezahlt. Die Umstände, dass die Kinder in Deutschland leben, oder dass gesundheitliche Beschwerden hier behandelt werden müssen, dienen als Vorwand dafür, dass die Rentner nicht wirklich in die Türkei zurückkehren, sondern vielmehr zu Pendlern zwischen den beiden Ländern werden. Den Großteil des Jahres aber verbringen sie in der Türkei.

Die 54jährige Mutter ist Erzieherin und in einer öffentlichen Einrichtung beschäftigt, die von Türken und Ausländern anderer Nationalitäten, sowie ebenfalls von deutschen Familien und ihren Kindern besucht wird. Hierbei handelt es sich zwar um eine öffentlich geförderte Institution, die aber überwiegend von ihren ehrenamtlichen Mitarbeitern gestützt wird. Dieses Dienstleistungszentrum widmet sich vielfältigen Problemen und Anliegen von Migranten. Für einen verschwindend geringen Kostenbeitrag werden vielfältige Dienste – ob einfaches Briefeschreiben, Übersetzungen, Jobvermittlung, Beratung in

Rentendingen, Bildung, Gesundheit, Recht – angeboten. Das Zentrum ist dafür bekannt, insbesondere durch unsere Landsleute frequentiert zu werden.

Wir reden mit Nadir über die Arbeitsteilung innerhalb der Familie.
„Sowohl, als mein Vater noch arbeitete, als auch jetzt wo er als Rentner zeitweise hier ist, half und hilft er beim Kochen oder Einkaufen. Beim Saubermachen hat er aber nie mit Hand angelegt.
Ich frage mich, warum Männer zwar in der Lage sind, alle anfallenden Hausarbeiten selbst zu erledigen, solange sie alleine leben, ihre Ehefrauen aber kaum dabei unterstützen. Ob die Frauen hier wohl eine gewisse Mitverantwortung trifft?
Über sich selbst sagt Nadir: „Je nach dem: zu Hause und beim Einkaufen helfe ich schon mit. Reinigungsarbeiten aber mache ich höchstens ein Mal im Jahr."
Obwohl beide Elternteile gearbeitet haben, ist Nadir nie in eine Kindertagesstätte gegangen. Stattdessen hat man sich seine Betreuung innerhalb der Familie geteilt.
„Einen Kindergarten habe ich nicht besucht. Ich bin der Jüngste unter vier Geschwistern und wurde überwiegend von meinen beiden älteren Schwestern betreut und aufgezogen. Manchmal bin ich auch mit meiner Mutter zu ihrer Arbeit mitgegangen. Vor dem Kindergarten fürchtete ich mich. Ich mochte einfach nicht mit Menschen zusammen sein, die ich nicht kannte. Da gefiel es mir doch besser, zu Hause bei meiner großen Schwester zu sein. Das war möglich, weil meine Mutter erst zur Arbeit ging, wenn meine Schwestern von der Schule nach Hause kamen."
Nach der vierjährigen Grundschule ging Nadir auf das Gymnasium. Da er jedoch die erwarteten Leistungen nicht erbrachte, musste er ab der siebten Klasse auf die Realschule gehen. Nach der Mittleren Reife ging er auf die Höhere Handelsschule, die er auch abschloss. Im Anschluss daran machte er eine zweieinhalbjährige Ausbildung zum Speditionskaufmann. Er berichtet, dass er hier gelernt hat, wie Lkws und Container be- und entladen werden.

„Momentan bin ich arbeitslos. Jede Woche verschicke ich zwei bis drei Bewerbungen, aber eingestellt werden diejenigen, die die besseren Abschlüsse und mehr Berufserfahrung vorweisen können." Das Thema bedrückt ihn.
Ich erfahre, dass er weder mit Deutschen, noch mit Ausländern anderer Nationalitäten je schlechte Erfahrungen gemacht hat. Abgesehen davon seien in seinen Kreisen über 80 Prozent Ausländer.
Ich frage ihn nach den Lehrern in der Schulzeit.
„Kein Lehrer hätte an der Realschule bleiben können, wenn er Ausländer benachteiligt oder schlecht behandelt hätte. An der Berufsschule waren wir ja schon erwachsen und manche Schüler schon 30 oder 35 Jahre alt. Manche waren im gleichen Alter wie der Lehrer. Darum hatten wir mit den Lehrern einen eher freundschaftlichen Umgang und sie haben uns auch immer das Du angeboten."

Viele unserer hier lebenden Landsleute gerieten schon oft in Schwierigkeiten mit Deutschen, weil sie nicht richtig einschätzen konnten, wann das Du und wann das Sie angebracht war. Noch heute gibt es Jugendliche, die diese Unterscheidung nicht richtig machen können.
In einem meiner Deutschkurse für ältere Frauen hatte ich im Unterricht mal erklärt, dass fremde Personen mit ´Sie` angesprochen werden, während man Bekannte mit ´Du` anredet. Eine ältere Dame meinte daraufhin:
„Ach deswegen war mein Sitznachbar in der Bahn neulich so verärgert, als ich ihn mit Du anredete. Ich hatte schon gegrübelt, was der Grund gewesen sein könnte. Ich hatte doch nichts Böses zu ihm gesagt…"

Die Elternabende in Nadirs Schule hat meistens seine Mutter besucht. Sie hat auch keinen Elternabend der älteren beiden Töchter und des älteren Sohnes verpasst.
„Während ich selbst die Elternabendtermine meistens vergaß, hatte meine Mutter sie immer im Kopf. Mein Vater kam nur

dann in die Schule, als es sich um ein besonders wichtiges Problem handelte."
Als ich nachfrage, was denn `dieses besonders wichtige Problem´ gewesen war, antwortet Nadir:
„Einmal hatte ich im Rahmen einer Gruppenarbeit die Aufgabe nicht verstanden und daraufhin drei Fragezeichen an die Tafel geschrieben. Ich vermute, die Lehrerin hatte damals bei uns zu Hause angerufen. Mein Vater hatte mich dann auf das Thema hin angesprochen und war wegen dieser Sache auch in die Schule gekommen." Seiner Darstellung zufolge, dürfte es damals keine besonders bedeutende Angelegenheit gewesen sein.
Nadir berichtet weiter, auch deutsche Freunde, oder Freunde anderer ausländischer Abstammung zu haben, mit all denen er sich gut verstehe. Dennoch komme er am besten mit seinen türkischen Freunden aus.
Er ist der Ansicht, dass Jugendliche deutscher oder ausländischer Nationalität in punkto Konsum oder Taschengeld sich kaum voneinander unterscheiden würden. Er selbst habe ein Auto, was den größten Teil seines Geldes in Anspruch nehme. Dafür würden seine Freunde mehr Geld für Markenschuhe und –kleidung ausgeben.
Er hat es nie für nötig gehalten, seine eigene Familie mit anderen Familien zu vergleichen und tut dies auch heute nicht.
An den Klassenfahrten und Schulausflügen hat er immer teilgenommen und tut dies noch heute.
„Manche Fahrten mochte ich, andere wiederum nicht. Gerade am vergangenen Wochenende sind wir mit dem Fußballverein weggefahren. Da haben wir gezeltet, was mir eigentlich überhaupt nicht liegt. Außerdem war es so kalt und auf der Luftmatratze konnte ich nicht schlafen. Haben Sie schon mal auf einer Luftmatratze geschlafen? Es ist grauenhaft. Ich konnte mich richtig umdrehen und habe mich nach meinem Bett gesehnt."
Ich antworte, dass ich es zwar nie ausprobiert habe, aber aufgrund meiner zierlichen Statur wohl keine Probleme damit hätte. Bei Nadir sehe ich ein, dass es mit einer Größe von etwa 1,90 m schon schwierig gewesen sein muss.

Wir kehren zurück zum Thema Arbeit und Jobsuche. „Gibt es etwas, was Du rückblickend bereust? Was hättest Du aus heutiger Sicht anders machen sollen?“ frage ich weiter.
„Natürlich“ antwortet er und fährt fort: „Vieles wäre heute besser, wenn ich auf dem Gymnasium nicht so faul gewesen wäre. Das Einzige, was mir damals wichtig war, war Fußball. Ich habe meine ganze Zeit ins Fußballspielen investiert. Ich habe drei ältere Geschwister, die alle Ärzte geworden sind. Sie waren zwar Vorbilder für mich, im Endeffekt war ich aber einfach faul. Ich hätte nie, wie z.B. meine Schwester, drei oder vier Stunden damit verbringen können, ein Buch zu lesen. Die Hausaufgaben erledigte ich meistens in aller Eile noch in der Schule. Fernsehen und Fußball haben mich viel mehr interessiert. Meine Familie hat zwar Druck ausgeübt, ich habe mich damals aber nicht davon beeinflussen lassen. Das hat immer höchstens ein oder zwei Tage gewirkt. Danach war jedes Mal wieder alles beim Alten.“
Leider fehlte mir die Zeit, um detaillierter nach den Gründen zu fragen und zu ergründen, warum Nadir die Schule gehasst hat. Es ist eine Äußerung von der Art, die sehr wohl näherer Analyse bedarf. Hinzu kommt, dass die drei älteren von vier Geschwistern großen schulischen Erfolg erreichen und zu Medizinern werden, während der Jüngste sagt, er hasse die Schule. Um ehrlich zu sein, wuchs meine Neugier nach den Gründen, warum dieser Jugendliche einen solchen Hass auf die Schule entwickelt hat, nachträglich an. War es der Druck des Elternhauses? Der Druck aus dem sozialen Umfeld? Haben die Lehrer Druck ausgeübt? Es musste einen Grund haben, nur welchen?
Nadir fährt fort:
„Ich mag den Beruf, den ich gelernt habe und will ihn auch ausüben. Ich würde gerne in einem Unternehmen, in dem auch junge Leute meines Alters arbeiten, beschäftigt sein. Das würde mir aber schwer fallen, wenn da auch so eine Hexe wäre, wie in meinem Lehrbetrieb.“
Ich frage ihn, wohin er sich zugehörig fühlt.

„Ich gehöre nach Deutschland und zu den Deutsch-Türken. Weder bin ich wie ein Deutscher, noch wie die Türken in der Türkei. Ich gehöre hierher. Obwohl mein Türkisch gut ist, fühle ich mich dort immer wie ein Fremder." Mit diesen Worten drückt er den Gedanken vieler türkischer Jugendlicher aus.

Nadir berichtet, dass Mädchen und Jungen in seiner Familie keine unterschiedliche Behandlung erfahren haben. Angesichts dessen, dass die beiden älteren Schwestern – genauso wie der ältere Bruder – die bestmögliche Ausbildung erhielten, hätte ich auch nichts anderes erwartet. Die Eltern, insbesondere die Mutter, sind zu beglückwünschen. Während der Vater längst in die Türkei zurückgegangen ist, blieb die Mutter hier und noch immer arbeitet sie und ist für ihre Kinder da. Hätten die Kinder ihre jetzigen Erfolge je erreicht, ohne eine Mutter, die sich stets intensiv mit ihren Anliegen befasst und diese gefördert hat? Ich denke nicht. Immer wieder beobachten wir und hören von den Schwierigkeiten zahlreicher Jugendlicher, die daraus resultieren, dass die Mütter ihnen nicht mehr Förderung angedeihen lassen oder schlicht nicht in der Lage hierzu sind. Doch die Mutter dieses Jugendlichen ist ein Vorbild nicht nur für türkische, sondern für alle Mütter in der Welt, die es verdient, dass man ihr den größtmöglichen Respekt zollt. Ich beglückwünsche sie aus ganzem Herzen.

Nun frage ich Nadir nach seinen Erwartungen an seine zukünftige Ehegattin.
„Sie sollte natürlich Türkin sein" sagt er, fügt aber hinzu: „Ich könnte jetzt aber nicht sagen, ich würde sie nicht heiraten, wenn sie keine Türkin ist. Man kann es nie wissen, vielleicht treffe ich ja draußen eine Italienerin, in die ich mich verliebe. Freuen würde ich mich aber schon, wenn es eine Türkin wäre."
Sein Türkisch ist zwar nicht ganz so, wie es in der Türkei gesprochen wird, aber auch nicht schlecht.
„Mein Türkisch ist zwar auch nicht besonders gut, aber einige, die wie ich hier geboren und aufgewachsen sind, sprechen einfach miserabel Türkisch" sagt er.

Weiter berichtet er, mit der deutschen Sprache nie Schwierigkeiten gehabt zu haben. Zu Hause redet er mit seinen Geschwistern Deutsch und mit seiner Mutter Türkisch.
Wir reden nun über das Thema Zukunftsperspektive.
„Ich hoffe, dass die Zukunft positiv verlaufen wird. Jeder hat seine Träume. Da ich selbst derzeit arbeitslos bin, wünsche ich mir, dass ich so bald wie möglich einen Job finden werde. Für meine Geschwister freue ich mich natürlich. Ich selbst wollte Kaufmann werden und bin es auch geworden. Jetzt will ich eine Arbeit finden."
Seine Erwartungen an die Entscheidungsträger formuliert er kurz und bündig.
„Von den Erwachsenen und Entscheidungsträgern erwarte und wünsche ich, dass sie sich intensiver den Anliegen der Jugendlichen widmen."
Die Türkei sieht Nadir als ein Urlaubsland und zieht es vor, in Deutschland zu leben.
Als er sagt, dass er sich mit Politik überhaupt nicht befasst und sich da auch nicht auskennt, frage ich ihn, ob nicht auch das Thema Arbeitslosigkeit mit Politik zu tun habe und führe diese Frage aus. Ihm ist unbehaglich, geradezu unwohl.
„Da haben Sie Recht, aber da kenne ich mich zu wenig aus." Ich habe den Eindruck, er will mir damit seine Zustimmung mitteilen.
Nun geht es über zum Thema der Entwicklungen und Geschehnisse in der Welt.
„Natürlich gehen diese Entwicklungen auch mich etwas an und berühren mich. Der Terror überall macht Angst, in Deutschland steigt die Arbeitslosigkeit und ich bin selbst arbeitslos. Hoffentlich findet der Krieg im Irak bald ein Ende" fügt er noch hinzu.

Dieser Jugendliche, der von sich selbst sagt, er kenne sich mit Politik nicht aus, spricht die sensibelsten Punkte überhaupt an, denn es sind die Punkte, die auch ihn sehr berühren. Offensichtlich sieht er den Begriff der Politik hingegen als etwas Abstraktes an, dass ihn nichts angeht. Wenn diese Jugendlichen sich nur dessen bewusst würden, dass jeder Aspekt unseres Lebens – angefangen von unserer täglichen Nahrung, dem Wasser, ja sogar der Luft, die wir einatmen – durch die Politik bestimmt wird, wäre ihnen deutlich werden, dass sie selbst Einfluss nehmen können. Dann würden sie beginnen, in ihrem eigenen Interesse zielorientierter zu arbeiten und ihre Meinungen effizienter kund zu tun. Sind es denn etwa nicht die Politiker, die durch gute oder schlechte Entscheidungen den Lauf der Dinge, die Qualität unseres Trinkwassers und auch der Luft, die wir einatmen, beeinflussen? Man kann sagen, dass die Politik in Verbindung mit allem steht und dass es daher die Pflicht eines jeden ist, sich mit ihr zu befassen.

Mich interessiert nun Nadirs Meinung zum Thema Drogenkonsum unter Jugendlichen.
„Es gab welche, die Drogen nahmen, mit denen ich aber nie zu tun hatte und auch heute nicht habe. Zu Freunden, von denen ich erfahren hatte, dass sie Drogen nehmen, habe ich sofort den Kontakt abgebrochen. Ein Jugendlicher, den ich selbst kannte, war Konsument und gleichzeitig Dealer. In der letzten Klasse der Höheren Handelsschule war ich etwa 18 oder 19 Jahre alt und mochte ihn nicht besonders. Während des einen Jahres wollte er sich immer wieder mal auch am Wochenende mit mir treffen, worauf ich mich aber nicht einließ. Jetzt haben wir sowieso überhaupt keinen Kontakt mehr."

Ich wünsche ihm, dass er so bald wie möglich eine seinen Erwartungen entsprechende Stelle findet und beende das Gespräch.

Güler D. sagt, „Mir kommt es vor, als würden die Menschen überhaupt keine Lehre aus der Vergangenheit ziehen.“

Güler wurde 1987 in Kayseri geboren und kam 1990 nach Deutschland.
Ihre Tante mütterlicherseits war die Erste aus der Familie, die nach Deutschland kam. Sie selbst und ihre Familie wurden von dieser Tante nachgeholt. Wenngleich die Tante anfangs studierte, erkrankte sie später und wird derzeit in einer psychiatrischen Klinik behandelt. Derzeit werde geprüft, ob sie weiter dort behandelt werden müsse, oder nicht.
Gülers Mutter ist 39 und der Vater 40 Jahre alt. Güler ist ein Einzelkind.
„Ob mein Vater irgendeiner Arbeit nachgeht oder nicht weiß ich nicht, da wir keinen Kontakt zueinander haben. Als ich elf Jahre alt – also in der fünften Klasse war – ließen meine Eltern sich scheiden. Mein Vater hat den Kindern anderer Leute stets mehr Aufmerksamkeit gegeben, als mir. Später in der sechsten und siebten Klasse wollte er wieder Kontakt zu mir haben. Als ich aber nicht wollte, kam er mit Drohungen. Mir kam es komisch vor, dass er sich plötzlich um mich kümmern wollte, weil er das früher, als ich noch kleiner war, nie getan hat. Wenn ich richtig informiert bin, lebt er momentan in Berlin.“
Mir fällt auf, dass Güler ein sehr gutes Türkisch spricht. Daher frage ich sie, woher diese Fähigkeit kommt.
„Mit meiner Mutter und meiner Tante reden wir zu Hause nur Türkisch. Außerdem habe ich zwei Stunden die Woche Türkischunterricht in der Schule.“
Sie lebt mit ihrer Mutter zusammen, die eine eigene Änderungsschneiderei betreibt. Güler berichtet, ab ihrem 3. Lebensjahr den Kindergarten besucht zu haben und ihre Mutter bei allen anfallenden Arbeiten zu unterstützen.
Nach der vierjährigen Grundschule ging Güler zunächst auf das Gymnasium, wurde aber auf die Realschule zurückgestuft, da sie

die dortigen Anforderungen nicht erfüllte. Momentan besucht sie die letzte Klasse der Realschule.
Über dic Gründe, warum sie vom Gymnasium wechseln musste, äußert sie sich wie folgt:
„Ich war einfach nicht bereit dafür. Mein Vater hatte mich angemeldet. Mir aber war es zu schwer dort."
Güler berichtet weiter, weder mit deutschen Freunden, noch mit Freunden anderer Nationalitäten schlechte Erfahrungen gemacht zu haben.
Da die Mutter nicht so gutes Deutsch gesprochen habe, sei die Mutter früher immer in Begleitung ihrer Schwester zu den Elternabenden gegangen. Beide hätten aber nie Ämter oder Aufgaben in der Schule übernommen. Später in den höheren Klassen habe die Mutter Güler so sehr vertraut, dass sie entweder gemeinsam mit ihr zu den Elternabenden gegangen sei, oder aber Güler alleine hingeschickt habe. Mit ihrer Mehrfachbelastung sei die Mutter immer vollauf beschäftigt gewesen, insbesondere, da sie auch für den Unterhalt der Familie alleine sorgen musste. Deswegen hat sie auch an vielen Aktivitäten in der Schule nicht teilgenommen.

So sehr die Mutter ihrer Tochter auch vertraut haben mag, bleibt es doch fragwürdig, wie angebracht es ist, dass eine Schülerin selbst an Gesprächen teilnimmt, die sich auf sie selbst beziehen. Unweigerlich wird sich im Unterbewusstsein festsetzen, dass bei allem was man anfängt, die familiäre Unterstützung einfach nicht da ist, was zu einem mangelnden Selbstbewusstsein führt. Wenngleich Güler äußerlich den Eindruck eines selbstbewussten Mädchens mit einem ausgeglichenen und ruhigen Naturell macht, so verleitet mich der sensible Ausdruck auf ihrem Gesicht dennoch zu der Annahme, dass in ihrer Erziehung irgendetwas gefehlt haben muss.

Mit einem Hauch von Stolz berichtet Güler, auch Freunde anderer Nationalitäten zu haben.
„Ich habe brasilianische, griechische, türkische, bosnische und thailändische Freunde."

Die Welt rückt zusammen und die Menschen wandern für die Möglichkeit auf Arbeit und bessere Lebensbedingungen im wahrsten Sinne des Wortes bis ans andere Ende der Welt aus. Zweifellos gehört Deutschland zu den Ländern der Erde, welches mit die höchsten Einwanderungszahlen aufzuzeigen hat. Wenngleich sich einige deutsche Politiker immer noch sträuben, das Wort „Einwanderungsland“ in Bezug auf Deutschland in den mund zu nehmen.
Und obwohl das Land in jüngerer Zeit mit wirtschaftlichen Schwierigkeiten zu kämpfen hat und die Arbeitslosigkeit stetig ansteigt, so gehört es doch nach wie vor zu den reichsten Ländern der Welt. Aus diesem Grund leben hier auch Menschen aus allen Ländern miteinander und haben die Möglichkeit, untereinander Freundschaften zu schließen. Dass Menschen aus verschiedenen Kulturen hier miteinander leben, stellt für Deutschland und die Menschen, die hier leben, eine immense Bereicherung dar. Einige Deutsche wiederum, die es nicht verstehen, diesen Reichtum zu begreifen, nehmen eine ablehnende Haltung Ausländern gegenüber ein, womit sie ihrem Land keinen guten Dienst erweisen.

Zum Thema Konsum sagt Güler: „Wenn einige meiner Freundinnen erzählen, wie viel Geld sie für eine Hose ausgegeben haben, frage ich mich, wie das sein kann. Ich selbst suche mir immer günstigere Alternativen.“
Nun frage ich sie, ob sie ihre Familie mit deutschen Familien vergleicht.
„Manchmal kommt das vor und ich mache mir Gedanken! Ich frage mich dann, ob ich genauso wäre, wie ich heute bin, wenn meine Mutter nicht so tolerant und offen wäre wie sie ist. Wenn sie zum Beispiel wie einige andere Mütter wäre. Mit meiner Mutter kann ich über wirklich alles reden und wir haben ein freundschaftliches Verhältnis.“
Ob sie ein besonders gravierendes Erlebnis mit Deutschen hatte, will ich von ihr wissen.
„Ich mache keine Unterschiede und würde nicht behaupten, alle Deutschen wären gut oder eben nicht. Für mich zählen

zuallererst die Persönlichkeit und Menschlichkeit. Ich achte eher auf den Charakter. Ich will Ihnen von einem gravierenden Erlebnis erzählen" sagt sie und fährt etwas bedrückt und verlegen fort. Dabei macht sie den Eindruck, als koste es sie Überwindung, über dieses Thema zu reden. „Meine Tante hatte sich von ihrem Mann getrennt und später einen Deutschen kennen gelernt. Wir verstanden uns sehr gut mit ihm und er mit uns. Der erste Mann meiner Tante hat sie immer unterdrückt, was auch der Grund dafür war, dass sie sich von ihm trennte. Der deutsche Freund meiner Tante war Sportler und sie haben oft zusammen Sport getrieben. Der Ex-Mann meiner Tante hat auf ihren Freund geschossen und er starb an seinen Verletzungen. Der Mörder wurde in der Türkei gefasst und ist jetzt im Gefängnis. Diesen Schrecken werde ich niemals vergessen. Besonders meine Cousine stand unter Schock, denn ihr Vater war zum Mörder geworden."

Wie hätte sie auch nicht unter Schock stehen sollen! Solch fürchterliche Ereignisse hinterlassen ihre Spuren nicht nur bei Kindern und Jugendlichen. Selbst hart gesottene Erwachsene, die ansonsten gewohnt sind, einen kühlen Kopf zu bewahren, lässt so etwas nicht kalt. Leider bleibt uns Außenstehenden kaum mehr übrig, als den Betroffenen viel Geduld und Kraft zu wünschen. Einen Punkt möchte ich dennoch ansprechen: Wenn zwei Menschen sich nicht verstehen, keine gegenseitige Liebe mehr empfinden, nichts mehr miteinander gemeinsam haben bzw. teilen können und nicht miteinander glücklich sind, dann sollten sie unter keinen Umständen verpflichtet sein, weiter miteinander zu leben. Das Leben ist zu kurz, als dass Menschen sich selbst und ihr Umfeld unglücklich machen. Menschen, die miteinander glücklich sind, sollte man in Ruhe lassen. Ist es nicht erstrebenswert, dass zwei Menschen, die sich getrennt haben, Freunde bleiben können. Warum wird Gewalt angewendet? Warum muss ein Mord geschehen? Warum musste den sich Liebenden, dem Opfer, seinen Angehörigen und auch dem Täter, der nun sein Leben im Gefängnis fristen muss, dieses Leid widerfahren? Ich komme nicht umhin mir zu wünschen, dass Menschen es endlich verstehen, in Ruhe und Toleranz in einer

Welt miteinander zu leben, in der solches Leid nicht mehr geschieht. Jeder möge seinen Beitrag hierzu leisten.
Wir reden weiter über das Thema Selbstkritik.
„Bei der Wahl meiner Freunde kritisiere ich mich selbst. Ich frage mich, ob ich wohl zu blauäugig bin? Ich vertraue zu schnell und glaube immer alles. In der siebten und achten Klasse hatte ich mich mit zwei Mädchen angefreundet und nur ihretwegen verhielt ich mich den Lehrern gegenüber aufsässig und meine Mutter war enttäuscht von mir. Daraufhin zog ich mich - ohne viel Aufhebens zu machen – von ihnen zurück. Meinen Kontakt brach ich ab, ohne ihnen die Gründe zu sagen. Tatsache ist aber, dass ihr Lebensstil mich sehr beeinflusste. Die eine war oft und lange aus. Die andere wiederum hatte eine miserable Situation zu Hause: die Mutter psychisch krank, keinen Vater. Für den Lebensunterhalt sorgte die Schwester. Sie waren keine Familie, sondern lebten nur im gleichen Haushalt. Das war etwas, was mich sehr beeinflusst hat. Das waren keine schlechten Mädchen, doch ich war zu jung, um helfen zu können. Meine Mutter hat auch sehr darunter gelitten, dass wir ihnen nicht helfen konnten.“

Mit dieser Schilderung spricht Güler ein gravierendes gesellschaftliches Problem an.
Indem sie sagt, `Sie waren keine Familie, sondern lebten nur im gleichen Haushalt´ beschreibt sie diese Situation völlig zutreffend. Eine Familie existiert per se noch nicht, wenn man eine Wohnung miteinander teilt. Eine Familie zu sein bedeutet, gute und schlechte Zeiten, Glück und Trauer miteinander zu teilen, sich gegenseitig zu unterstützen und zu helfen. Wenn all dies nicht gegeben ist, welchen Sinn macht es dann noch, zusammen zu sein?! Das geschilderte Beispiel zeigt, dass solche sog. Familien – wie in der ganzen Welt – auch in Deutschland existieren.
Türken, die psychische Hilfe benötigen, aber keinen Menschen oder keine Institution haben, die ihnen die Hand reicht, oder einfach zu Stolz sind, um Hilfe zu suchen … Daneben gibt es noch solche, die nicht genug Deutsch sprechen, um sich

entsprechend beraten zu lassen. Eine Reihe von Landsleuten lebt so in erbärmlichen Umständen vor sich hin. Noch härter aber trifft es die Kinder in diesen Familien. Wären sie in ihrem eigenen Land, würde ihnen mit Sicherheit der eine oder andere Angehörige die helfende Hand reichen, doch in einem fremden Land sind sie oftmals der Ratlosigkeit ausgesetzt und wissen nicht, was zu tun ist. Möglicherweise wäre Abhilfe gegeben, wenn man wüsste, an welche Stellen man sich zu wenden hat.

Ich frage nun Güler nach ihren Zukunftsplänen und Berufswünschen.

„Journalistin möchte ich werden. Ich denke mal, dass ich das zusammen mit Psychologie studieren kann. Bei einer Zeitschrift habe ich mal ein Praktikum gemacht. Das hat mich sehr beeindruckt. Aber jetzt will ich erst mal mein Abitur machen. Hoffentlich überlege ich es mir bis dahin nicht anders ..."

Sie berichtet weiter, dass sie sich in Deutschland sehr wohl fühlt und die Türkei lediglich als Urlaubsland kennt.

„Ich weiß nicht, ob ich mich an den Lebensstandard in der Türkei anpassen könnte. Erst in diesem Jahr hatte ich Sehnsucht nach der Türkei verspürt, was früher nie der Fall war. Ich habe das Wetter, die Sonne, einfach alles vermisst. In Deutschland bin ich keine Deutsche, in der Türkei keine Türkin."

Das ist eine Einschätzung, die wir von fast 90 Prozent der Jugendlichen der zweiten und dritten Generation hören.

Nun frage ich sie, ob sie etwas zum Thema familiäre Ungleichbehandlung von Mädchen und Jungen sagen kann.

„Zu diesem Punkt kann ich nicht so viel sagen, denn bis auf einen Onkel besteht unsere Familie nur aus Frauen. Ich habe drei Tanten."

Zum Thema Heirat sagt sie:

„Mein Freund ist Ausländer, auch kein richtiger Deutscher. Er ist halb Deutsch und halb Brasilianer. Einen türkischen Freund hatte ich nie. Wichtig ist, dass man sich versteht."

Über das Thema Sprachen sagt sie, dass neben ihrem Türkisch auch ihr Deutsch ganz gut sei. Englisch verstehe sie, habe aber Schwierigkeiten bei der Aussprache.

Nun befrage ich sie zu ihrer Zukunftsperspektive.
„Wenn ich in die Zukunft sehe, muss ich daran denken, dass die Menschen von Tag zu Tag einsamer werden und ich mache mir Sorgen darüber. Ich glaube an mich selbst und bin davon überzeugt, dass man Erfolg haben wird, wenn man an sich selbst glaubt. Ich bin dagegen, wenn Menschen andere Menschen erniedrigen. Positives Denken ist wichtig. Ich versuche, mich daran zu halten. Natürlich wird das Leben auch Schwierigkeiten haben, aber ich fühle mich bereit, mich diesen Hürden zu stellen." Durch ihre Äußerung macht sie einen von sich überzeugten und selbstbewussten Eindruck. Ich wünsche ihr, dass sie in ihrem Leben mit keinen nennenswerten Hürden konfrontiert sein wird.
Kommen wir nun zu ihren Erwartungen an die Familie und die Verantwortlichen.
„Ich erwarte, dass sie in guten, wie in schlechten Zeiten immer für mich da sind. Außerdem wünsche ich mir, dass meine Lehrer mich unterstützen, wenn ich im Recht bin. Im Allgemeinen sollten die Menschen ehrlicher sein."
Ich bitte sie nun um ihren Vergleich zwischen der Türkei und Deutschland.
„Das Erste, was mir einfällt, ist, dass die Menschen in der Türkei warmherziger sind. So weit ich beobachten konnte, würde sich ein Ausländer dort nicht fremd fühlen. Bei den Deutschen ist es, als würden sie erst eine Leistung von einem erwarten, bevor sie einen schätzen. Es erscheint mir, als wäre selbst ein Ausländer, der seit Jahren hier lebt und viel für die Gesellschaft geleistet hat, beim kleinsten Fehler unten durch."
Wie sie die Entwicklungen in der Welt einschätzt frage ich.
„Es ist schlimm. Ich weiß nicht, was noch alles passieren wird. Es ist, als würde sich alles wiederholen und die Menschen keine Lehren aus der Vergangenheit ziehen. Das ist nicht gut. Amerika zum Beispiel hat keine Lehren aus Vietnam gezogen. Den Menschen im Irak geht es doch schon so schlecht. Die sind einfach am Ende."
Wir kommen nun zum Thema Drogenkonsum im eigenen Umfeld.

„In meiner Klasse gibt es ein Mädchen und einen Jungen. Ich sage ihnen ganz offen, wie schrecklich das ist. Das sind auch nicht meine besten Freunde. Ich sehe sie nur in der Schule oder auf der Straße. Die sind keine kleinen Kinder mehr und kennen die schädlichen Auswirkungen und Gefahren. Sie behaupten, damit aufgehört zu haben. Ich denke mal, dass sie von ihrem eigenen Umfeld beeinflusst werden. Immer sagen sie, dass das Leben so schwer sei. Deswegen denke ich, dass sie die positiven Seiten im Leben nicht sehen. Ich denke mal, dass man am Anfang von anderen beeinflusst wird, die Drogen nehmen. Dann wird man neugierig, probiert es und kann nicht mehr damit aufhören."

Abschließend berichtet sie, dass sie an allen Klassenfahrten und Ausflügen immer teilgenommen hat.

Ich frage sie, ob sie in die Moschee geht und sie antwortet, dass sie nur einmal im Rahmen einer Besichtigung eine Moschee in der Stadt Bursa besucht hat. Da Güler zur Arbeit gehen muss und die Zeit knapp ist, brechen wir unser Gespräch hier ab. Ich wünsche ihr viel Erfolg beim Meistern aller Hürden in ihrem Leben und wir verabschieden uns.

Bilal erzählt, „Bei einem Vorfall in der Schule wurde ich mal bestraft, obwohl ich keine Schuld hatte.“

Gökhan, der meint, „Ich selbst gebe ziemlich viel Geld aus, obwohl Türken eigentlich eher sparsam sind.“

Bilal und Gökhan sind zwei Jugendliche, die beide 1984 in Hamburg geboren wurden. Da sie hier in ihrer Freizeit an verschiedenen Aktivitäten teilnehmen, führen wir unser Interview mit beiden in einer Moschee, die von dem staatlichen Religionsamt in der Türkei verwaltet wird.
Die Großväter von beiden kamen seinerzeit als Gastarbeiter nach Deutschland und sind heute Rentner.
Bilals Vater ist 42, seine Mutter 39 Jahre alt. Beide sind als Arbeiter beschäftigt.
Gökhans Vater ist 45, seine Mutter ist 39 Jahre alt. Der Vater ist Arbeiter, die Mutter Hausfrau.
Die Väter beider Jungen helfen je nach Situation im Haushalt. Beide sind bis zur Einschulung zu Hause betreut worden, ohne den Kindergarten besucht zu haben.
Bilal hat vor der Einschulung ein Jahr lang die Vorschule besucht. Gökhan hingegen ist vorher schon in der Türkei drei Jahre lang zur Schule gegangen. Er ist dort relativ früh eingeschult worden. Nachdem er nach Deutschland geholt wurde, hat er hier erneut ab der ersten Klasse begonnen. Nach der Grund- und Realschule wechselte er auf das Gymnasium. Momentan besuchen beide die 12. Klasse am Gymnasium. Bei den Klassenfahrten haben beide immer teilgenommen.
„Habt ihr in der Schule je schlechte Erfahrungen mit Lehrern gemacht, weil ihr Ausländer, bzw. Türken seid?“
Bilal beantwortet meine Frage zuerst: „Also ich schon. Bei einem Vorfall in der Schule wurde ich mal bestraft, obwohl ich keine Schuld hatte.“
Gökhan hingegen meint, „Das kommt vor. Ich selbst habe es bei der Notenvergabe erlebt.“

Die Eltern von beiden sind regelmäßig zu den Elternabenden gegangen. Bilals Mutter ist überdies in der Elternvertretung aktiv.
„Habt Ihr Freunde, die Deutsche sind oder andere Nationalitäten haben? Seht Ihr Unterschiede zwischen ihnen und Euch im Konsumverhalten und Geldausgeben?"
Bilal sagt, „Mein Freundeskreis ist international. Ich gebe eigentlich mehr Geld aus, als die anderen. Bei uns gibt man mehr Geld aus, obwohl unsere Familien eigentlich sparsamer sind."
Gökhan meint, „Ich habe Freunde aus verschiedenen Ländern. Die Anderen geben weniger Geld aus. Ich bekomme mehr als sie und gebe es auch schneller aus. Türkische Familien sind eigentlich sehr sparsam."

Die Feststellungen von Bilal und Gökhan sind berechtigt, denn insbesondere die erste Generation hier lebender Türken war äußerst vorsichtig mit ihren Ausgaben. Wenngleich sie sich noch alles vom Munde absparten, wurde man ab der zweiten und in der dritten Generation schon wesentlich freigiebiger mit seinen Finanzen. Die Älteren leisteten sich kaum etwas und lebten höchst genügsam, um ihr Geld in der Türkei anzulegen, wohin sie zurückgehen würden. Man wollte seine Zukunft abgesichert wissen. Heute jedoch sehen sie das in finanziellen Dingen freigiebige Verhalten ihrer Kinder und Kindeskinder als völlig normal an und unterstützen es sogar, indem sie ihnen alles geben, was sie sich selbst einst versagten. Damit tut man den jungen Leuten, denen noch gar nicht bewusst geworden sein kann, unter welch schwierigen Bedingungen Geld verdient wird, keinen Gefallen. Wenn der Eltern-, bzw. Großelterngeneration dies erst einmal bewusst geworden ist, ist es meist zu spät. Hat man sich erst einmal ein verschwenderisches Verhältnis zum Geld angewöhnt, ist es meist zu spät, um hier Abhilfe zu schaffen, bzw. dem Einhalt zu gebieten. Die Eltern, die dachten, sie würden ihre Kinder glücklich machen, indem sie ihnen alle materiellen Wünsche erfüllten, sehen dann, dass sie sie im Grunde unglücklich gemacht haben und bereuen nachträglich ihr Handeln. Junge Menschen müssen die Grenzen des Gebens und des Nehmens erfahren. Ansonsten werden sie auf Abwege entgleiten und die Gefahr besteht, dass sie sich selbst, wie ihre Familien ins Unglück stürzen. Die Aufgabe der Familien sollte es sein, ihren Kindern zu vermitteln, dass alles im Leben seine Grenzen haben muss. Jemandem, der bereits gesättigt ist, noch mehr anzubieten, wird ihn krank machen. Genauso sollte man bestrebt sein, einen gesunden Umgang zum Geld zu vermitteln. Wenn man auf das Wohl der Kinder bedacht ist – woran ich keinerlei Zweifel habe – dann ist es völlig ausreichend, deren Bedürfnissen entgegenzukommen, ohne zu übertreiben. Auch ist es nicht ausreichend, den Kindern nur Materielles zu geben. Dies muss gepaart werden mit der Übertragung von Aufgaben und Verantwortung. Nur so werden sie die Realitäten des Lebens begreifen lernen. Es gibt Familien, die am völlig falschen Ende sparen und dafür an anderer Stelle überflüssige Ausgaben tätigen. Beispielsweise werden Kinder nicht auf Klassenfahrt oder in Sport- oder andere Vereine geschickt, weil das Geld knapp sei. Ein anderes Mal wird ein Buch nicht gekauft. Wenn es aber darum geht, eine äußerst teure Markenjacke zu kaufen, wird nicht gezögert. Durch dieses Ungleichgewicht aber wird man nur das Heranwachsen einer Jugend fördern, die völlig oberflächlich, nur auf den äußeren Schein bedacht und irgendwann nicht mehr zu befriedigen ist. Damit wird niemandem geholfen sein.

„Kommt es vor, dass ihr aus verschiedenen Gesichtspunkten Eure eigenen Familien mit den Familien Eurer deutschen Freunde vergleicht?“ frage ich.
Bilal und Gökhan bejahen dies. „Ja, was wir positiv finden ist, dass die Türken mehr Wert auf Disziplin legen. Die Deutschen sind freier.“
„Gibt es ein besonders prägnantes und unvergessliches Ereignis positiver oder negativer Art, dass ihr mit Deutschen hattet?“ will ich weiter wissen.
Bilal meint hierzu, „In Gebieten, in denen die Türken in der Unterzahl sind, werden sie von Deutschen diskriminiert. Wir

selbst wurden zum Beispiel diskriminiert, weil meine Mutter eine Kopftuch trägt."
Gökhan berichtet, „Die deutschen Schüler wollen immer besser im Unterricht sein als ich. Ich aber war besser als sie. Ich habe mal einen Fehler begangen, der aber später dazu beigetragen hat, dass ich mich weiter entwickle."

„Kritisiert Ihr Euch in Punkten wie Schule oder Ähnliches selbst?"
Bilal meint, „Wenn ich mich meinem Vater gegenüber falsch verhalte, mache ich mir hinterher Selbstvorwürfe. In der Schule müsste ich eigentlich mehr tun, um mich zu verbessern. Manchmal bekomme ich dann nicht so gute Noten, wie ich erhofft hatte. Dann kritisiere ich mich selbst."
„Was wollt Ihr später beruflich machen? Was wollt ihr werden?"
Ich erfahre, dass Bilal sich in Richtung Volks- oder Betriebswirtschaft orientiert. Gökhan hingegen möchte Geschäftsmann oder Manager werden.
„Wohin fühlt Ihr Euch zugehörig?"
Beide antworten, dass sie sich Deutschland zugehörig fühlen und sich selbst als europäische Türken ansehen.
Nun frage ich sie, ob Mädchen und Jungen in den Familien unterschiedliche Behandlung erfahren.
„Als Junge werde ich eigentlich nur positiv von meiner Familie behandelt. Meine Familie ist stolz auf mich" meint Bilal.
Gökhan sagt, „Ich war der älteste Sohn, deswegen hat meine Familie ziemlich viel Druck auf mich ausgeübt. Ich wurde oft ausgeschimpft."
„Welche Nationalität sollten Eure zukünftigen Ehegattinnen mal haben?"
Beide wünschen sich eine Türkin zur Ehegattin.
Auch die Frage, welche Sprachen Bilal und Gökhan sprechen, stelle ich.
Bilal antwortet, dass Deutsch die Sprache sei, die er am besten beherrsche. An zweiter Stelle komme Englisch und an dritter Türkisch.

Gökhans Antwort ist: „An erster Stelle kommt Deutsch, danach Türkisch und danach Englisch."
„Wie seht Ihr Eure Zukunft?" frage ich weiter.
Beide haben eine positive Zukunftserwartung aber Gökhan führt weiter aus. „Eigentlich bin ich eher positiv eingestellt, aber wenn ich in den Medien immer sehe, dass es mit der Wirtschaft in Deutschland bergab geht, mache ich mir Sorgen."
„Habt Ihr irgendwelche Erwartungen an Eure Familien, Lehrer oder die Entscheidungsträger in diesem Land?"
Bilal antwortet, „Meine Familie handelt im Grunde genommen in meinem Sinne und ich wünsche mir, dass das so bleibt. Von den Verantwortlichen erwarte ich, dass sie eine positivere Haltung Ausländern gegenüber einnehmen und sie nicht diskriminieren."
Gökhan meint, „Von allen Erwachsenen wünsche ich mir, dass sie ihre jetzige Haltung beibehalten, aber mehr auf Demokratie und Gleichbehandlung achten."
„Was fällt Euch im Vergleich zwischen der Türkei und Deutschland auf?" will ich wissen.
Bilal antwortet, dass Deutschland in der Wirtschaft und im Bereich der Technologie zwar überlegen sei, die Türkei dafür aber über eine reichere Kultur verfüge und die Menschen dort wärmer und menschlicher seien. Die Deutschen seien rassistischer.
Gökhan ist der Auffassung, „Deutschland ist weiter entwickelt, als die Türkei, aber auch in der Türkei gibt es eine schnelle Entwicklung. Die Politiker in der Türkei haben auch mehr zu sagen und üben mehr Druck aus. Im Allgemeinen ist das Leben in Deutschland geregelter. In der Türkei ist man freier, eigenständiger."
„Wie denkt Ihr über die Themen Rauchen, Alkohol, Drogen? Habt Ihr Bekannte, die Drogen nehmen?"
Bilal antwortet, „Ich selbst rauche, trinke aber nie Alkohol. Drogen sind wirklich schlimm. Ich hatte Bekannte, die welche nahmen, habe aber den Kontakt zu ihnen abgebrochen."
Gökhan antwortet, „Ich rauche und trinke auch gelegentlich. Drogen sehe ich als etwas sehr abscheuliches und gefährliches

an. Auch ich hatte Bekannte, die Drogen nahmen, zu denen ich den Kontakt abgebrochen habe."

„Wie denkt Ihr über die Entwicklungen in der Welt?"

Bilal: „Die politischen Entwicklungen und Kriege in der Welt finde ich schlecht. Das ist einfach abstoßend."

Gökhan: „Es wird immer schlimmer in der Welt. Sogar der Dritte Weltkrieg ist momentan möglich."

„Besucht Ihr regelmäßig die Moschee?"

„Wir gehen in die Moschee, um hier Sport zu machen. Außerdem gehen wir an den Festen und manchmal zum Freitagsgebet in die Moschee" antworten beide.

Als ich zu meiner nächsten Frage übergehe und sie frage, ob sie schon einmal etwas gestohlen hätten, müssen beide lachen.

„Schon möglich, dass wir mal mit Freunden zusammen kleinere Dinge haben mitgehen lassen."

„Lest Ihr Zeitungen oder Bücher? Habt Ihr eine Büchersammlung? Welche Fernsehsender verfolgt Ihr überwiegend?"

„Wir lesen in Deutsch und Türkisch. Eine kleine Büchersammlung haben wir auch. Meistens sehen wir deutsche Fernsehsender oder den türkischen Sender ATV."

„Habt Ihr Idole, die Ihr Euch zum Vorbild gewählt habt?"

Für beide steht hier an erster Stelle der eigene Vater. Für Bilal kommt an zweiter Stelle der Schauspieler Johnny Depp und für Gökhan der Boxer Muhammed Ali.

Beide Jungs machten auf mich den Eindruck, die aktuellen Geschehnisse intensiv zu verfolgen und haben eine gute Chance, dass sie in Zukunft solide Berufe ergreifen werden. Da bleibt mir nur noch, weiterhin viel Erfolg zu wünschen.

Esra H. ist der Auffassung „Die Deutschen legen viel mehr Wert auf Regeln. Bei uns wird zum Beispiel gemeinsam gegessen und gemeinsam abgeräumt. Bei den Deutschen räumt derjenige ab, der gerade an der Reihe ist.“

Esra wurde 1981 in Hamburg geboren. Ihre Großeltern waren bereits als Gastarbeiter nach Deutschland gekommen.
Die Mutter ist 54, der Vater 57 Jahre alt. Beide kamen erst nach Deutschland, nachdem sie in der Türkei ihre Ausbildung abgeschlossen hatten. Nach verschiedenen Beschäftigungsverhältnissen machten beide Fortbildungen und recherchierten unverdrossen über Möglichkeiten, ihren eigenen Lehrerberuf auszuüben. Heute sind beide Elternteile an verschiedenen Schulen als Lehrer im muttersprachlichen Unterricht beschäftigt.
Esras Vater hilft der Mutter zwar beim Kochen und Einkaufen, nicht aber beim Saubermachen. Esra selbst studiert derzeit auf Turkologie auf Lehramt. Ihre Schwester ist noch auf dem Gymnasium. Soweit sie Zeit hat, helfen beide der Mutter im Haushalt.
Ich komme hier nicht drum herum zu betonen, dass auch in dieser Familie, in der der Vater ein gewisses Bildungsniveau hat, sich hinsichtlich des Haushalts kaum von dem typischen Männerbild unterscheidet. So sehr sie auch guten Willens sein mögen, türkische Männer bringen es doch nicht zustande, ihren aktiven Part beim täglichen Saubermachen zu übernehmen. Als hätten sie keine der anfallenden Arbeiten verursacht! Aber dies ist wohl ein typisch männliches Verhalten, egal welcher Nationalität.
Esra ist schon von klein auf in den Kindergarten gegangen. Nach der vierten Grundschulklasse ging sie auf das Gymnasium und nahm nach dem Abitur ihr Lehramtsstudium auf. Sie ist immer mit auf Klassenfahrten gewesen. Da sowohl Esras Mutter, als auch der Vater selbst Lehrer sind, wollte ich ihr die Frage bezüglich der Klassenfahrten eigentlich nicht stellen. Als

sie die Frage aber auf dem vor mir liegenden Bogen sah, beantwortete sie sie von selbst.
„Genauso wie in jedem anderen Beruf gibt es doch auch unter den Lehrern verschiedene Auffassungen und Ansichten. Also könnten auch Ausnahmeerscheinungen auftreten."
Schlechte Erfahrungen mit Deutschen hat Esra nie gemacht.
„Meine Eltern sind für meine Schwester und für mich immer zu allen Elternabenden gegangen und haben manchmal auch Aufgaben und Ämter übernommen" fährt sie fort.

Meines Erachtens kann man von diesen Eltern, die selbst als Lehrkörper tätig sind, auch nichts anderes erwarten. Diese Auffassung hatte einst auch eine Freundin, die selbst Lehrerin, allerdings kinderlos, war, bestätigt. Sie hatte gesagt, „Mein Gott, kann es angehen, dass die Kinder von allen Lehrern, die ich kenne, intelligent sind? Sie alle sind in der Schule erfolgreich oder studieren." Selbstverständlich sind nicht alle Lehrerkinder überdurchschnittlich intelligent, bzw. haben unbedingt Begabungen. Allerdings ist ihren Eltern bewusst, worauf es in Erziehung und Bildung ankommt. Somit werden die Kinder entsprechend gefördert. Mit viel Liebe und Geduld begreift manches Schulkind den Lernstoff schon beim ersten Vorlesen. Ein anderes wiederum muss etwas mehrmals wiederholen, bis sich der Lernerfolg zeigt. Ein Großteil der Lehrereltern ist bereit, ihren Kindern die erforderlichen Möglichkeiten bereitzustellen, wodurch die Kinder es einfacher haben, ihre schulischen Bildungsziele zu erreichen. Auch dieses Beispiel zeigt erneut, wie wichtig die familiäre Unterstützung für den schulischen Erfolg ist.

Auch Esra hat sowohl deutsche Freunde, als auch Freunde aus anderen Nationalitäten. Die von ihr beobachteten Unterschiede im Konsumverhalten beschreibt sie wie folgt:
„Im Konsumverhalten unterscheiden sich Türken und Deutsche. Wenn Türken ausgehen, zahlen sie immer für ihre Freunde mit. Bei Deutschen kann man es schon mal erleben, dass selbst kleinste Beträge zurückgefordert werden. Eine Pauschalisierung

wäre falsch, aber überwiegend sind sie ich-bezogener. Heute habe ich weniger deutsche Freunde, als früher. Die Kontakte sind irgendwie abgebrochen."
Zum Thema Vergleich der eigenen Familie mit deutschen Familien sagt Esra,
„Türkische Jugendliche tun einfach alles, nur damit die Familie nicht missmutig ist. Deutsche sind anders und legen viel mehr Wert auf Regeln. Bei uns wird zum Beispiel gemeinsam gegessen und gemeinsam abgeräumt. Bei den Deutschen räumt derjenige ab, der gerade an der Reihe ist. Meine Eltern sind viel warmherziger, als die kühlen Norddeutschen. Aber auch hier ist es schwer, zu verallgemeinern. Gegenüber deutschen Familien bin ich eigentlich positiv eingestellt, dennoch habe ich ein besseres Verhältnis zu den Familien meiner türkischen Freunde. Aber wie viele deutsche Familien kenne ich schon?! Mit der Familie meiner tunesischen Freundin verstehe ich mich auch sehr gut. Wenn ich mit jemandem gut befreundet bin, habe ich auch ein gutes Verhältnis zu der ganzen Familie. Die Familie einer deutsch-libanesischen Freundin ähnelt meiner Familie zum Beispiel sehr. Auch dort wird der Gast immer eingeladen, zusammen mit der Familie zu essen, egal wer es ist. Ich unterscheide auch zwischen Freunden und Bekannten und fühle mich bei Freunden zu Hause einfach wohler. Deutsche Männer wiederum sind zu Hause fleißiger und machen alles, was anfällt. Zum Vergleich mit den Deutschen kann ich sagen, dass beide Seiten ihre Vor- und Nachteile haben. Im Allgemeinen bin ich aber ganz zufrieden mit der Art und Weise, wie ich erzogen wurde."
Während Esra Deutsche und Türken einander gegenüberstellt, tut sie sich schwer damit, positive oder negative Seiten besonders hervorzuheben. Ihrer Meinung nach ist es eher eine Frage der Kultur und Erziehung.
Als ich sie frage, ob sie eine besondere positive oder negative Erfahrung mit Deutschen wiedergeben könnte, denkt sie zunächst nach und antwortet dann, dass da nichts Erwähnenswertes sei.

„Kommt es vor, dass Du Dich in punkto Schule oder Ähnlichem selbst kritisierst?“ Esras Antwort ist bemerkenswert: „Ich übe zwar Selbstkritik, erledige den Punkt aber sofort und lasse nichts unerledigt. Was für ein Problem es auch sein mag, ich muss es immer umgehend lösen.“
Esra studiert zwar Lehramt, sagt aber, „Ursprünglich wollte ich zwar Rechtsanwältin werden, jetzt werde ich aber entweder Lehrerin oder Dolmetscherin.“
Während unseres Interviews kommt eine gute Freundin von Esra hinzu und beteiligt sich an unserem Gespräch. Auch sie studiert Erziehungswissenschaft, meint aber, „Ich selbst wollte eigentlich Diplomatin werden, dafür braucht man aber `Vitamin B´.“ An dieser Stelle muss ich nachfragen, was das sei - Vitamin B und sie erläutern mir, dass damit gute Beziehungen gemeint sein, dass man also Kontakte zu wichtigen Personen haben müsse, um dieses Berufsziel erreichen zu können. Somit habe ich einen weiteren Begriff aus der Sprache der Jugendlichen gelernt.
Die Freundin fährt fort: „Jetzt studiere ich auf das Lehramt hin, ohne zu wissen, ob ich diesen Beruf mal ausüben werde, oder nicht. Erst mal will ich das Studium abschließen, danach sehe ich weiter.“
Für mich ist es bemerkenswert zu sehen, dass diese jungen Leute selbst nach einigen Semestern an einem Fachbereich, den sie selbst gewählt haben, noch unschlüssig über ihre berufliche Zukunft sind. Gleichzeitig macht es mich nachdenklich.
Wir sind bei dem Thema Identität angekommen.
„Meine Familie ist wie die Türken in der Türkei, ich aber bin Hamburgerin. Ich bin eine Hamburger-Türkin, keine wie in der Türkei.“

So sehr für Esra ihre Eltern auch richtige Türken sind, so darf doch ein Aspekt nicht in Vergessenheit geraten: keiner der Türken, der 30 oder 40 Jahre seines Lebens in Deutschland verbracht hat, kann ernsthaft behaupten, diese Zeit hätte keine Spuren hinterlassen und er unterscheide sich nicht von den Landsleuten in der Türkei. Nach so langer Zeit ähneln sie weder den in der Türkei lebenden Türken, noch den hier aufgewachsenen. Genauso wie diejenigen, die hier geboren und aufgewachsen sind, ihre eigene Kultur entwickelt haben, gilt dies auch für diejenigen Landsleute, die einst aus der Türkei hierher kamen und einen Großteil ihres Lebens hier verbrachten. Sie unterscheiden sich ganz offensichtlich von den Menschen in ihrem Herkunftsland, was sie bei ihren Türkeiaufenthalten auch selbst feststellen.

Esras Einschätzung zum Thema unterschiedliche Behandlung von Mädchen und Jungen in der Familie oder im Bekanntenkreis ist, „In meiner Familie gibt es so etwas nicht. Vielleicht haben meine Eltern auch bewusst versucht, keinen Unterschied zu machen. Wir sind ja ohnehin zwei Schwestern. Im Bekanntenkreis sehe ich aber schon, dass Mädchen und Jungen anders behandelt werden. Wenn ein Junge mal zu spät nach Hause kommt, geschieht nichts weiter, während ein Mädchen gleich mit einer Standpauke der Eltern zu rechnen hat."

Als ich sie nach ihrer Einstellung zu ihrem zukünftigen Ehepartner frage antwortet sie kurz und bündig, „Hauptsache Mensch."

Esra spricht Deutsch, Türkisch, Englisch und Französisch. Bewundernswert. Im Grunde genommen könnte man meinen, dass einem jungen Menschen, der so viele Sprachen beherrscht, alle Türen offen stehen müssten. In Anlehnung an unser Sprichwort, „Mit jeder Sprache ein werden wir ein neuer Mensch" wären ihre Optionen vielfältig.

Trotz all der Sprachen, die sie beherrscht, sieht Esra die Zukunft dennoch nicht allzu rosig.

„Ich denke nicht, dass mir eine besonders glänzende Zukunft bevorsteht; es kommt nämlich eben doch nicht immer auf einen selbst an. Die Schülerzahlen sinken und Schulen werden geschlossen. Als angehende Türkischlehrerin sehe ich unseren Fachbereich auch nicht mit besonders guten Zukunftsperspektiven ausgestattet. Ich habe zwar kein besonders schlechtes Gefühl, bin aber auch nicht optimistisch. Meine Befürchtungen beziehen sich auch nicht nur auf meine eigene Person. Ich denke dass die politischen Fehlentscheidungen und Kürzungen im Bildungssektor sich in

verstärktem Maße auf uns Ausländer negativ auswirken werden. Da habe ich schon Bedenken."
Als es um die Erwartungen an die Verantwortlichen geht, geht sie erneut auf den Punkt Bildung ein:
„Die Fehlentscheidungen im Bereich Bildung müssen korrigiert und stattdessen mehr in diesen Bereich investiert werden. Wir brauchen kleinere Klassen und die Schaffung von Möglichkeiten, damit auch innerhalb der Klassen in Kleingruppen gearbeitet werden kann. Auch im Bereich der besseren Lehrerbildung muss sich etwas tun."
Kürzungen des Hamburger Senats im Bereich Bildung, Zusammenlegungen von Schulklassen, Erhöhung der wöchentlichen Arbeitszeit von Lehrern sowie der Einstellungsstopp zusätzlicher Lehrkräfte machen Esra ganz offensichtlich zu schaffen. Und zwar nicht nur ihr: im Grunde sind alle Lehrer und Schüler von diesen Maßnahmen betroffen. Die türkischen Muttersprachlehrer wiederum werden gleich mehrfach in Mitleidenschaft gezogen, da ihre ohnehin geringe Zahl dadurch weiter zurückgeht, dass für die pensionierten Lehrer keine Nachwuchskräfte eingestellt werden. Die wenigen aber, die in diesem Bereich noch beschäftigt sind, versucht man über die Maßen auszulasten, indem sie gleich an drei bis vier Schulen eingesetzt werden und so kaum ihrer Aufgabe nachkommen können. Eine traurige Realität ist aber auch, dass die türkischen Eltern kaum dafür zu mobilisieren sind, gegen diese besorgniserregende Entwicklung vorzugehen. Selbst die OECD hat mit ihrer Untersuchung unter Beweis gestellt, wie weit das deutsche Bildungssystem im internationalen Vergleich zurückbleibt. Hier gibt es Bestrebungen, das schlechte Abschneiden den Schülern mit Migrationshintergrund, oder gar den türkischen Schülern, anzulasten. Dabei ist es ein Faktum, das hierzulande im Bereich der Bildung wesentlich weniger Mittel fließen, als in anderen Ländern. Was können schon 58 Türkischlehrer in einer Stadt wie Hamburg ausrichten, in der es 14.000 türkische Schüler gibt? Immer wieder kommt uns zu Ohren, dass türkische Eltern an den Schulen äußern, sie hielten den Türkischunterricht für nicht so wichtig. Wie kann das sein?

Wie kann man diesen Anspruch ungenutzt brachliegen lassen? Ich kann mir nicht vorstellen, dass es irgendwo in der Welt ein Volk gibt, dass der eigenen Muttersprache dermaßen gleichgültig gegenüber steht. Demgegenüber zahlen Menschen anderer Nationen aus eigener Tasche selbst Unmengen dafür, dass ihren Kindern ihre Muttersprache vermittelt wird. Unsere Landsleute dagegen nutzen nicht einmal die bestehenden Möglichkeiten, geschweige denn, dass sie diese einfordern. Dabei geht es hier um Menschen, die in diesem Land leben, arbeiten, Steuern zahlen und einen großen Beitrag zur gesellschaftlichen Entwicklung leisten. Gleichzeitig unterlassen sie es tunlichst, irgendwelche Forderungen vorzubringen, um natürlichste Bedürfnisse, wie den Erhalt der eigenen Sprache, Religion, oder Kultur gesichert zu wissen. Es ist mir ein Rätsel, wie man den kommenden Generationen die Gründe für diese Gelassenheit und Gleichgültigkeit erklären will?!
Auch zum Thema Vergleich zwischen der Türkei und Deutschland befrage ich Esra:
„Das System, die allgemeine Ordnung, die Regeln beider Länder unterscheiden sich. Ich kann auch ins Detail gehen: in der Türkei bringt man nichts zustande, ohne über gewisse Beziehungen zu verfügen. Auch für Frauen ist es dort schwerer zu leben. Hier dagegen kann man mit den entsprechenden Leistungen durchaus weiterkommen.“

Wenngleich sich tatsächlich die Systeme beider Länder gar nicht so vehement unterscheiden, so sind es doch die Machthaber in der Türkei, die durch ihren Egoismus und ihre Unverfrorenheit die staatlichen Ressourcen missbrauchen und dadurch das System so dermaßen schwierig erscheinen lassen. Wie auch Esra festgestellt hat, sind es dort zwei unterschiedliche Dinge, im Recht zu sein und zu seinem Recht zu kommen. Personen, die aber die richtigen Leute kennen, besetzen Posten, die sie angesichts ihrer mitgebrachten Qualifikationen niemals verdient hätten. Die Rechnung dafür tragen sowohl die qualifizierten Personen, als auch die einfachen Leute. Das Phänomen der Vetternwirtschaft gibt es wohl auf der ganzen Welt. Mit seiner

Prägung, wie sie in der Türkei aber anzutreffen ist, ist sie vergleichbar mit denen der Dritten Welt. Liege ich mit meiner Einschätzung falsch, wenn ich sage, die Türkei ist mit Sicherheit ein reiches Land, so dass sie trotz aller Veruntreuungen und Unterschlagungen staatlicher Ressourcen noch viel zu bieten hat?!

Gefragt zu den globalen Entwicklungen meint Esra, „Das kommt auf den jeweiligen Standpunkt an. Mir persönlich macht der Lauf der Dinge Angst. Es stimmt mich nachdenklich, dass Terror, religiöse Differenzen und ein negatives Bild von den Muslimen in den Vordergrund rücken. Die Wirtschaft entwickelt sich schlecht, die Arbeitslosenzahlen steigen. Wie kann man noch optimistisch gestimmt sein, wenn man diese Hiobsnachrichten täglich im Fernsehen sieht?"

Zum Thema Lesen antwortet sie, „Ich bemühe mich immer, mir Zeit für die wirklich wichtigen Dinge zu nehmen. Beim Fernsehen komme ich momentan nur zu den Nachrichten."

Ein bestimmtes Vorbild hat Esra nicht, fügt aber hinzu, „Ich versuche, meine eigenen Erwartungen selbst zu erfüllen."

Esra ist eine sehr gute Pianistin. Sie berichtet, im Leben zwischen beiden Kulturen von Zeit zu Zeit Schwierigkeiten erfahren zu haben. Aus Zeitgründen können wir aber nicht mehr detailliert auf diesen Punkt eingehen und müssen das Gespräch beenden.

Bülent K. sagt, „Wenn ich mal erwachsen bin, möchte ich ein eigenes Heim und Familie haben."

Bülent wurde 1991 in Hamburg geboren. Er ist der Jüngste unter drei Geschwistern und lebt mit seiner Familie in Hamburg.
„Aus unserer Familie kam mein Vater als Erster nach Deutschland. Er ist heute 74 Jahre alt und lebt in der Türkei. Er reist nur manchmal ein und gleich wieder aus, damit sein Aufenthaltsanspruch nicht verfällt. Wir haben aber keinen Kontakt zu ihm. Meine Mutter ist 45 Jahre alt und hat früher in einem Restaurant gearbeitet. Damals war sie dort praktisch das Mädchen für alles: sie hat gekocht, serviert, abgewaschen und saubergemacht. Heute arbeitet sie in einem Kiosk" erzählt er.

Wie so viele andere Migranten auch hat sie offensichtlich immer dort gearbeitet, wo Not am Mann oder an der Frau war – eine Art Feuerwehr für alle Fälle und vielseitig einsetzbar. Ausländer werden zumeist in solchen Arbeitsfeldern beschäftigt, die für Deutsche unattraktiv sind.

Bülents Mutter, die nicht die erste Ehefrau des Vaters war, hat sich von diesem getrennt, als Bülent zehn Jahre alt war. Nachdem der Vater erneut geheiratet hat, hat sie versucht, die Kinder so gut wie möglich alleine aufzuziehen. Die ältere Tochter hat in der Türkei verheiratet und der ältere Sohn verdient sein Lebensunterhalt als Bauarbeiter in der Türkei. Obwohl die Mutter hier selbst nur schwer über die Runden gekommen ist, hat sie stets auch ihren in der Türkei lebenden Sohn finanziert.
Bülent berichtet, er sei nie im Kindergarten gewesen und ich frage verwundert nach, wer ihn denn betreut habe.
„Als ich noch klein war, bin ich immer allein zu Hause geblieben, wenn meine Mutter zur Arbeit ging."
„Und womit hast Du Dich beschäftigt, während Du allein warst?" hake ich nach.
„Fernsehen und Spielen."

„So ganz alleine?“
„Ja, aber meine Mutter kam auch nie so spät nach Hause“ fügt er hinzu.

Offen gesagt bin ich verblüfft, denn es will mir nicht in den Kopf, wie so ein kleines Kind – wenn auch für nur zwei oder drei Stunden – alleine zu Hause bleiben kann. Ich denke, wir alle haben eine Vorstellung davon, was es bedeutet, wenn ein Kleinkind in einer Phase, in der es eigentlich besonders viel Zuneigung und Aufmerksamkeit bedarf, zu Hause alleine gelassen wird. Andererseits hatte auch die Mutter keine andere Wahl, denn sie musste arbeiten. Da sie allein erziehend war, hätte sie aber ihr Kind für einen minimalen Kostenbeitrag in die Kindertagesstätte geben können. Das Kind hätte seine Zeit sinnvoller mit den anderen Kindern verbringen können und noch dazu schon Deutsch gelernt. Auch die Mutter hätte ein wesentlich besseres Gefühl dabei gehabt, ihren Sohn gut versorgt zu wissen. Ich vermute aber, dass sie – wie viele andere Ausländer auch – schlicht nicht um diese Ansprüche wusste. Besonders um diese Kinder und ihre Eltern ist es schade. Die Problematik von Kindern ausländischer Familien, die nicht in den Kindergarten geschickt werden, ist auch nach 40 Jahren Migration noch nicht gelöst. Kinder, deren Mütter Hausfrauen sind, erhalten keinen Kita Platz und Kinder, deren beide Elternteile berufstätig sind, werden nicht in die Kita geschickt, da horrende Beiträge gefordert werden. Die Kinder verbleiben somit unbetreut oder werden in die Obhut von Personen oder Einrichtungen überlassen, die von den Anforderungen qualifizierter Kinderbetreuung keinen blassen Schimmer haben. In anderen Familien wiederum werden die Kinder – wie es bei Bülent der Fall gewesen ist – über Stunden zu Hause allein gelassen, während die Eltern ihrer Arbeit nachgehen. Bei diesen Kindern wird dies Spuren hinterlassen, die es in späteren Jahren kaum wieder zu beseitigen gelingt.
Bülent hat bis zur fünften Klasse die Gesamtschule besucht und hat dann auf Empfehlung der dortigen Lehrer auf die Förderschule gewechselt. Während meines Gesprächs mit dem

Schüler, der derzeit die siebte Klasse besucht, macht dieser einen angespannten Eindruck auf mich. Obwohl ihm sichtbar anzumerken ist, dass die Interviewsituation ihm unangenehm sein muss, beantwortet er eine Stunde lang geduldig meine Fragen. Es fällt ihm nicht leicht, über eine Stunde lang mit einer ihm unbekannten Person zusammen zu sitzen und deren Fragen zu beantworten. Ich selbst schätze es insbesondere als eine falsche und von Vorurteilen geprägte Entscheidung an, einen heranwachsenden jungen Menschen, der bis zur fünften Klasse dem Unterricht in normaler Weise gefolgt ist, plötzlich für lernbehindert zu erklären und ihn auf diese Schule zu schicken. Es ist bedauernswert, dass dieses Kind und alle anderen Schüler, die den gleichen Weg durchmachen, bis in alle Zeiten gegen diesen gesellschaftlichen „Makel" werden ankämpfen müssen. Schämen sollten sich die Pädagogen und Verantwortlichen für ihr Bestreben, die Gesellschaft in derartige Klassen aufzuteilen.
Er hat an allen Schul- und Klassenausflügen teilgenommen. Obwohl er eine derartige Benachteiligung erfahren hat, berichtet er, habe er keine Ablehnung aufgrund seiner ausländischen Abstammung erlebt. Gelegentlich nahm die Mutter an den Elternabenden in der Schule teil. Da sie aber allein erziehend und berufstätig war, konnte sie aufgrund ihres chronischen Zeitmangels keine Ämter übernehmen.
Als ich Bülent frage, ob er auch deutsche Freunde, bzw. Freunde anderer Nationalitäten habe und ob er zwischen sich und ihnen ein anderes Konsumverhalten feststelle, missversteht er meine Frage. Den Begriff des `Vergleichs´ versteht er als `gegenseitige Unterstützung´. Das Türkische fällt ihm sichtlich schwer.
„Ich habe zum Beispiel deutsche, russische und mazedonische Freunde. Wir helfen uns auch gegenseitig aus. Wenn wir beispielsweise ins Kino gehen und sie kein Geld haben, gebe ich ihnen etwas. Wenn ich kein Geld habe, geben sie mir etwas aus. Bei uns hilft immer einer dem anderen."
Nun will ich erfahren, ob Bülent manchmal seine eigene Familie mit der seiner deutschen oder anderen Freunde vergleicht.
„Nein, die unterscheiden sich auch nicht so besonders" antwortet er kurz.

Nun frage ich ihn, ob er ein besonders positives oder negatives Erlebnis mit den Deutschen oder Menschen anderer Nationalitäten hatte, wovon er berichten könnte.
Er antwortet, dass die gemeinsamen Ausflüge, wie z.B. in den Zoo, ihm sehr gefallen hätten, dass er aber wütend geworden sei, wenn man ihn als `Scheißtürken´ beschimpft hätte.
„Wenn ich mit `Scheißtürke´ beschimpft werde, schimpfe ich genauso zurück. Über die Mütter sagen wir aber nie etwas und lassen die außen vor. Wenn man oft in Schlägereien oder Streitereien verwickelt ist, nehmen die Lehrer einen nicht mit auf Ausflüge. Da bereut man das natürlich hinterher. Manchmal fängt es auch mit Spaß an und das schaukelt sich dann so hoch, dass man plötzlich streitet und sich prügelt.“
Ich frage ihn, was er später mal werden möchte.
„Das weiß ich noch nicht. Ich will erst mal mit der Schule fertig werden“ antwortet Bülent.
Nun möchte ich wissen, wohin Bülent sich zugehörig fühlt.
„Türkisch-Deutsch gemischt, würde ich sagen. In der Türkei nennen sie uns Deutsche. Ich vermische auch oft das Türkische und das Deutsche.“
Tatsächlich vermischt er die beiden Sprachen gar nicht so oft, wie er meint und spricht besser Türkisch, als viele andere türkische Kinder. Allerdings verhindert sein begrenzter türkischer Wortschatz es, sich flüssiger im Türkischen auszudrücken. Für einen Schüler, der als Kind so oft zu Hause alleine gelassen wurde, spricht er sogar sehr gut.
Ich frage ihn nach den Unterschieden zwischen Mädchen und Jungs und die zukünftige Eheschließung indirekt in der Meinung, es könne ihm unangenehm sein, doch er antwortet ganz direkt.
„Meine ältere Schwester ist verheiratet und arbeitet. Ihr kann niemand reinreden. In der Ehe ist jeder frei zu machen, was er will. Ich selbst kann dazu noch nicht so viel sagen“ antwortet er dann etwas verlegen.
Ich frage ihn, welche Sprachen er spricht.
„Mein Türkisch und mein Deutsch sind eigentlich ganz gut, aber ich kann oft nicht das wiedergeben, was ich beherrsche. Ich

kann mich nicht so gut ausdrücken. Außerdem lernen wir noch Englisch, aber darauf kann ich mich nicht so gut konzentrieren."
Ich frage ihn, wie er sich seine eigene Zukunft vorstellt und welches seine Erwartungen sind.
„Wenn ich mal erwachsen bin möchte ich ein eigenes Heim und Familie haben."
Schmunzelnd frage ich ihn, wie er diese Vorstellungen ohne eine Arbeit verwirklichen will. Da fügt er hinzu, „Einen Job muss ich wohl auch finden."
Ich lasse es mir nicht anmerken, aber Bülents Antwort bedrückt mich, wühlt mich auf. Vor mir sitzt ein 13jähriger Junge, der sich nichts sehnlicher wünscht, als ein Heim voller Wärme. Welch ein bescheidener Wunsch, doch wie kostbar für denjenigen, der es selbst nicht erlebt hat! Wie glücklich können sich diejenigen schätzen, die in einer intakten Familie leben und wie selten tun dies einige der Kinder, die in Luxus und Überfluss aufwachsen. Sie gleiten auf irgendwelche Abwege ab. Doch auch hier tragen die Eltern, Pädagogen, Entscheidungsträger und Politiker die Verantwortung. An der wichtigen Aufgabe, der heranwachsenden Jugend intakte Familienverhältnisse zu gewähren, haben alle mitzuwirken!
Ich frage ihn nach seinen Erwartungen an die Erwachsenen.
„Die sollen nicht bei jedem Anlass gleich laut werden. Das nervt mich" antwortet er.
Diese kurze Aussage von Bülent ist im Grunde in vielerlei Hinsicht sehr bedeutend. Denn wenn wir den Kindern nicht zuhören oder sie nicht ernst nehmen, weil sie noch klein sind, und ihnen keine Möglichkeit geben, ihre Gedanken in einem ruhigen Umfeld mitzuteilen, \`nerven´ wir natürlich! Es wäre schade um die Jugend, die Generation der Zukunft. Viele Gefahren in deren Entwicklung würden gar nicht erst entstehen, würde man ihnen mit mehr Liebe und Toleranz begegnen und ihnen mehr zuhören. Wenn ich Bülent so betrachte, wird mir sofort klar, wie wenig Zuneigung er erfahren haben muss. Durch offensichtlich falsche Ernährung ist er ziemlich übergewichtig. Für dieses Gespräch mit dem Jungen, der für sein Alter ziemlich hoch gewachsen ist, bedanke ich mich und umarme ihn. Er freut

sich wie ein kleines Kind und sein massiger Körper verwandelt sich fast zu einem Baby. Ich vermute, dass er auf die Schule, die er derzeit besucht, wegen seiner damaligen Aufsässigkeit im Unterricht abgeschoben worden ist. Momentan aber ist von frechem oder ungezogenem Verhalten keine Spur zu sehen.
Als ich ihn frage, welche Unterschiede ihm im Vergleich zwischen der Türkei und Deutschland auffallen, antwortet er, „Außer, dass es in der Türkei im Gegensatz zu hier keine Arbeit gibt, ist es in der Türkei besser als hier. Ich würde gerne in der Türkei bleiben, aber weil alle meine Freunde hier sind und meine Mutter hier arbeitet, muss ich auch hier bleiben. Ich liebe alles an der Türkei: das Wetter ist gut und es ist immer so warm. Abends können wir spielen und ich gehe dort immer zum Schwimmen."
Auch Bülents Antwort zeigt wieder, dass Einige der hier Geborenen es vorziehen würden, in der Türkei zu leben, wenn es dort nur mehr Arbeitsplätze, ein geregeltes Auskommen und ordentlichere Lebensverhältnisse gäbe. Ist nicht auch die Tatsache, dass sich in den letzten Jahren immer mehr Deutsche und andere Europäer dauerhaft in der Türkei niederließen, ein Indiz dessen? Wenngleich deutsche und europäische Medien in ihrer Berichterstattung über die Türkei ein überwiegend negatives Bild vermitteln, so traten doch in den letzten Jahren auch von Zeit zu Zeit positivere Meldungen über die dortigen Lebensverhältnisse auf. Dadurch aber, dass in jüngerer Zeit die Stimmen der Gegner des EU- Beitritts der Türkei laut werden, machen wir nun wieder negative Schlagzeilen. Im Hinblick auf unsere hier lebenden Jugendlichen und weiteren Landsleute aber, sind die positiven Aspekte nicht zu unterschätzen. In Anbetracht der Entwicklungen der jüngeren Zeit wiederhole ich meine Einschätzung mit Nachdruck, dass eine Integration – wie von einigen Türken gefürchtet und von einigen Deutschen gewollt – stattfinden wird. Die Assimilation aber wird ausbleiben, davon bin ich fest überzeugt! Nach wie vor bleibe ich bei meinem Standpunkt, dass angesichts einer zusammenwachsenden Welt, in der die Medien eine solche Wirkung entfalten, niemand so mir nichts, dir nichts, in der Lage sein wird, andere einfach zu vereinnahmen, quasi zu verschlucken.

Über die Entwicklungen in der Welt möchte Bülent sich nicht äußern.
Während ich Bülent zu den Themen Rauchen, Alkohol oder Drogen befrage, wähle ich meine Worte sehr bewusst.
„Ich rauche zwar, habe aber mit den anderen Dingen nichts am Hut. Meine Mutter weiß auch, dass ich rauche."
Ich frage ihn, warum er raucht.
„Um lockerer und entspannter zu werden. Meine Mutter schreit schon beim kleinsten Anlass gleich los. Das will ich nicht, das stört mich" antwortet er.
Nun befrage ich ihn zu seiner Einstellung über Moscheebesuche, Religion und das Stehlen.
„Als wir noch in unserer früheren Wohnung lebten, ging ich in die Moschee. Seit wir aber hier wohnen, gehe ich nicht mehr. Wenn ich in der Türkei bin, gehe ich zum Freitagsgebet. In der Türkei haben mich die anderen Kinder mal dazu gezwungen, Schokolade zu klauen. Ich hatte Angst vor ihnen, darum habe ich es getan. Kleinere Dinge, wie z.B. einen Ball, oder Ähnliches, habe ich auch hier schon geklaut. Das ist aber nichts Gutes" antwortet er.
Bülent erzählt auch, dass er in der Türkei immer in die Stadt Mersin fährt. Als er Mersin erwähnt, erinnere ich mich an einen viele Jahre zurückliegenden Besuch in dieser Stadt. Wir waren damals mit dem Auto dorthin gefahren und ich werde nie vergessen, wie eine große Zahl von kleinen Kindern damals unser Auto bestürmt hatte und um Geld bettelte. Das hatte mir Angst gemacht. Mersin war die Stadt, in der sich die Situation der Kinder aus armen Familien der Provinz, die manchmal zehn oder sogar 15 Kinder haben, am meisten zeigte. Diese Familien kommen zumeist aus dem Osten oder Südosten des Landes und können diese Scharen von Kindern natürlich nicht ernähren. Sie sind dann den Straßen überlassen.
Doch ist Deutschland, eines der reichsten Länder der Welt, gefeit vor diesem Elend, das wir in der Türkei beobachten müssen? Hier dagegen sind es andere Schwierigkeiten, denen die Kinder ausgesetzt sind. Ist es nicht wahr, dass ausländische Kinder benachteiligt und stiefmütterlich behandelt werden?

Diese ihrem eigenen Schicksal überlassenen Kinder sind es dann, die andere Kinder – wie Bülent – zu Straftaten anstiften, oder selbst auf Abwege abgleiten. Frei nach dem Motto, `nach mir die Sintflut´, ist der Schwächere dazu verdammt, dem Stärkeren ausgeliefert zu sein und seinen Befehlen zu folgen. Ich kann nur hoffen, dass die Verantwortlichen diese erschreckende Entwicklung so bald wie möglich versuchen zu beenden und entsprechende Lösungskonzepte entwickeln, denn die Zeit drängt. Es müssen geeignete Lebensbedingungen für Jugendliche und Familien geschaffen werden!

Momentan liest Bülent kaum Bücher oder Zeitungen. Als kleineres Kind noch – so berichtet er – habe er gerne gelesen und sogar einen kleinen Schrank mit Märchen- und Kinderbüchern gehabt.

Er sieht selten fern und wenn, dann meistens Kindersendungen oder die türkischen Comedyfilme mit dem Schauspieler Kemal Sunal in der Hauptrolle. Meistens sei er draußen, gehe zum Schwimmen oder Fußballspielen.

Als Bülent weiter berichtet, dass er keine besonderen Vorbilder habe, frage ich ihn, welche Lehrer er denn am meisten möge. Wie aus der Pistole geschossen antwortet er, dass ihm die türkische Lehrerin, die zwei Stunden in der Woche Türkischunterricht erteile, am liebsten sei.

Ich frage ihn nach dem Grund und er antwortet:

„Sie schreit nicht so viel und schimpft auch nicht so viel, wie die Anderen.“

Mein größter Wunsch ist es, dass ein soziales Umfeld geschaffen wird, in dem Kinder wie Bülent mehr Toleranz und Liebe erfahren und besser aufgenommen werden.

„Wir sind vier Geschwister: drei Mädchen und ein Junge. Meine Eltern vertrauen darauf, dass unser Bruder – der jüngste von uns - mal den Fortbestand der Familie sichern wird. Darum verhätscheln sie ihn.“ So beschreibt Meliha D. das typisch türkische Weltbild.

Meliha wurde 1986 als drittes von vier Geschwistern in Hamburg geboren.
Der Vater war der Erste, der nach Deutschland kam. Er ist heute 42 Jahre alt und arbeitet als Hafenarbeiter. Die 40jährige Mutter ist Hausfrau.
Bei den täglich anfallenden Arbeiten ist es einzig der Einkauf, den der Vater manchmal übernimmt. Beim Saubermachen hilft er nicht mit.
Meliha hat den Kindergarten und auch die einjährige Vorschule besucht.
Nach der Grundschule hat sie die Realschule besucht und eine Berufsausbildung abgeschlossen. Momentan ist sie auf der Suche nach einem Arbeitsplatz, in dem sie ihren Lehrberuf als Bürokauffrau ausüben kann.
Sie hat an allen Klassenfahrten teilgenommen. Zurzeit verbringt sie ihre Freizeit, gemeinsam mit anderen Jungen und Mädchen in ihrem Alter, teilweise mit dem Taekwondo Kampfsport-Kurs, der von der staatlichen DITIB Moschee angeboten und auch hier durchgeführt wird. „Hüte sich der, den Du mal heiraten wirst“, scherze ich. Wir lachen.

Einige der jungen Mädchen, die in die Moschee kommen, sind verhüllt in Form eines Kopftuches, bzw. eines so genannten Turbans, während wieder andere kein Kopftuch tragen. Meliha gehört zu letzterer Gruppe.
Ich frage sie, ob sie in der Schule eine Ablehnung aufgrund ihrer ausländischen Abstammung erfahren habe.
„Von unseren Lehrern nicht, aber von unserem Direktor schon. Jedes Mal wenn es innerhalb der Klassen irgendein Problem gab, hat er immer gleich die ausländischen Schüler beschuldigt.

Gegen Ende der Schulzeit hatten wir mal geplant, eine Klassenfahrt in die Türkei zu organisieren. Auch da hatte sich der Direktor quer gestellt."
Da er nicht so gut Deutsch sprach und viel arbeitete, ging der Vater kaum zu Elternabenden in der Schule. Die Mutter hat diese Abende immer besucht, aber keine Aufgaben übernommen.
Meliha hat sowohl deutsche Freunde, als auch solche aus anderen Nationalitäten. Zum Thema Konsumverhalten ist sie der Ansicht, dass die Deutschen mehr Geld für Kleidung und dergleichen ausgeben.
Sie berichtet, dass sie ihre Familie nicht mit denen ihrer Freunde vergleicht, dass sie sie aber immer miteinander bekannt macht und dass es so zu gegenseitigen Besuchen komme.
„Hast Du positive oder negative Erfahrungen mit Deutschen gemacht?" frage ich.
„Ich weiß nicht, ob man es als negative Erfahrung bezeichnen könnte, denn ich war ja vorher darauf gefasst. Einmal habe ich eine Freundin zu Hause besucht. Sie ließ mich dann einige Zeit alleine in ihrem Zimmer zurück und ging zum Essen. Bei uns wäre sie natürlich eingeladen worden, auch mit zu essen. Dass sie mich nicht gefragt hat, hat mich schon erstaunt" beschreibt sie ihre Verwunderung.

Diese Unterschiede in der Erziehung und Kultur einiger Deutschen sind es, die uns und unsere Jugendlichen, ja sogar Ausländern anderer Kulturen, am stärksten auffallen. Ich vermute, dass diese Deutschen die Lust am Teilen nie erfahren oder vergessen haben und sich so zu einer egoistischeren Gesellschaft entwickelt haben, als andere Gesellschaften. Bei uns gibt es ein althergebrachtes Sprichwort, dass besagt, dass immer dann Unmut aufkommt, wenn der Eine isst und der Andere zuschaut. Dessen Bedeutung muss diesen völlig fremd sein. Nun, kommt es natürlich nicht zwangsweise zu Unmut, aber zu einem wirklich herzlichen Umgang mit Menschen aus anderen Kulturen kommt es dennoch nicht. Ein Zusammenleben mit Menschen aus anderen Kulturen, ihren Nachbarn, mit denen sie ihre Liebe oder ihr Freude teilen, will ihnen nicht so recht gelingen. Manchmal hat es geradezu den Anschein, sie würden davor zurückschrecken, ihren Nachbarn, mit denen sie Tür an Tür leben, mit einem einfachen `Guten Tag´ zu begegnen. Wenn sie von Ausländern mal eine Kostprobe ihrer heimischen Leckereien angeboten bekommen, nehmen sie es dankend an und sagen dann immer wie gut es ihnen schmeckt. Auf die Idee aber, es ihnen nachzumachen und auch mal etwas zu kochen und anzubieten, kommen leider die wenigsten. Natürlich gilt das nicht für alle und pauschalisieren sollte man das nicht, aber bedauerlicherweise ist das ein Verhalten, das weit verbreitet ist. Möglicherweise könnte hier auch einer der Gründe dafür verborgen liegen, dass Ausländer sich so oft in so genannten Gettos zusammenfinden: die Deutschen öffnen sich nicht für ihre Ausländer, sondern stehen ihnen distanziert gegenüber. Kaum nachzuvollziehen ist derweil, dass die Deutschen, die Weltmeister im Bereisen anderer Kulturen sind und immer glücklich und berauscht von Eindrücken aus aller Herren Länder zurückkehren, den Ausländern im eigenen Land dermaßen verschlossen und egoistisch gegenüberstehen. Von Deutschen, die im Urlaub in die Türkei reisen höre ich hinterher immer, wie warmherzig und gastfreundlich die Türken dort seien. Selbstverständlich muss ich mich da doch fragen, warum sie umgekehrt den in ihrem eigenen Land mit ihnen Tür an Tür lebenden und hier fleißig arbeitenden Menschen, denen das Wohl dieses Landes ebenso am Herzen liegt, nicht ebenso freundlich begegnen und keinen engeren Kontakt zu diesen Mitmenschen aufbauen! Ein Punkt, der kaum nachvollziehbar ist!

Bedauerlicherweise muss ich angesichts der Interviews, die ich bisher mit den hier lebenden Jugendlichen geführt habe, feststellen, dass diese diesbezüglich nicht anders denken. Wenngleich sie hier geboren und aufgewachsen sind, unterscheidet sich ihre Einschätzung von den deutschen Nachbarn kaum von denen, die einst in der ersten Generation herkamen. Leider müssen wir feststellen, dass viele unserer Jugendlichen zahlreiche Freundschaften mit Deutschen haben,

die oft nur bis zum 16. oder 17. Lebensjahr gepflegt werden. Dann aber kommt es meist zu einem plötzlichen Abbruch der Kontakte und man zieht sich zurück in den jeweils eigenen Kulturkreis. Da ich diesen Punkt für sehr wichtig erachte, sah ich mich zu diesem Exkurs gezwungen.
Ich frage Meliha, ob und in welchen Situationen sie zu Selbstkritik neige.
„Einige Zeit lang wollte ich es den Freundinnen in der Schule nachmachen, die geraucht haben. Nach einer Phase, in der ich geschwankt habe, habe ich dann aber doch nicht angefangen mit dem Rauchen. Darüber bin ich ganz froh."
Wie sie ihre eigene Identität definiert, möchte ich wissen.
„Ich sehe mich zwar als Türkin, aber jedes Mal wenn ich im Urlaub in der Türkei bin, muss ich feststellen, dass die dort ganz anders sind und leben, als wir. Dort bin ich die \`Deutschländerin´ und hier die \`Ausländerin´. Manchmal denke ich, ich gehöre in die Türkei, dann wiederum, nach Deutschland. Es macht mich aber immer fertig, wenn ich als frech bezeichnet werde."

Die Tatsache, dass ein junger Mensch unter derartigen Bedingungen aufwächst, wird in seinem späteren Leben in negativer Weise Spuren hinterlassen und es wird nicht einfach werden, dass diese Jugendlichen zu einem gesunden Selbstverständnis finden. Wie könnte ein junger Mensch auch an einem Ort heranwachsen, sich entfalten und glücklich werden, an dem er nicht verwurzelt ist? In diesem Punkt sind die Politiker, Entscheidungsträger, Politiker und Wissenschaftler in Deutschland, wie der Türkei dringend gefragt, geeignete Konzepte zu entwickeln. Die heranwachsende Jugend fühlt sich weder hier noch dort zugehörig. Welch ungesunde Entwicklung ist es, wenn wir unsere Jugendlichen sich selbst überlassen und so dafür sorgen, dass sie wie eine Art heimatlose – hin und her gerissen zwischen zwei Ländern – heranwachsen. Ich bin fest davon überzeugt, dass diese Jugend – unserer Zukunft – mit offenen Armen aufgenommen werden muss und dass man sich für sie einsetzen muss.

Nun frage ich sie, ob sie innerhalb ihrer Familie eine Ungleichbehandlung von Jungen und Mädchen feststellt.
„Bei uns zu Hause gibt es das schon. Ich habe zwei ältere Schwestern und einen jüngeren Bruder. Mein Bruder wird ständig verwöhnt und verhätschelt und obwohl er der Jüngste ist, genießt er viel mehr Ansehen."
Ich frage nach, inwiefern sie das meine.
„Sie sagen, dass er mal den Fortbestand unserer Familie sichern wird, darum erfüllen sie ihm jeden Wunsch" fügt sie hinzu.
Über ihren zukünftigen möglichen Ehepartner sagt sie, „Ich habe mir Gedanken gemacht und wünsche mir schon, dass es ein Türke wäre, denn mit einem Deutschen könnte ich mich wahrscheinlich nicht verstehen, weil die Erziehung und Kultur doch zu unterschiedlich wäre."
Meliha berichtet, neben Türkisch und Deutsch noch Englisch zu beherrschen. Außerdem könne sie den Koran lesen, ohne aber den Sinn der arabischen Schriften zu verstehen.

Bedauerlicherweise üben die meisten – nämlich ca. 90 % - aller Türken ihre Gebete in arabischer Sprache aus, ohne jedoch – wie eben dieses Mädchen – diese Sprache zu verstehen. Dabei hatte bereits Atatürk, dieser vorausschauende Visionär die Verbreitung des Korans in türkischer Sprache veranlasst, damit die Menschen in die Lage versetzt würden, auch ihren Glauben besser und bewusster zu verstehen, zu verinnerlichen und zu begreifen. Die nach ihm folgenden Politiker jedoch haben es geschafft, diesen Fortschritt zunichte zu machen, indem sie erneut in althergebrachte Muster verfielen. Vielmehr waren sie bestrebt, den Menschen zu verwehren, ihre Gedanken, Gefühle und ihren Willen in einer Sprache auszudrücken, die sie verstanden. Dieses Ziel wurde auch erreicht. Gehen wir davon aus, dass meine Landsleute Texte in deutscher Sprache lesen und deutsche Gedichte auswendig lernen, aber überhaupt nicht verstehen, was sie gelesen oder auswendig gelernt haben. Dann fragt man sich naturgemäß, welchen Sinn es haben könnte, Texte zu lesen und auswendig zu lernen, deren Inhalt man weder versteht, noch begreift?! Genauso unverständlich und sinnlos ist es, dass die meisten Türken ihre religiösen Pflichten in einer Sprache erfüllen, die sie nicht verstehen.

Über ihre Zukunft äußert sich Meliha wie folgt:
„Da bin ich nicht so optimistisch. Es scheint, als hätten Ausländer weniger Chancen bei der Berufsfindung. Andererseits will ich aber später auch nicht zu Hause sitzen und dazu verurteilt sein, von meinem Mann abhängig zu sein."
Über ihre Erwartungen an die Entscheidungsträger und Zuständigen sagt sie, „Für Politik interessiere ich mich nicht. Dass mehr Arbeitsplätze geschaffen werden und die Kriege beendet werden, möchte ich aber natürlich schon. In diesen Kriegen werden nur Muslime getötet."
Sie vergleicht die Türkei und Deutschland:
„In Deutschland gibt es nur wenig Armut, dafür aber die Sozialhilfe, die es in der Türkei nicht gibt" antwortet sie knapp.
Über Drogensucht unter Jugendlichen reden wir auch. Meliha äußert sich emotional.
„Ich selbst habe keine Drogen genommen und auch nie jemanden gesehen, der welche genommen hätte. Dass es dieses Problem gibt, habe ich aber natürlich schon gehört. Die meisten werden von irgendwelchen anderen beeinflusst. Manchmal nehmen die Familien selbst auch Drogen oder kümmern sich nicht darum, dass die Kinder Drogen nehmen. Die meisten Drogensüchtigen haben keine Schulbildung oder sind arbeitslos. Ich habe gehört, dass die meisten Gras rauchen. Das soll so verbreitet sein, wie Nikotin."
Weiter berichtet sie, oft in die Moschee zu gehen. Die nicht in die Moschee Gehenden würden sie oft neugierig fragen, ob es ihr denn nicht zu langweilig sei. Sie selbst mache keinen Unterschied zwischen Moscheegängern und Nichtgängern.
Meliha hat noch nie etwas gestohlen und ist der Ansicht, dass diejenigen, die stehlen, von ihren Familien nicht genug Geld bekämen um damit auskommen zu können.
Seit sie die Schule abgeschlossen habe, habe sie kein Buch mehr gelesen. Ab und zu lese sie die `Morgenpost´. Eine eigene

Büchersammlung habe sie nicht. Beim Fernsehen bevorzuge sie deutsche wie türkische Fernsehsender.
Meliha berichtet abschließend dass ihre Mutter ihr Vorbild in vielen Dingen, wie auch in der Führung des Haushalts sei.

Ich finde es positiv, dass Melihas Mutter ihr Vorbild ist. Wie glücklich kann sich eine Mutter schätzen, die von ihrer eigenen heranwachsenden Tochter als ihr Vorbild bezeichnet wird. Ich beglückwünsche sie.

Fazit

Mit dem Ziel zu arbeiten, Geld zu verdienen und so bald wie möglich wieder zurückzukehren waren die Türken einst als so genannte Gastarbeiter gekommen. Mit Ausnahme einer besonders großen Zahl von Rückkehrern, die 1984 auf Grund der gesetzlichen Regelungen zur Förderung der Rückkehr, sowie einiger anderer Gründe, tatsächlich für immer in die Türkei zurückgekehrt waren, ging die Zahl der Zurückgebliebenen und der tatsächlich hier sesshaft gewordenen keinesfalls zurück, sondern sie stieg sogar weiter an.
Die einst als nicht-sesshaft angesehenen Gastarbeiter wurden zu einem dauerhaften Teil der Gesellschaft, die fortan von ihren in der Türkei lebenden Angehörigengen als „Almanci" – als Deutschländer – bezeichnet wurden. Jahrelang hatten sie unter schwersten Bedingungen geschuftet und sparsam und karg gelebt, um ihre Investitionen in der Türkei, ihrem Herkunftsland, in das sie so schnell wie möglich zurückzukehren gedachten, tätigen zu können. Die Investitionen wurden auch realisiert, die Rückkehr aber blieb in den meisten Fällen aus. Die heute zum Großteil verrenteten Angehörigen der ersten Generation haben sich nicht selten eine Art Pendlerleben geschaffen, in dem sie sechs Monate in ihrer alten und sechs Monate in ihrer neuen Heimat verbringen. Einige orientierten sich sogar derart um, dass sie ihr Vermögen in der Türkei, für das sie so hart gearbeitet und eisern gespart hatten, verkauften und diese Werte nach Deutschland transferierten, also in das Land, dass sie einst als Fremde angesehen hatten, dass ihnen aber zur neuen Heimat geworden war.

Besonders als 1984 die so genannte Rückkehrerprämie eingeführt wurde, realisierten viele – wenn auch völlig unvorbereitet – ihre Rückkehrpläne. Nachdem einige von ihnen durch unüberlegte Investitionen und Geschäfte damals einen großen Teil der Ersparnisse verloren hatten, machten sie in ihrem eigenen Land schwere Zeiten durch. Viele bereuten sogar

zurückgekehrt zu sein. Über Verwandte, Bekannte und auch die Medien, die teilweise berichteten, erfuhren auch die im Ausland Lebenden von diesen schlechten Erfahrungen. Nach all den Schwierigkeiten, die man in dem Land erlebt hatte, in das man als Gastarbeiter gekommen war, war man nun im eigenen Land mit anderen Hindernissen und Schwierigkeiten konfrontiert, was sich abschreckend auf die Zurückgebliebenen ausgewirkt hatte. Immer wieder berichteten die Medien von Rückkehrern, die sich in ihrem Heimatland ohne das nötige „know how" in berufliche Vorhaben stürzten oder aber von den nächsten Verwandten finanziell ausgenommen wurden und so in der Heimat in den Ruin trieben. Somit verwarfen auch diejenigen, die schon konkrete Rückkehrpläne schmiedeten, diese bald.
Immer wieder gab es daher Familien, die in die jeweiligen „Gastgeber-Länder", in denen sie einst gearbeitet hatten, zurückgehen wollten und dies auch tatsächlich taten. Wieder andere schickten ihre Kinder dorthin. Einigen gelang es trotz allem, ihren Kindern eine gute Ausbildung zu ermöglichen. Teilweise setzten Kinder von Rückkehrerfamilien ihre deutschen Sprachkenntnisse gezielt in ihrer Ausbildung ein, erlernten den Lehrerberuf und kehrten dann – wenn auch befristet auf fünfjährige Dienstzeiten – als Lehrer in das „Gastgeber-Land" zurück. Diese Lehrer leisteten und leisten dadurch noch immer einen Beitrag zum schulischen Erfolg der hier lebenden Kinder türkischer Familien. Im Zwiespalt zwischen `Bleiben oder Zurückkehren´ machten sowohl die Rückkehrer, als auch die Zurückgebliebenen verschiedene Phasen durch, in denen ihnen die positiven, aber auch negativen Konsequenzen ihrer jeweiligen Entscheidung bewusst wurde.
Sowohl ein Teil der Rückkehrer, als auch diejenigen, die geblieben waren, verspürten nachträglich Reue über die jeweilige Entscheidung. Neben dieser Reue gab es aber auch positive Erfahrungen, sonst wären sie wohl kaum hier geblieben. In diesem Buch haben sie die Geschichten der Kinder derjenigen Familien gelesen, die sich für ein Leben in Deutschland entschieden haben. Bekannt ist, dass – wo auch immer auf der Welt - die größte Verantwortung für eine gute Erziehung, Schul-

und Berufsausbildung zuallererst bei den Familien, dann bei den Pädagogen und schließlich bei den politisch Verantwortlichen liegt. Doch sind sich diese Zuständigen ihrer Verantwortung bewusst? Handeln sie dementsprechend? Bedauerlicherweise ist diese Frage wohl zu verneinen, wenn man die Schilderungen der hier befragten jungen Menschen ernst nimmt. Viel mehr zeigt sich, dass größtenteils weder die Familien, noch die Pädagogen oder die anderen Verantwortlichen sich ihrer immensen Verantwortung stellen. So müssen die jungen Menschen in dem Land, in dem sie geboren und aufgewachsen sind und welches sie als ihre eigene Heimat auffassen, mit Ausgrenzungen und Diskriminierungen leben und erfahren, dass sie auch in dem Land ihrer Eltern wie Fremde behandelt werden. Dies verletzt die jungen Menschen zutiefst. Wie zuvor auch ihre Eltern, wird ein Großteil von ihnen in eine heimatlose Situation gedrängt, obwohl es gerade dies unbedingt zu vermeiden gilt. Dieser Zustand wirkt sich auf ihre Persönlichkeit aus, verhindert eine Entfaltung ihres Potenzials und macht sie schlicht unglücklich. Dabei könnte gerade diese Jugend viel mehr erreichen, erfolgreicher und nützlicher für die Gesellschaft werden, wenn die Familien und die Verantwortlichen beider Länder sie von Kindesbeinen auf mehr fördern würden. Man muss sie mit offeneren Armen aufnehmen und ihnen ein Mehr an Toleranz und Verständnis entgegenbringen.

Die hier aufgewachsenen türkischstämmigen Jugendlichen unterscheiden sich sowohl von der Jugend in der Türkei, als auch von den deutschen Jugendlichen. Sie sind eine Gruppe von Jugendlichen, die von beiden Kulturen beeinflusst wird und daher eine Generation für sich. In ihren Meinungen und Einstellungen werden die Einflüsse beider Kulturen deutlich. Von ihrer Lebensart bis hin zu ihren Wertvorstellungen, ihrer Sprache, ihrer Kleidung – was immer sie auch denken: in allem sind deutlich die Spuren beider Gesellschaften zu erkennen. Selbstverständlich gilt dies auch für kulturelle, soziale und politische Gesichtspunkte. Sie sind weder „nur" Türken, noch „nur" Deutsche. Weder ähneln sie den in der Türkei aufgewachsenen türkischen Jugendlichen, noch den in

Deutschland aufgewachsenen deutschen Jugendlichen – sie ähneln nur sich selbst. Obwohl sie unterschiedlichen Familienstrukturen mit verschiedenem Bildungsstand entspringen, überwiegen doch ihre Gemeinsamkeiten untereinander.

Kaum etwas blieb bei meinen Gesprächen mit diesen Jugendlichen unterschiedlicher Alters- und Ausbildungsstufen unerwähnt. Tatsache ist, dass sie teilweise in ihren Familien und bestimmten Teilen der Gesellschaft als zu jung, zu klein, zu unerfahren angesehen und in ihren Meinungen nicht ernst genommen werden. Doch sie haben teilweise eine Fähigkeit Einschätzungen zu treffen, die manch einem Erwachsenen fehlt.

Ihre Ausführungen umfassten Themen wie Erziehung innerhalb der Familie bis zur Schulbildung, Vergleich der türkischen und deutschen Gesellschaft, der Arbeitswelt und den globalen Entwicklungen. Ich habe diese wertvollen Erkenntnisse kommentiert und meine eigenen Ansichten eingebracht. Trotzdem möchte ich auf einige Punkte, die ich für besonders wichtig erachte, erneut zurückkommen:

In unseren Gesprächen erörterten wir, aus welchen Regionen der Türkei die Familien einst kamen und welchen Bildungsstand sie haben. Ferner gingen wir auf die Fragen nach ihren hiesigen Wohngebieten, ihren Berufen und der Qualität der Erziehung im Elternhaus ein. Darüber hinaus äußerten sich meine Interviewpartner zu allen Facetten ihres eigenen Lebens, ihrer Familien, deren Herkunftsland Türkei und Deutschland, dem Land, in dem sie leben, und die Entwicklungen in der Welt. Aus diesen Äußerungen gilt es nun, die erforderlichen Schlüsse und Erkenntnisse abzuleiten.

Bei den in Deutschland aufgewachsenen türkischstämmigen Jugendlichen handelt es sich zum Großteil um die Kinder und Kindeskinder von Gastarbeitern, die vor vierzig Jahren hierher gekommen waren, um hier für kurze Zeit zu arbeiten und mit dem Ersparten so bald wie möglich wieder zurückzukehren – was aber nie geschah. Es sind Menschen, die damals die Kultur und Lebensweise ihrer Heimatregionen mitbrachten, an die sie sich noch heute klammern, und nach wie vor versuchen, so zu leben, wie sie es vor dreißig oder vierzig Jahren taten. Ebenso wie es der ersten Generation nicht gelungen ist, sich der Lebensweise dieses Landes anzupassen, verpassten sie auch die Entwicklungen in ihren eigenen Herkunftsländern, von denen sie in gesellschaftlicher Hinsicht isoliert blieben. Dies führte dazu, dass sie in dem Land, in dem sie ihre Kinder und Enkel aufzogen, und auch in dem Land, aus dem sie einst gekommen waren, zu Fremden wurden. In beiden Ländern sind sie dadurch mit Schwierigkeiten konfrontiert. Anlass zu Beschwerden gibt es hier wie dort. Bei der heutigen Jugend handelt es sich nun um deren Kinder und Kindeskinder, die man um jeden Preis versucht nach ihren eigenen, althergebrachten Vorstellungen zu erziehen. Unter größter Kraftanstrengung versuchen einige der Jugendlichen, die Erwartungen ihrer Familien zu erfüllen und werden hierbei förmlich zwischen den Kulturen beider Länder aufgerieben. Bei wieder anderen kommt es zum Bruch mit der eigenen Familie. Natürlich gibt es einige unter diesen Jugendlichen, die große Erfolge erreichen. Bedauerlicherweise ist aber festzustellen, dass es einem Teil nicht oder nur schwerlich gelingt, sich in zeitgemäßer Weise an die kulturellen Erfordernisse des Landes, in dem sie geboren sind, anzupassen. Im gleichen Umfang, wie die Integration in Deutschland misslingt, sind sie auch dazu verurteilt, Fremde im Land ihrer Eltern zu bleiben. Diese und vielfältige weitere Merkmale kennzeichnen ihre heutige äußerst problematische Lage.

Doch auch untereinander unterscheiden sich die Menschen, die einst aus allen Teilen der Türkei gekommen waren. Die Wertvorstellungen divergieren von Region zu Region, von Stadt zu Stadt, von Dorf zu Dorf – ja teilweise selbst zwischen einzelnen Familien. Hinzu kommt, dass man hier mit Menschen aus häufig völlig verschiedenen Kulturen lebt, was die bestehenden mannigfaltigen Schwierigkeiten weiter verstärkt. Individuen in dieser Situation – egal wo und egal welchen Alters – benötigen mehr Toleranz, Respekt und Zuneigung. Sobald dies aber nicht gegeben ist, ist das Entstehen von Unzufriedenheit innerhalb der Gesellschaft unausweichlich – und die

Hauptleidtragenden sind wieder einmal die Kinder und Jugendlichen.
Es lässt sich beobachten, dass Art und Umfang der Nutzung, Orientierung und die Teilnahme an bestehenden Bildungsmöglichkeiten bei Menschen mit einem ausländischen Hintergrund divergieren. Beispielsweise besuchen türkische Kinder nur teilweise eine Kindertagesstätte. Die Hauptursachen dessen bestehen darin, dass die Verantwortlichen hier nicht die erforderlichen Regelungen treffen, zu hohe Gebühren erhoben werden und es vorgezogen wird, die Kinder zu Hause aufzuziehen, wenn die Mutter nicht berufstätig ist. Teilweise werden selbst in Familien, wo beide Elternteile berufstätig sind, die Kinder nicht in den Kindergarten gegeben, sondern von deutschen oder nichtdeutschen Nachbarn betreut. Auch hört man von Familien, deren Kinder die ganze Woche über auswärts betreut werden und die ihre Kinder nur am Wochenende zu Gesicht bekommen. Diese Kinder werden später ihre Betreuerin als ihre Mutter ansehen. Immer wieder lässt sich beobachten, dass im Falle von Kindern, die isoliert von ihrer Familie aufwachsen, die Kinder, die Familie und teilweise auch die Betreuerin in Mitleidenschaft gezogen werden.
Gründe für den schulischen Misserfolg sind auch, dass Türken und andere Migranten häufig in beengten Verhältnissen in Gettos leben, wo sie von Deutschen getrennt, oder aber ausschließlich in Nachbarschaft mit sozial schwachen Deutschen leben. Hinzu kommt, dass die Kinder nicht in den Kindergarten geschickt werden und in der Familie und im sozialen Umfeld nur Türkisch gesprochen wird. Unter diesen Umständen können die Kinder nur unzureichend Deutsch lernen. Wenngleich sich momentan ein Gegensteuern bezüglich der von mir genannten Ursachen abzeichnet, so gilt es doch hier noch mehr Kraft und Mittel zu investieren und die notwendigen Möglichkeiten zu schaffen, um eine wünschenswerte Situation herzustellen. Auch ist bekannt, dass Kindergartenplätze nicht in ausreichender Zahl vorhanden sind und nicht arbeitende Mütter kaum die Möglichkeit haben, ihre Kinder in den Kindergarten zu geben. Auch kommt es vor, dass Kinder nicht in den Kindergarten

gehen wollen oder sich sogar davor fürchten, weil sie sich dort nicht in ihrer Muttersprache mitteilen können und auch nicht verstanden werden. Jeder wird mir hoffentlich in der These zustimmen, dass Kinder in Kindergärten wesentlich besser betreut werden könnten, wenn es mehr zweisprachige Erzieherinnen gäbe. Auch dies sollte realisiert werden, denn in der jetzigen Situation werden viele Kinder eingeschult, ohne dass sie die Muttersprache oder die deutsche Sprache richtig beherrschen. Schulischer Erfolg ist aber maßgeblich vom Beherrschen der deutschen Sprache abhängig.

Ein weiterer Faktor ist, dass die Kinder häufig kein eigenes Zimmer zur Verfügung haben und nicht ungestört lernen können, wenn mehrere Kinder in einem Zimmer untergebracht sind. Zur Realität gehört leider auch, dass häufig selbst Studierende oder Gymnasiasten – geschweige denn Grundschulkinder – kein eigenes Zimmer haben, in dem sie sich auf ihre schulischen Aufgaben konzentrieren können. Ein eigenes Zimmer, in dem ein Kind in Ruhe arbeiten kann, ist unabdingbar um Erfolg in der Schule zu haben. Es ist unmöglich, in einem Raum zu lernen und sich zu konzentrieren, in dem die Familie beisammen sitzt, sich unterhält und fernsieht und die jüngeren Geschwister stören. Ein Kind braucht Ruhe und Konzentration, um seine Hausaufgaben zu erledigen.

Häufig leben diese türkischen Familien zudem in Gettos und in der Nachbarschaft mit anderen bildungsfernen und sozial schwachen türkischen und deutschen Familien, was weitere negative Effekte mit sich bringt. Denn nicht selten vergleichen die türkischen Kinder dann ihre eigenen Familien mit diesen deutschen Nachbarn und entwickeln ein einheitliches Bild von den Deutschen. Da sie nur mit diesen Familien konfrontiert sind, nehmen sie sich auch deren negative Seiten zum Vorbild. In späteren Jahren beeinflusst sie dieses wiederum negativ in ihrer Entwicklung. Dabei haben deutsche Familien mit einem gewissen Bildungsniveau oder einem gesunden Familienverständnis außerordentlich wichtige Prinzipien hinsichtlich der Erziehung ihrer Kinder und tolerieren nicht jedes Verhalten ihrer Kinder und können manchmal sogar konsequenter oder strenger als manch türkische Familien. Doch leider kriegen diese türkischen Kinder, welche in den Gettos aufwachsen, dies kaum mit. Manchmal erleben sie, dass ihre deutschen Freunde aus diesen Ballungsräumen länger von zu Hause weg bleiben dürfen als sie selbst oder nach Hause kommen dürfen, wann sie wollen und nehmen dies als bezaubernde grenzenlose Freiheit wahr. Im Auge dieses jungen Menschen schneidet die eigene Familie dann als zu streng ab, da sie als zu autoritär wahrgenommen wird. Das führt langfristig dazu, dass die Regeln der eigenen Familie wirkungslos werden.

Zweifellos würden sie sich auch an positiven Beispielen aus deutschen Familien orientieren, wenn es sie in ihrem Umfeld gäbe – doch meist gibt es sie in diesen Ballungsräumen einfach nicht. So ist uns aber bekannt, dass Migrantenkinder, welche nicht in diesen Ballungsräumen leben, sondern mit deutschen Familien mit einer gewissen Bildung in der Nachbarschaft aufwachsen, häufig sich diese deutschen Kinder zum Vorbild nehmen bzw. mit diesen Freundschaft schließen und daher auch oft eine bessere Schulausbildung erreichen.

Die türkischen Familien aus diesen Ballungsräumen sind oftmals ratlos und wissen nicht, wie sie sich ihren Kindern gegenüber verhalten sollen. Dies verhindert häufig auch, dass sie ihren Kindern die positiven Seiten ihrer Erziehungswerte vermitteln. Ihre Hilflosigkeit führt so weit, dass sie außer Stande sind, ihre eigenen Kinder zu unterstützen. Immer häufiger sehen wir, dass die Eltern derart verunsichert sind, dass ein ungezwungenes Verhalten innerhalb der Familie vollständig abhanden kommt. Selbst unser alles regelndes und elementares Prinzip des Respekts für die Älteren und der Liebe für die Jüngeren geht verloren.

Während die Kinder sich schon früh mit ihren deutschen Nachbarskindern anfreunden, kommt es meist im Alter von 17 oder 18 Jahren zum Bruch und man orientiert sich eher an Freunden aus dem eigenen Kulturkreis. In Schule, Berufsausbildung, bei Wohnungs- oder Arbeitssuche und auch in Medienberichten sind sie mit ablehnenden Einstellungen konfrontiert. Diese Ablehnung führt dazu, dass sie sich von der

Jugend des Landes, in dem sie leben, entfernen und eher den Anschluss an ihresgleichen suchen, denn sie stellen fest, dass untereinander mehr Gemeinsamkeiten bestehen, als mit den deutschen Jugendlichen. Das Bestehen der gemeinsamen Erfahrung, dass beispielsweise bei der Wohnungs-, Lehrstellen- oder Jobsuche der deutsche Bewerber vorgezogen wird, selbst wenn der türkischstämmige über die bessere Eignung verfügt, schweißt nämlich zusammen. Selbst wenn die Familien dieser Jugendlichen aus teilweise völlig unterschiedlichen Regionen in der Türkei stammen, sind ihre Erfahrungen – auch innerhalb ihrer Familien – nahezu identisch. So wird auch die Frage nach der Identität meist folgendermaßen beantwortet: „Wir sind weder wie die Türken in der Türkei, noch wie die Deutschen in Deutschland. Wir sind Deutschtürken.“ Unabhängig von ihrem jeweiligen Bildungsstand hat der überwiegende Teil der von mir Befragten sich im Punkt der Identität einheitlich in dieser Form geäußert.
Ein weiterer Faktor für mangelnden sozialen Erfolg ist häufig, dass die Jugendlichen in Deutschland in ein Gefühl des Ausländischseins gestoßen werden, obwohl sie in diesem Land geboren und aufgewachsen sind. Äußerst negativ wirkt sich ebenfalls aus, wenn Eltern aus den verschiedensten Gründen und Vorwänden die Elternabende nicht regelmäßig besuchen und sich auch in den Schulen nicht engagieren. Die Jugendlichen fühlen sich allein gelassen und ausgeschlossen und es nagt an ihrem Selbstvertrauen, wenn sie demgegenüber das Engagement der Eltern der Mitschüler sehen. Diese mentale Prägung gepaart mit der erfahrenen Ablehnung sind wichtige Faktoren, die dazu führen, dass zahlreiche Jugendliche ohne Abschluss die Schule verlassen, keinen Beruf erlernen und somit kaum die Möglichkeit erhalten, den Einstieg ins Berufsleben zu bewerkstelligen. Kinder, die durch ihre Familien keine ausreichende Aufmerksamkeit und Förderung erhalten, werden sich – insbesondere in jüngeren Jahren – andere Bezugspersonen suchen und sind empfänglicher für negative Einflüsse. In späteren Phasen, in denen das Urteilsvermögen weiter entwickelt ist und sie Positives von Negativem unterscheiden können,

bereuen sie dies zwar, doch dann ist es meist zu spät. Die entstandenen Lücken zu schließen gelingt ihnen nicht oder nur schwerlich. Häufig werden sie unzufrieden mit ihrem Leben oder gleiten in Schwierigkeiten, wenn sie keinen Erfolg bei der Arbeitssuche haben. Es gelingt ihnen dann nicht, auf eigenen Beinen zu stehen und ihre Situation erscheint ihnen dann als ausweglos. In dieser Situation tendieren Jugendliche in höherem Maße zu Kriminalität, nehmen Drogen oder geraten auf andere Abwege. Genauso, wie es Jugendliche gibt, die in einem vorteilhafteren Umfeld leben und entsprechend positive Identifikationsmöglichkeiten haben, orientieren sich benachteiligte Jugendliche, die in vielerlei Hinsicht unzufrieden mit ihrer eigenen Situation sind, unwillkürlich an den schlechten Beispielen in ihrem Umfeld. Ausländische Jugendliche, die zudem in problematischen Familienverhältnissen leben, oder deren Eltern getrennt sind, sind emotional labiler und aggressiver und weisen eine höhere Kriminalitätsanfälligkeit auf. Es lässt sich daher beobachten, dass diese Jugendlichen gefährdeter sind, in das Umfeld von Kriminellen zu geraten, von denen sie dann skrupellos für ihre Machenschaften benutzt werden.

Jugendliche, die in einem sie liebenden und unterstützenden familiären Umfeld aufwachsen, werden erfolgreicher und zufriedener. Familien, die sich um ihre Kinder kümmern, erhalten hierfür häufig Gegenliebe und Zufriedenheit durch ihre erfolgreichen Kinder – und zwar unabhängig davon, ob sie gebildet sind oder nicht, ob sie die Sprache beherrschen, oder nicht. Die meisten der Familien dieser Jugendlichen kamen einst als ungelernte Arbeitskräfte aus der wenig entwickelten Provinz der Türkei. Bei den Jugendlichen, die trotz besonders gebildeter Eltern eine gute familiäre Erziehung und Schulbildung genossen hatten, die erfolgreich im Studium oder im Beruf waren, bezeichneten ihre Eltern als Vorbilder. Diesen mustergültigen Eltern gebührt Ehre. Sie können sich glücklich schätzen und ich gratuliere ihnen zu ihrer erfolgreichen Erziehungsarbeit, denn sie haben etwas erreicht, was teilweise Eltern mit einem wesentlich höheren Bildungsniveau nicht glückt. An dieser Stelle möchte

ich meinen Lesern das nachfolgende, mit einem Unternehmer geführte Gespräch, nicht vorenthalten.
Dieser aus Izmir stammende Unternehmer wurde über seine Personalpolitik befragt:
„Alle Ihre Mitarbeiter sind Hochschulabsolventen. Welche Voraussetzungen fordern Sie bei der Einstellung von Personal?"
„Bei der Einstellung eines jungen Menschen in meinem Unternehmen ist neben dem Diplom das wichtigste Kriterium für mich, die Familie des Bewerbers. Damit meine ich nicht, dass die Eltern auch einen besonderen Bildungsstandard vorweisen müssen, sondern dass diesem jungen Menschen innerhalb der Familie gewisse Werte vermittelt worden sind. Denn egal wie hoch man ein Gebäude auch baut – wenn das Fundament nicht stabil genug ist, wird es einstürzen. Für mich ist eine intakte Familie das Fundament in der Erziehung eines Kindes."
Es spielt keine Rolle, wo man lebt, wer man ist oder welche Nationalität man hat: Kinder von Familien, in denen es Regeln, Werte, Liebe, Vertrauen, Toleranz und Aufmerksamkeit gibt, kurz, in denen `Sein und Schein´ übereinstimmen haben eher die Chance erfolgreich zu sein.
Einige Eltern, die die Sprache nicht beherrschen oder die schwer arbeiten aber auch jene die schlicht ignorant sind, vernachlässigen den Besuch der schulischen Elternabende. Diese Nachlässigkeit hat negative Auswirkungen auf die Kinder. Dabei gibt es zahlreiche positive Beispiele, die zeigen, dass die Kinder in der Schule viel besser werden und mehr Selbstvertrauen gewinnen, wenn die Eltern den Kontakt zu den Lehrern aufbauen – selbst wenn es mit der Sprache hapert. Das Zusammenspiel von Eltern, Lehrern und Schülern ist für den schulischen Erfolg unbedingt erforderlich. Die Erziehungsberechtigten können es sich nicht leisten abzuwarten, dass sich Andere der Schulprobleme ihrer Kinder annehmen, sondern sind in der Pflicht, sich mit allen schulischen Aspekten zu befassen und sich hier einzusetzen.
Mein sehr geschätzter Kollege Ahmet Karadeniz beschäftigt sich intensiv mit Pädagogik. Für die Kindesentwicklung und -analyse eines Kindes zieht er bevorzugt die Metapher des Baumes heran.

Denn ebenso wie Erde, Wasser, Luft und die Sonne für das optimale Gedeihen eines Baumes, seiner Wurzel, des Rumpfs und der Zweige wichtig sind, sind für die Entwicklung der Kinder der positive Einfluss der Mutter, der Familie, des sozialen Umfelds und Liebe unerlässliche Faktoren. Ahmet Karadeniz hat dies anhand einer Zeichnung in einer Weise festgehalten, die für jeden Betrachter verständlich ist. Die kindliche Entwicklung beginnt bereits im Mutterleib. Das noch Ungeborene Kind im Leib der Mutter wird mit umso besseren Voraussetzungen zur Welt kommen, je glücklicher und zufriedener die Mutter selbst ist. Weiterhin betonte mein Kollege, wie wichtig für das Aufwachsen eines Kindes der Einfluss der Familie und des Umfelds sein wird. Während der Baum sich von der Sonne nährt, wird jedes Kind in seinem Leben von der Zuneigung und Liebe seiner Familie profitieren. Mein geschätzter Kollege fährt weiter fort und stellt anhand von Beispielen dar, wie negativ sich das Fehlen eines der Faktoren auf das Kind auswirken wird. Ich selbst schließe mich seinen Feststellungen uneingeschränkt an, denn wenn ich die Entwicklung der türkischen Kinder analysiere, so stelle ich fest, dass einige entwurzelt sind, wieder andere nicht den essentiellen Nährboden finden, um gedeihen zu können und wieder andere fernab der Sonne aufwachsen. Mit Bedauern stelle ich angesichts dessen fest, dass diese Kinder und Jugendlichen, die unsere Zukunft sind, nicht unter idealen Verhältnissen aufwachsen.
Ein mangelhaftes Bildungswesen wird sich sowohl auf das Aufwachsen der Kinder und Jugendlichen, als auch auf sämtliche ihrer Lebensbereiche negativ auswirken. Die Entscheidungsträger jedoch, die dieser Mängel erkennen, beharren nach wie vor darauf, die Verantwortung für diese auf Andere abzuwälzen. Noch sind viele türkische Eltern sich dessen nicht bewusst, welche Verluste es nach sich ziehen wird, wenn sie ihren Kindern keine gute Ausbildung ermöglichen, und nicht dafür sorgen, dass ihre Kinder sowohl die Muttersprache, als auch die Sprache des Landes erlernen, in dem sie leben. Die Mütter kritisieren die Väter, die Familien die Schulen, die Deutschen die Türken und die Türken die Deutschen. Dabei

trägt jeder Einzelne einen Teil der Verantwortung und jeder von ihnen macht Fehler. Jeder Einzelne ist hier gefordert, seinen Beitrag zu leisten, damit eine bessere Jugend heranwächst.
Bezüglich der Entwicklung und dem weitgehenden Fehlen einer guten Bildung unter türkischen Kindern hat sich gezeigt, dass ebenso wie der Einfluss der Familien auch die Fehlentwicklungen des Landes, in dem sie leben, eine wichtige Rolle spielen. Die im Auftrage der OECD durchgeführte PISA Studie hat aufgezeigt, dass das Bildungsniveau der skandinavischen Länder weitaus höher ist. Unter den 31 Ländern, die an der ersten PISA Studie beteiligt waren, nahm Deutschland lediglich Platz 21 ein. Auch das Ergebnis der zweiten Studie fiel – wie erwartet – nicht besser aus. Innerhalb des kurzen Zeitraums, der zwischen der Durchführung beider Studien lag, wäre es nicht mehr als Tagträumerei, ein besseres Ergebnis zu erwarten. Schließlich hatten auch die Bildungsminister der Länder bestätigt, kein anderes Ergebnis erwartet zu haben. Gleichzeitig aber versuchen auch sie, die Schuld für dieses schlechte Abschneiden den türkischen Schülern und Schülerinnen zuzuschieben. Die Realität zeigt jedoch, dass die im Bildungswesen erfolgreichen Länder ein Vielfaches der Mittel in Kindergärten und Schulen investieren, als es Deutschland tut. Auch in diesen Ländern leben ausländische Schüler, doch anders als bei uns, werden diese nicht einfach in die Sonder- bzw. Förderschulen abgeschoben. Vielmehr ist man dort bestrebt, Ressourcen für eine Optimierung des Bildungswesens bereitzustellen und vielfältige Alternativen aufzuzeigen.
In Deutschland haben wir es mit einem äußerst selektiven Bildungssystem zu tun. Dieses zeigt sich bereits unmittelbar nach der Einschulung in die Grundschule und obwohl Mängel existieren, die es zu beheben gilt, belässt man es dabei. Und schon in dieser von der ersten bis zur vierten Klasse dauernden Lernphase werden insbesondere türkische Kinder mit Sprachproblemen und daher mit geringem Lernerfolg verstärkt in die Förderschulen, die eigentlich für lernbehinderte Kinder eingerichtet wurden, abgeschoben. Im Anschluss an die

Grundschule findet die Selektion nach Haupt-, Real-, Gesamtschule, bzw. Gymnasium statt. Wenngleich die theoretische Wechselmöglichkeit zwischen diesen Schulformen besteht, so ist diese in der Praxis doch nur unter schweren Bedingungen wahrnehmbar. Für den schulischen Erfolg an sich kommt auch der vorschulischen Bildung eine große Bedeutung zu. Erziehungseinheiten sind erforderlich. In den Schulen ist von einem Disziplinverständnis kaum etwas zurückgeblieben, wodurch es den Lehrern kaum noch gelingt, ihre Klassen in den Griff zu bekommen. Im Namen der Freiheit wurden die Lehrer um ihre Befugnisse beschnitten. Doch auch die Familien können sich gegen ihre Kinder nicht mehr durchsetzen. In gleichem Maße, wie die Befugnisse angereichert werden sollten, sollte auch ihr Maß an Verantwortung zunehmen. Derzeit ist sämtliche Verantwortung den Eltern überlassen, die jedoch sind außerstande, dieser Verantwortung gerecht zu werden. Im Rahmen von Sparmaßnahmen im Bildungssektor wird das in früheren Jahren an den Schulen vorhandene Angebot an Nachhilfeunterrichtsstunden insbesondere für ausländische Schüler und Schülerinnen sukzessiv abgebaut, geschweige denn, dass von einem Fortschritt die Rede sein könnte. Die Verfechter von Sparmaßnahmen im Bildungswesen stecken geradezu wie der Strauß den Kopf in den Sand, weil sie nicht zugeben wollen, dass dadurch die Kriminalitätsstatistik ansteigt und ferner Unsummen investiert werden müssen, um soziale Spannungen zu entschärfen. Man beharrt förmlich darauf, an diesen Fehlern festzuhalten. Für die negativen Entwicklungen aber, die aus dieser verantwortungslosen Politik resultieren, ist man nur allzu gerne bereit, den Sündenbock bei den Anderen – sprich: bei den Migrantenkindern zu suchen und ihnen bzw. nur den Eltern die Schuld zuzuschieben. Das man mit dieser Vorgehensweise aber die Kinder an den Rand der Gesellschaft drängt, möchten die Verantwortlichen nicht wahrhaben. Die Diskussion geht dann in eine Richtung, in der man darauf pocht, man hätte diesen Schülern und Schülerinnen doch alle optimalen Chancen und Möglichkeiten zur Verfügung gestellt und sie würden diese nur nicht nutzen. Obwohl seit der ersten Ankunft der Türken und vieler anderer Ausländer in Deutschland mehr als vierzig Jahre vergangen sind und diese Deutschland schon als ihr eigenes Land ansehen, hat man es noch immer nicht realisieren können, das Bildungssystem auch für ihre Kinder und Kindeskinder zu optimieren. All die Jahre über wird ein Lehrprogramm durchgenommen, als säßen in den Klassen ausschließlich deutsche Kinder. Deutsche Lehrer haben kaum eine besondere Ausbildung, Wissen oder Fähigkeiten für den Unterricht mit ausländischen Schülern und Schülerinnen erhalten.

Also bringt es nicht viel, wenn man alle Schüler gleich behandelt, unabhängig von ihrer Herkunft. Es kann nicht zu positiven Ergebnissen führen, wenn man den ungleichen Kindern schlicht die gleichen Möglichkeiten anbietet. Dies ergibt sich für mich auch aus dem deutschen Grundgesetz in Art. 3. Danach sollen eben ungleiche Gruppen nicht gleich und gleiche Gruppen nicht ungleich behandelt werden, denn im Ergebnis führt es zur Ungleichheit bzw. Ungerechtigkeit. Und so ist es auch mit den Migrantenkindern, welche Anfangs die deutsche Sprache nicht wie die deutschen Kinder beherrschen. Das bedeutet aber nicht immer, dass sie lernunfähig sind.

Aus den Medien und der Presse erfahren wir, dass in skandinavischen Ländern wie Finnland oder Schweden Studien unter Berücksichtigung besonderer Merkmale des Unterrichts mit Migrantenkindern durchgeführt und implementiert werden. Entgegen dieser Kenntnis aber müssen wir in Deutschland mit Entsetzen feststellen, wie in nahezu allen Bundesländern Fördermaßnahmen für Schüler mit Migrantenhintergrund nach und nach eingeschränkt werden.

Deutsche Entscheidungsträger, die nun bestrebt sind, die dringend notwendigen Lösungen zu erarbeiten, versuchen dieses Schulsystem der „Selektion“ nun zu verändern und die Schüler von der ersten bis zur zehnten Klasse ohne in die besonderen Schulformen aufzuteilen, gemeinsam zu unterrichten. Mehr und mehr gewinnt die Erkenntnis an Zuspruch, dass diese Maßnahmen geeignet sein werden, die Leistungsdiskriminierung unter den Schülern zu beheben und der gemeinsame Unterricht mit Schülern auf unterschiedlichem Lernniveau auch die

Leistungsschwächeren zu höheren Leistungen anspornen wird. Auf der anderen Seite geht diese derzeitige Fokussierung auf diesen Bereich zu Lasten der Kindergärten und Vorschulen. Der Besuch des Kindergartens wird erschwert, Vorschulklassen werden geschlossen, wodurch Kindern mit Migrantenhintergrund die Möglichkeit verwehrt wird, die deutsche Sprache vor der Einschulung zu erlernen, und ihnen wiederum auch der schulische Erfolg erschwert wird. Gar kein Verständnis kann ich für diejenigen Anmerkungen aufbringen, in denen gebetsmühlenartig gemahnt wird, „Redet zu Hause Deutsch!" Wo bitte liegt der Unterschied zwischen dieser Einstellung und der Geisteshaltung, die einst die türkischstämmige Minderheit in Bulgarien quasi über Nacht zu assimilieren versuchte?! Wie kann eine solche Äußerung ernsthaft mit Humanität, der Achtung der Menschenrechte, mit Freiheit und einem Demokratieverständnis in Einklang gebracht werden? Den Familien wird ernsthaft abverlangt, sich zu Hause mit ihren Kindern nicht in ihrer Muttersprache, sondern in ihrem eher holprigen Deutsch zu unterhalten um dann auch noch zu erwarten, dass diese Kinder zu selbstbewussten und erfolgreichen jungen Menschen heranwachsen! Abgesehen davon, dass eine derartige Forderungen jeglicher rechtlicher Grundlage entbehrt, gibt es auch keinerlei Anhaltspunkte dafür, dass dieses Unterfangen jemals irgendwo von Erfolg gekrönt war. Dahinter steckt ein Verständnis, das selbst Cem Özdemir und andere Politiker, mit denen ich nicht immer einer Meinung bin, aber die den Erhalt der Muttersprache unterstützen außer Fassung bringt. Immer wieder mussten wir in der letzten Zeit feststellen, dass in den Medien offenbar die in Deutschland lebenden Türken für den Mord an dem niederländischen Regisseur Van Gogh ihren Kopf herhalten müssen – der im Übrigen von einem Muslim einer ganz anderen Nationalität verübt wurde. Fanatische, religiöse Gruppen, die von Deutschland lange unnötig toleriert wurden, werden dargestellt, als würden sie von den hier lebenden Türken unterstützt werden. Ja, selbst so weit geht man in diesem Land schon, dass man von den Türken nur noch als Muslime spricht. Zu schnell aber gerät

hierbei in Vergessenheit, dass der türkische Staat laizistisch ist. Und wir zunächst Türken sind und dann Muslime.
In besonders bitterer Weise mussten wir feststellen, dass einem führenden sozialdemokratischen (!) Politiker wie Helmut Schmidt nach fast einem halben Jahrhundert, als seine Arbeit quasi erledigt war, einfiel „man habe einen Fehler damit begangen, ausländische Arbeitnehmer ins Land zu holen.“ Diese und ähnliche Äußerungen halte ich für äußerst gefährlich und verdammt unfair. Diese Äußerungen verursachen Zorn teilweise bei der deutschen Öffentlichkeit und bei den seit vierzig Jahren für dieses Land zum Teil sehr hart arbeitenden Migranten sowie Zorn bei den hier geborenen und aufgewachsenen Jugendlichen. Mit Bedauern stelle ich leider fest, dass selbst erfahrene Politiker es versäumt haben, die erforderlichen Lektionen aus der Geschichte zu ziehen. Polarisierende Äußerungen dieser Art wird man dann später rechtfertigen müssen. Damals, als es um den Wiederaufbau und den Aufschwung in diesem Land ging, und als diese Menschen herkamen, um daran mitzuarbeiten, hörten sie nie „Du sprichst aber kein Deutsch“. Stattdessen wurden sie unter härtesten Arbeitsbedingungen in den schwersten Tätigkeiten eingesetzt. Heute dagegen gibt es vereinzelte Fälle, dass Patienten nicht zu Operationen zugelassen werden, weil sie kein Deutsch sprechen! Ist das eine zeitgemäße und menschliche Umgangsart? Die billigen Arbeitskräfte, in die Deutschland zunächst nicht einmal einen Pfennig investiert hatte, waren willkommen, denn man dachte, man hätte Maschinen angeworben, die man beim geringsten Ausfall durch neue ersetzen könnte. Man habe damals nicht daran gedacht, dass dort Menschen kämen, die einst Bedürfnisse haben würden, die Angehörige und Familie in der Fremde hatten. Das Stigma, „Wir wollten Arbeitskräfte, aber es kamen Menschen“ ist man bis heute nicht losgeworden. Doch diese Haltung ist es, die dazu führt, dass die in Deutschland geborene und aufgewachsene Jugend sich von der Mehrheitsgesellschaft entfernt und unglücklich wird. Diese Haltung bedrückt sie und sie wenden sich anderen Richtungen zu. Die Fehler, die hier gemacht werden, sind immens groß, denn schließlich könnten diese

Jugendlichen einen großen Beitrag zur Zukunft dieses Landes leisten, wenn man sie nur ließe. Ich frage mich, ob die deutschen Entscheidungsträger sich eigentlich dessen bewusst sind, dass sie immer gleichzeitig auch den Erfolg und die Leistungsbereitschaft der hier aufgewachsenen Jugend trüben, in dem sie die Leistungen ihrer Elterngeneration ignorieren und schlicht vergessen?!

Demgegenüber würde sich der Erwerb der deutschen Sprache und weiterer Sprachen wesentlich einfacher gestalten, könnte man den Menschen mit mehr Toleranz und Zuneigung begegnen, sie mit offenen Armen aufnehmen und das Erlernen der Muttersprache fördern. Auch bin ich der Auffassung, dass das Beharren auf den bisherigen Fehlern sich sicherlich negativ auf die heranwachsende Generation, in noch stärkerem und vielfältigerem Maße aber auf die Gesellschaft als solches auswirken wird.

Es sind nicht zuletzt schließlich deutsche Wissenschaftler, die Tag für Tag betonen, wie wichtig das fundierte Erlernen der eigenen Muttersprache für den Erwerb der Zweit- und Drittsprache ist. Was also ist die Ursache für diese Ignoranz und diesen offensichtlichen Widerspruch in der Praxis? Obwohl internationale Abkommen unterzeichnet wurden, sträubt man sich vehement gegen die Umsetzung von geltendem EU-Recht. Wenn es um Assimilierungsversuche geht, wie es bedauerlicherweise auch führende Politiker bereits laut geäußert haben, so muss ich leider feststellen, dass man aus der Migrationsgeschichte in der Welt immer noch nicht die notwendigen Lektionen gezogen hat. Es fällt mir schwer nachzuvollziehen, wie man heute in unserer immer kleiner werdenden Welt noch immer nicht davon abrückt, dieser schon in früheren Zeiten nicht realisierbaren Utopie nachzuhängen.

Kinder, die ihre eigene Muttersprache erlernen und beherrschen, werden weitere Sprachen schneller erlernen und ein gefestigtes Selbstvertrauen gewinnen. Selbstbewusste Jugendliche sind erfolgreicher und werden den Grundstock des Landes, in dem sie leben, weiter bereichern. Ich fühle mich geradezu verpflichtet, ein weiteres Mal zu betonen, dass die einzig gesunde

Annäherung an diese Problematik in der Unterstützung und der konsequenten Förderung der Mehrsprachigkeit und insbesondere der Muttersprache liegt. Der Reichtum eines Landes wird sich daran messen können, dass beginnend ab dem Kindergarten, in den Vor- und Grundschulen und weiterführenden Schulen, Schüler und Schülerinnen in drei oder gar fünf Sprachen unterrichtet werden. Der mehrsprachige Unterricht wird den Lernerfolg der Jugendlichen erheblich steigern und auch ihre Chancen auf dem Ausbildungs- und Arbeitsmarkt spürbar verbessern. Dann werden die Jugendlichen die Chance erhalten, ein erfülltes und erfolgreiches Leben jeglichen kriminellen Irrwegen vorzuziehen und sich mit ganzem Einsatz für die Entwicklung ihres Landes, in dem sie leben, zu engagieren.

Bei der Kritik an Deutschland möchte ich nicht unerwähnt lassen, dass auch die Türkei bei der Migration der Türken nach Deutschland so ihre Fehler hat. In beiden Ländern ist man der Verantwortung für diese Menschen bislang nicht nachgekommen und es sind keine Vorkehrungen bei der Entsendung dieser Menschen ins Ausland geschehen. Die Jugendlichen fühlen sich heute im Stich gelassen und es nagt an ihrem Selbstvertrauen, dass sie, obwohl in Deutschland geboren und aufgewachsen, schon als Kinder auf Ablehnung gestoßen sind, obwohl sie sich mit diesem Land identifizierten. In der Türkei indes, dem Land, das ihre Eltern als ihr Heimatland verstehen, erfuhren sie ebenfalls Diskriminierung. Heranwachsende haben meist die Eigenschaft die Dinge beim Namen zu nennen. Und in der Regel verstehen sie sich noch nicht darauf, zu lügen, oder um den heißen Brei herumzureden, sondern ziehen es vor, alles geradeheraus zu sagen. Und da sie bei der Kommunikation mit den Erwachsenen häufig wortwörtlich aus dem Deutschen übersetzen, kommt es oft zu Missverständnissen zwischen den Jugendlichen und den Erwachsenen. Jugendliche, die das hiesige Bildungswesen genossen haben, haben in der Türkei, wo sie sich von Zeit zu Zeit aufhalten, schon mal größere oder kleinere Disputen mit den Angehörigen oder den amtlichen türkischen Stellen. „Wie redest Du überhaupt mit mir?" oder „Was hast Du überhaupt für eine Erziehung genossen?" bekommen die jungen Leute zu hören. Diese Sätze sind nur einige Ausschnitte aus unglücklichen Begegnungen, die dazu führen, dass unsere hier aufgewachsenen Jugendlichen voller unschöner Erinnerungen aus dem Urlaub in der Türkei zurückkehren, in den sie voller Freude gefahren waren. Oftmals können die Menschen in der Türkei unsere Jugendlichen von hier auch nicht verstehen. Manchmal werden sie schlecht behandelt, weil man eine negative Grundhaltung ihnen gegenüber hegt. Abgesehen davon ist neben den Jugendlichen auch die ältere Generation, die einst selbst in der Türkei aufgewachsen war, nicht davor gefeit, unschöne Begegnungen dieser Art zu machen. Die jungen Menschen aber sind es, denen es besonders zu schaffen macht, sowohl hier wie dort abgelehnt und ausgeschlossen zu werden. Immer wieder berichten sie, bei allen möglichen Anlässen diese Erfahrung gemacht zu haben: wenn man sich besondere Mühe bei der Wahl der Kleidung gemacht hat, ist es die Kleidung an der rumgenörgelt wird, bei überdurchschnittlichem Erfolg hat man Neider, wenn das Gegenteil aber der Fall ist, hat man in allen beiden Ländern seine Probleme.

Eine Tatsache aber, die nicht vergessen werden darf, ist: Auch wenn sie nicht in der Türkei geboren sind, auch wenn es um ihr Türkisch nicht besonders gut bestellt ist und sie ihre Zukunft in Deutschland bzw. dem Land, in dem sie geboren sind, sehen, so ist es doch ganz offensichtlich, dass sie für die Türkei, dem Heimatland ihrer Eltern eine besondere Zuneigung haben. Sie vergessen nach dem Urlaub schnell die unschönen Erfahrungen, die sie in der Türkei gemacht haben. Ihre Standpunkte bezüglich Themen die die Türkei betreffen, offenbart dies deutlich. Sei es bei Fußballspielen der Nationalveranstaltung, bei Musikveranstaltungen oder anderen Gelegenheiten: durch die Art, wie sie die Türkei verteidigen oder versuchen vor verbalen Angriffen zu schützen, erklärt eindeutig die Gefühle für das Heimatland der Eltern. Dieses Engagement für die Türkei, wird in Deutschland – wie am Beispiel des einstigen Innenministers Otto Schily – von Politikern und auch von Teilen der

Bevölkerung in Deutschland als negativ eingestuft. Dabei sollte man keinen Zweifel daran hegen, dass diese Jugendlichen teilweise ebenso emotional auf Seiten Deutschlands stehen, wenn es auf internationaler Ebene um Deutschland geht. Ich selbst habe schon oft mit angesehen, wie türkische Jugendliche aus Deutschland während ihres Türkeiurlaubs Deutschland verteidigt haben. In Deutschland verteidigen sie die Türkei und in der Türkei verteidigen sie Deutschland, was nur allzu natürlich ist. Denn sie verteidigen die Länder, denen sie sich verbunden fühlen und damit sich selbst bzw. ihre eigene Identität, die sich aus diesen beiden Ländern zusammensetzt. Ich kann nicht nachvollziehen, warum dies Einigen derart negativ erscheint. Man kann doch einem vernünftigen, rationalen Menschen, der sich beiden Ländern verpflichtet und emotional verbunden fühlt, dieses nicht ernsthaft zum Vorwurf machen wollen. Ich bin absolut dagegen, dass Entscheidungsträger oder Politiker diese jungen Menschen emotional vor die Wahl stellen, sich für das eine oder andere Land, für die eine oder andere Sprache zu entscheiden. Wenn er oder sie bei einem Fußballspiel für die Türkei mitfiebert, bedeutet dies nicht, er oder sie sei nicht integriert. Und andersherum bei dem Mitfiebern für die deutsche Mannschaft bedeutet es nicht, dass sie mit ihrer türkischen Herkunft abgeschlossen hätten. Man sollte es einfach seinem natürlichen Lauf überlassen.

Entsprechend der Familien, die einst aus den unterschiedlichsten Bildungsschichten und Regionen der Türkei herkamen, gestaltet sich auch die Art der Beziehungen zwischen den Ehepartnern und zwischen Eltern und Kindern, ebenso, wie es auch unterschiedliche Aufteilungen der häuslichen Arbeiten gibt. Milieu- und bildungsbezogen divergiert dementsprechend auch die Art, wie man mit seinen Kindern umgeht, von liebevoll bis grob. Während in einigen Familien der Mann die Hausarbeit mit der Frau teilt, gibt es wiederum Männer, die es sogar ablehnen, so genannte „Frauenarbeit“ zu machen, wenn die Frau ebenfalls berufstätig ist. Nach wie vor ist es Fakt, dass die Anzahl der Männer, die sich an der Hausarbeit beteiligen – unabhängig von ihrer Bildung – gering ist. Ja, es hat sogar stellenweise den

Anschein, als wären die Frauen die einzigen Verursacher der anfallenden Arbeiten. Doch auch türkischen Frauen kommt hier ein großer Teil der Verantwortung zu. Solange sie es sind, die an der Qualität der Hausarbeit ihrer Männer herummäkeln, ihnen hinterher putzen oder ihre Töchter anders erziehen als ihre Söhne, werden sie die Bequemlichkeit der Herren der Schöpfung nur weiter forcieren. Doch dass die deutschen Männer auch nicht wesentlich enthusiastischer im Haushalt sind, als ihre türkischen Geschlechtsgenossen, zeigt uns, dass hier wie dort noch keine Gleichberechtigung im Sinne von Aufgabenverteilung und Rollenverständnis herrscht.

Ich lernte Jugendliche kennen, die neben einem sehr guten Deutsch weitere Fremdsprachen perfekt beherrschten, die türkische Sprache aber äußerst holprig und mit dem ländlichen Akzent der Heimatregion ihrer Eltern sprachen, da sie Türkisch nie in der Schule gelernt haben. Viele dieser Jugendlichen waren Studenten und bei ihrem Bildungsstandard beginnen sie diesen Zustand ihrer Muttersprache als störend zu empfinden. Ja manche sagten sogar, „Für uns ist es schade, dass wir unsere Muttersprache nicht so gut beherrschen und sprechen können, wie es bei unseren anderen Sprachen der Fall ist." Leider sehe ich mich gezwungen einen weiteren Punkt zu betonen: Die Türken rücken einfach nicht davon ab, anderen mehr Wert und Aufmerksamkeit zukommen zu lassen, als sich selbst. Sie bringen es nicht zustande, in diesem Land, dem sie ihre ganze Arbeitskraft und Energie gewidmet haben, in dem sie Steuern und Sozialbeiträge entrichtet haben, auf ihre Rechte zu pochen. Sie lehnen es ab, die ihnen zuständigen Rechte wahrzunehmen. Zahlreiche Menschen aus anderen Ländern engagieren Privatunterricht, den sie aus eigener Tasche bezahlen, um ihren Kindern ihre Muttersprache beibringen zu lassen oder gründen entsprechende Schulen. Wie aber sieht es bei den Türken aus? Sie lehnen es einfach ab, die ihnen zur Verfügung stehenden diesbezüglichen Möglichkeiten auszuschöpfen und schicken ihre Kinder nicht in den Türkischunterricht. Ihre - für mich – unbefriedigende Begründung ist, dass ihre Kinder doch bereits Türkisch könnten! Aber was für ein Türkisch?

Wenn es so wäre, dass man allein mit dem häuslichen Spracherwerb auskäme, dann würde sich für die deutschen Kinder auch der Deutschunterricht und für die türkischen Kinder in der Türkei der Türkischunterricht erübrigen. Türkischlehrer, die dafür werben, dass die Kinder den Türkischunterricht besuchen sollten, müssen sich nicht selten solche Äußerungen anhören: „Werden Sie etwa nach der Anzahl der Kinder bezahlt? Bekommen sie ein höheres Gehalt, wenn mehr Kinder zu Ihnen in die Klasse kommen?" Es ist zum Mäuse melken und geradezu so, als gäbe es keine anderen Sorgen als schon wieder diese Geldsorgen. In diesen Momenten frage ich mich immer wieder, ob es wohl noch ein anderes Volk gibt, das derart teilnahmslos in Fragen der Wahrung der Muttersprache ist.

In den Interviews wurde mir berichtet, dass innerhalb der Familie Mädchen und Jungs bei gewissen Themen unterschiedlich behandelt werden. Während durchaus auch bei Mädchen Wert auf eine gute Schul- und Berufsausbildung gelegt wird, werden sie bei Klassenfahrten meist eher widerwillig mitgeschickt. Weniger tolerant sind die Familien mit den Mädchen, wenn es darum geht, abends länger außer Haus bleiben zu dürfen. Ganz anders verhält es sich demgegenüber mit den schier grenzenlosen Freiheiten, die Jungs in diesen Punkten genießen. Hier wird erkennbar, dass in der Erziehung von Jungen und Mädchen gravierende Unterschiede bestehen. Es ist bekannt, dass Mädchen, die sehr jung heiraten und sich bei der Wahl ihres Ehepartners nur von Äußerlichkeiten oder ihren Eltern leiten lassen, später unglücklich werden und die Zahl der Ehescheidungen von Tag zu Tag zunimmt.

Genauso, wie die in Deutschland aufgewachsenen Jugendlichen das Türkisch ihrer Eltern übernehmen, übernehmen sie häufig auch deren althergebrachte Verhaltensweisen. Dadurch lässt sich beobachten, dass die Jugendlichen nicht nur die Sprache, sondern auch die vor über 30 Jahren aus den ländlichen Heimatregionen mitgebrachten Traditionen und Gebräuche, insbesondere was die traditionelle Rollenaufteilung zwischen

Mann und Frau angeht, teilweise in noch stärkerer Prägung fortsetzen.
Heranwachsende – besonders die Jungen – werden entscheidend geprägt durch den Umgang der Eltern miteinander. Ihr Verständnis für die Rolle der Frau erlernen sie zunächst in der Familie. Und junge Mädchen beklagen als häufigstes Manko bei diesen nicht selten auch sehr erfolgreichen Jungen, das Unvermögen, höflich, respektvoll und freundlich mit Mädchen umzugehen und diese als gleichberechtigt anzusehen. Die Tatsache, dass die Anzahl der gut ausgebildeten türkischstämmigen Mädchen in Deutschland in einem stärkeren Ausmaß ansteigt, als die der Jungen, führt zu einer verminderten Auswahl an Alternativen bei der Wahl eines türkischstämmigen Freundes oder Ehepartners. Die hier geborenen Jugendlichen mit einem erfolgreichen Bildungsweg erkennen keine gravierenden Unterschiede zwischen ihnen und ihren deutschen Altersgenossen oder Jugendlichen anderer Nationalitäten. Daher nimmt auch bei den Mädchen die Tendenz zu, einen Partner aus einem anderen Kulturkreis zu wählen, was es bei den Jungen schon länger als normal galt. Besonders die gut ausgebildeten Mädchen tendieren aus den bereits genannten Gründen sowie aus Gründen der Liebe, aber manchmal sogar notgedrungen dazu, eher einen Partner deutscher, oder anderer Nationalität mit guter Ausbildung zu wählen, was gleichzeitig auch ein wichtiger Indikator für die weitere Entwicklungen dieser Gesellschaft ist.
Auch die Zahl der im Wege der Eheschließung und Familienzusammenführung aus der Türkei zugereisten jungen Frauen und Männer ist hoch. Diese jungen Eheleute sind meist völlig unterschiedlich aufgewachsen und erzogen worden, wodurch eine Ehe unter diesen Umständen kein leichtes Unterfangen wird. Die Problematik der importierten Schwiegertöchter und –söhne ist nicht zu unterschätzen. Die Ehen, die beispielsweise zwischen hier aufgewachsenen jungen Männern, die kaum einen Hauptschulabschluss haben, und jungen gebildeten Mädchen aus der Türkei, die sich von einem gewissen materiellen Anreiz beeinflussen lassen, sind häufig nur von kurzer Dauer und enden in beiderseitiger Verbitterung.

Wieder sind es die Medien, denen wir entnehmen können, dass annähernd die Hälfte dieser Ehekonstellationen geschieden werden.
Als ernsthaftes Problem muss ferner angesehen werden, dass teilweise selbst gebildete junge Männer bereits bei kleinsten Anlässen zu Gewalt neigen. Immer wieder hört man, dass in Konfliktsituationen eher zur Gewalt gegriffen wird, anstatt den Problemen durch Gespräche und Dialog auf den Grund zu gehen. Dieses zeigt uns, dass diese jungen Menschen – obwohl bereits in der dritten Generation – sich noch immer nicht mit den Normen des Lebens in der Stadt bzw. des zivilisierten Lebens identifizieren.
Eine weitere Entwicklung, die wir in den letzten Jahren beobachten können, ist die ansteigende Zahl der aus der Türkei zu Promotions- oder Masterarbeitszwecken einreisenden Studenten. Während in den letzten Jahren eher die USA oder Großbritannien zu den Favoriten bei Auslandsstudien gehörten, geht heute der Trend eher in Richtung Deutschland. Einer der wichtigsten Gründe dürften die - bisher noch- erheblich niedrigeren Studienkosten hier sein. Ein weiterer wichtiger Aspekt ist, dass fast jeder Student irgendwo in Deutschland Angehörige oder Bekannte hat. Die wichtigsten Beobachtungen über die hier aufwachsenden Jugendlichen – seien es Deutsche, Türken oder Jugendliche anderer Nationalitäten – ist, dass sie einen unzufriedeneren Eindruck machen, als ihre Altersgenossen in der Türkei, obwohl ihnen im Vergleich wesentlich mehr finanzielle Möglichkeiten zur Verfügung stehen. Auf dem Campus, so meinen die aus der Türkei kommenden Studenten beobachtet zu haben, würde man kaum jemanden lachen sehen. Leider ist dies nicht nur auf Studentenkreise beschränkt: Wer mit offenen Augen durch die Straßen geht wird feststellen, dass diese überwiegend von Griesgramen bevölkert sind. Als hätten wir nicht schon genug mit dem regnerischen, trüben Wetter, hören wir nun auch noch ständig und überall Schreckensmeldungen über steigende Arbeitslosenzahlen, die nicht zuletzt die Zukunftsangst der Jugendlichen erheblich schürt. Wie sollte man auch lachen?! Zukunftsangst von früh bis spät. Teilweise

erscheint mir die ständige Panikmache wie eine gezielte Aktion der Medien. Dies hat nicht zuletzt auch dazu geführt, dass einige der befragten Jugendlichen sich bessere Zukunftschancen in der Türkei ausrechneten.

Die Zahl der regelmäßigen Moscheebesucher ist nicht zu unterschätzen, wobei einige Moscheen hier teilweise wie Außenstellen der politischen Parteien in der Türkei oder in anderen Ländern fungieren, in denen die Mehrheitsreligion der Islam ist. Ebenso wie es Moscheen verschiedener Richtungen gibt, machen sie außerdem den Eindruck, gut florierende Wirtschaftsunternehmen zu sein. Fast alle verfügen über eigene angegliederte Supermärkte, Friseursalons, sowie Sport- und Veranstaltungsräume, was natürlich auch seine Vorteile hat. Während noch in den 1980er Jahren die ständigen Konflikte zwischen rechts- und linksgerichteten Menschen auch hier die türkische Community beherrschten, so war es ab den 1990ern die Polarisierung zwischen Religiösen und Nicht-Religiösen, die einen Spalt zwischen die Gesellschaft trieb. Fast eins zu eins bildete sich diese unsägliche Auseinandersetzung in der Türkei auch bei den im Ausland lebenden Türken ab. Die Regierungsübernahme durch die AK Partei Erdogans und die Aufnahme der Beitrittsgespräche mit der Europäischen Union führten jedoch dazu, dass die genannten Spannungen an Schärfe verloren und man insgesamt zu einem toleranteren und weicheren Umgang miteinander fand. Die herrschende Meinung scheint heute die zu sein, dass der, der möchte regelmäßig in die Moschee gehen kann und der, der es nicht möchte dies unterlassen kann, dass die Frau sich bedeckt oder wenn sie nicht will, dann eben nicht – jeder wie er möchte, denn letztendlich ist jeder selbst für sein eigenes Handeln verantwortlich. Ich persönlich sehe dies als einen Fortschritt.

Beim Vergleich der Türkei und Deutschland nahmen die Jugendlichen sehr gewogen Stellung und betonten, dass beide Länder ihre Vorteile und Nachteile hätten. Bei der Türkei fielen – was keine Überraschung ist – das gute Wetter, das herzlichere Miteinander der Menschen untereinander und die rasante Entwicklung der Wirtschaft positiv in die Waagschale, während auch nicht unerwähnt blieb, dass in der Türkei, selbst unter den nächsten Verwandten, eine eher negative Grundstimmung gegenüber ihren Nächsten in Deutschland herrsche. Unsere Jugendlichen haben das teilweise das Gefühl, dass die Verwandten in der Türkei nur die nächste Gelegenheit abwarten, um sie dann übers Ohr zu hauen. Außerdem beklagten sie sich darüber, dass Polizisten oder andere Staatsbedienstete sich allzu sehr über Allem und Jedem stehend verhalten würden. Das Staatswesen sei im Allgemeinen zu repressiv und verhindere, dass man sich ungezwungen verhalten könne. Außerdem gebe es im Vergleich zu Deutschland noch zu wenige Beschäftigungsmöglichkeiten. In Deutschland wiederum ist es vor allem die Ausländerfeindlichkeit und der Rechtsradikalismus – insbesondere die ablehnende Haltung der Deutschen gegenüber den Türken -, die den befragten Jugendlichen zu schaffen macht. Auch wenn es außerdem die Arbeitslosigkeit ist, die vielen von ihnen Sorgen bereitet, würden über 80 % der Befragten hier geborenen Jugendlichen es vorziehen, in Deutschland zu leben. Obwohl sie sehr an der Türkei hängen, sehen die meisten von ihnen ihre Zukunftsaussichten in Deutschland positiver, als in der Türkei.

Die Jugendlichen aus den verschiedensten Bereichen, mit denen ich sprach, äußerten fast einstimmig den Wunsch, Erwachsene sollten ihnen mehr Zuneigung, Toleranz und Vertrauen entgegenbringen. Alle Beteiligten werden davon profitieren, wenn Jugendliche zu verantwortungsbewussten Menschen erzogen werden. Ein Mangel an Verantwortungsbewusstsein aber wird letztendlich dazu führen, dass dieser Mensch weder für sich selbst, noch für die Gesellschaft, in der er lebt, etwas Positives leisten kann. Gefragt sind Erwachsene, die sich vorsichtig in die Welt der Jugendlichen vortasten, ihnen gleichzeitig Verantwortung übertragen und ihnen Vertrauen entgegenbringen. Viele von ihnen haben bereits bewiesen, dass sie sehr wohl in der Lage sind, Verantwortung zu übernehmen und verdienen es, dass man ihnen auch vertraut.

Bei den Gesprächen mit den Mädchen fiel mir besonders auf, dass sie alle einen guten Beruf erlernen, arbeiten und – um es mit

ihren Worten zu sagen – „auf eigenen Beinen stehen“ möchten. Ihnen ist bewusst, dass auch Frauen arbeiten sollten und müssen. Daher betonten sie immer wieder, dass es nie zu spät ist, einen geeigneten Beruf zu ergreifen und zu erlernen. Sie empfinden es als motivierend, manchmal von Menschen zu hören, die sich noch im hohen Alter alphabetisieren lassen. Gleichzeitig fällt es ihnen schwer nachzuvollziehen, warum Frauen, die einen guten Beruf erlernt haben, auf dessen Ausübung verzichten und als Hausfrau und / oder Mutter zu Hause bleiben. Denn sie haben begriffen, dass die Berufstätigkeit der Mutter neben dem finanziellen Beitrag zum Familieneinkommen auch einen wichtigen positiven Einfluss auf ihre eigenen Kinder, insbesondere auf die Mädchen und deren Erziehung haben wird.
Der Großteil meiner jungen Interviewpartner/-innen äußerte sich besorgt über die Entwicklungen in der Welt. Sie fordern die Verantwortlichen und die Regierungen der Länder auf, dafür zu sorgen, dass allerorten der Krieg durch Frieden abgelöst werden soll und die Menschheit nicht mehr Hunger und Not erleiden muss. Wenngleich einige eher selten Bücher oder Zeitungen lesen, so sind sie doch über das Fernsehen stets über das Weltgeschehen informiert. Natürlich habe ich bei meinen Interviews immer wieder auch jungen Menschen gegenüber gesessen, die mit vielfältigen Problemen zu kämpfen haben oder Meinungen vertraten, die ich persönlich nicht teile, doch die Wahrheit ist, dass ich letztlich Stolz darauf bin, was für eine junge Generation hier heranwächst. Trotz zahlreicher Herausforderungen, die es noch zu beheben gilt, habe ich begonnen, optimistisch in die Zukunft zu blicken. Stellenweise mögen meine eigenen Ansichten, meine jeweiligen Interpretationen der Äußerungen der Jugendlichen, oder Ergebnisse der Gegenüberstellung der Türkei und Deutschlands widersprüchlich erscheinen, doch schließlich wissen wir nur allzu gut, dass es nicht den einzig richtigen und den einzig falschen Weg gibt und dass im Grunde das ganze Leben die Summierung zahlreicher Widersprüche ist. Die Weisheit aber liegt darin, in konstruktiver Weise von der Erkenntnis eben dieser

Widersprüche zu profitieren, diese zu verinnerlichen und diese Lektionen zum Maßstab des eigenen Handelns zu machen.

Neben all ihren Problemen, mit denen sie zu kämpfen hat, birgt die jetzt heranwachsende junge Generation gleichzeitig ein enormes Potenzial. Wenn man endlich erkennt, dass es sich viel mehr lohnt, in eben diese Jugend zu investieren, anstatt in irgendwelche Immobilien, dann wird es für sie kaum etwas geben, was sie nicht vollbringen und erreichen könnten. Meine Auffassung ist, dass wir heute den Grundstein für eine bessere Zukunft legen können, in dem wir unserer Jugend ein Mehr an Aufmerksamkeit, Vertrauen und Toleranz entgegenbringen.